血戰華爾街

驚爆投資銀行內幕

巴菲特與合夥人蒙格推薦必讀

F.I.A.S.C.O. Blood in the Water on Wall Street

法蘭克・帕特諾伊 Frank Partnoy —— 著

劉道捷 —— 譯

目次

投身投資行業的人和女人下海一樣，大都是因為利慾薰心；這一行不必辛苦工作，不需用腦，屬於集體行為，是別無所長的人可行的賺錢之道。

——理察・奈伊（Richard Ney）

《華爾街叢林》（*The Wall Street Jungle*）

每一筆驚人財富背後，都有滔天大罪。

——巴爾扎克

推薦序

從華爾街殺戮血戰來認識、避開危機

《血戰華爾街》這本書講的是一九九〇年代末期衍生性金融商品的故事。當我看了這本書之後，心裡的想法是：「太陽底下沒有新鮮事。」九〇年代末期在現在看來是二十年前的故事，但是它和二〇〇八年的金融風暴出奇地相似。華爾街所設計的複雜金融商品和刻意過度包裝的行銷手法，無論在哪個年代看來都如出一轍。

要賣落後國家的金融商品？只要把落後改成「新興」兩個字就可以了，雖然你不知道這些國家要怎麼興起。

要轉移風險？只要把各種證券商品連結再連結，包裝複雜到別人看不出來就可以了。雖然這不代表風險真的轉移，甚至可能帶來更大的風險。

要取得投資人的信任？只要讓標準普爾和穆迪這些信評機構打出AAA的評等就可以了，雖然附注的小字會註明AAA評等的範圍，但是誰會是看附注？

於是乎，在數學魔術和金融智慧結晶下生產的金融商品，讓這些華爾街金童的薪水不是六位數就是七位數，他們坑殺了許多客戶，使他們損失慘重，但是金童們口袋賺得飽飽，毫無損失，金童主管甚至對下屬狂吼：「你們為什麼告訴客戶佣金只有一%，告訴他們要二%。」

而世界上第二有錢的股神巴菲特，身為波克夏董事長，為不少股東賺進財富的他年薪只有十萬美元。

讓客戶虧錢者領最高的佣金，讓股東賺錢者領最低的年薪——令人諷刺的對比。

衍生性金融商品是否危險？又是否只有最聰明的專家能賺到錢？倪德厚夫不會同意你。這人是衍生性金融商品的奇才，操作上億美元的資金，連鼎鼎大名的索羅斯都想請他操盤。他的績效連續十五年高達三〇%，還出了一本《投機客養成教育》，但是在一九九七年的亞洲金融風暴時，短短幾天之內基金破產，悲慘無比。

如果倪德厚夫的時代離我們太遠，那麼二〇〇八金融海嘯就是這些事件的強化版——劇本相同，演出的角色不同，結果完全一致。

巴菲特和查理．蒙格把衍生性金融商品說成大規模毀滅性武器，查理．蒙格還把這本書列為推薦書單之一，順便補充了一句：「這本書會讓你作嘔。」這句話我百分之百贊成，看稿的這幾天我的確食慾不佳。

那投資人為什麼要看這本書？

因為我們要擁有知識，我們要從歷史來了解過去，我們要從反面來認識正面，從黑夜來認識白天，從貪婪來認識誠信，從殺戮血戰來認識避開危機，讓未曾經歷的人免去承受損失之苦。

每一筆驚人財富背後，都有滔天大罪。如同本書的書名一樣，「血戰」華爾街。只是作者沒想到他的書出版之後，收到了一些商學院學生來信，希望得到建議，讓他們進入金融圈，在這殺戮戰場中大賺一筆。

這些商學院的學生都很聰明，也很想賺錢。但我認為，聰明是一種天賦，善良是一種選擇，就算在金融市場，你也有不一樣的典範可以選擇。

巴菲特在他的傳記《雪球》前面，對為他寫傳記的作者說：「每一筆驚人財富背後，都有滔天大罪，但這不適用於波克夏。」

你仍有典範可以選擇。

財經作家　雷浩斯

前言

被欲望與謊言驅動的華爾街

一九九三到一九九五年間，我在華爾街銷售衍生性金融商品，和摩根士丹利（大摩）衍生性金融商品部門的七十幾位同事，在紐約、倫敦和東京分公司，一共賺到十億美元上下的佣金，每個人平均賺到將近一千五百萬美元。我們這個部門可以說是世界上最會賺錢的團體。

摩根士丹利是歷史最悠久、名聲最顯赫的頂尖投資銀行，我們部門是推動公司前進的動力，也是公司裡最大型的印鈔機，規模遠遠超過其他部門。我們賺到的十億美元，足以支付公司全球上萬員工的薪水，還可以留下很多錢給我們自己。我們部門的經理人獎金都有幾百萬美元，連最低階員工都領六位數字的薪水，而且包括我在內，很多人才二十來歲。

我們怎麼這麼會賺錢？原因之一是我們很精明，我跟衍生性金融商品業務最傑出的人才合作，精通複雜的現代金融，難怪別人把我們叫做「火箭科學家」。

往日的大摩不是這樣。一九二〇年代，這家白人精英投資銀行培養出上流的名聲，以鮮花、精美的家具、典雅的合夥人餐廳和保守的業務作風著稱，公司的理念是：「一流企業、一流作風」。

然而，到了一九八〇年代，銀行業聲勢如日中天之際，大摩卻面臨其他銀行的激烈競爭，從第一名的地位滑落下來。公司的合夥人為了因應變局，把重點從維持聲譽轉變為注重獲利，徹底改造了這家公司。到一九九四年我加入公司時，大摩文雅的傳統早已消失，取而代之的是油腔滑調的銷售與交易，以追求豐厚的利潤。

包括我加入大摩前服務的第一波士頓等銀行，根本無法跟大摩全國性的新銷售戰術競爭。從每一項標準來看，大摩都已經面目全非——鮮花消失，桌椅換成富美家塑膠家具，經理人忙碌之餘，要是還有時間吃中餐的話，都是擠到交易廳裡的兩條走道中間，在塞在走道中的甜甜圈攤子前站著狼吞虎嚥。侵略性的業務作風啟迪了「一流企業、二流手段」的全新信念，幾十年來，大摩的人都彬彬有禮，現在全成了野人。

公司執行長麥晉桁（John Mack）率領衍生金融產品部，發出大力進軍的命令。麥晉桁從交易廳基層幹起，一路晉升，交易廳裡的人提到他時，仍然叫他的外號「麥小刀」。

他的桌上放著一支金屬大尖刺，謠傳他曾威脅要把無能的員工釘死在尖刺上。敲定某筆金融交易之後，麥晉桁沒有收到傳統的公司紀念品——附有「墓碑形」公司名牌的透明長方形紙鎮，而是收到一個壓克力盒子，裡面裝著摔壞的電話聽筒，紀念他在交易廳奮鬥的日子。大摩在麥晉桁的領導下，平靜美好的日子已經結束。

遵循麥晉桁的領導，我那些天縱英明的上級變成野性十足的百萬富翁：半是技客、半是野狼。他們在執行複雜的電腦計算之餘嘶吼著要怎麼「海削別人」，或是「讓某人虧死」。在工作之外，他們會舉辦私人運動俱樂部飛靶射擊比賽、非洲殺伐旅、南美洲獵鴿之旅，還舉辦最重要、名字也貼切的大摩「固定收益」年度運動飛靶大賽，簡稱「慘敗大賽」(Fixed Income Annual Sporting Clays Outing, F.I.A.S.C.O.）以磨練自己的殺手本能，這種射擊大賽促使公司以野蠻的心態，看待客戶日增的衍生性金融商品虧損。一九九四年四月，客戶的虧損開始增加以後，麥晉桁的指示十分清楚：「我嗅到血腥味了，讓我們去搏殺一番吧。」

我們準備大開殺戒，實際上也這麼做了。衍生性金融商品戰場上屍橫遍野，都是我們坑殺的受害者，你也許在報紙上看過他們的名字。在加州橘郡、霸菱銀行、大和銀行、住友商事和其他不見經傳的公司，一人就足以造成超過十億美元的虧損。還有些公司也虧損了十億美元，卻不是一個人造成的。包括寶鹼公司在內的幾十家著名企業和共同基金，都在衍生商品上虧掉幾億美元，加總起來，損失高達數十億美元。在墨西哥貨幣危機，投資人損失的五百億美元中，衍生商品受害者的賠累也占有一定的比例。難怪已故的參議員埃弗瑞・德克森（Everett Dirksen）說：「這裡虧個十億、那裡虧個十億，很快就會變成真正的大錢。」如果你過去幾年裡擁有股票或共同基金，很可能在衍生商品虧損的錢中，就有你的份。

衍生性金融商品已經成為世界上最大的市場，根據一九九六年的估計，市場規模達到五十五兆美元，是美國股市總市值的兩倍、美國國債總額的十倍以上，同時，大家在這種商品上的虧損繼續倍增。

在這種商品上賺錢的公司大有人在，摩根士丹利當然包括在內，衍生性金融商品買家在止痛療傷之際，大摩的衍生商品部門業務卻蒸蒸日上。有些客戶對於被人海削或虧個半死厭煩之至，以至於一九九五年到一九九六年間，我們的業務曾短暫衰退，很多同事離職，有些人投效沒有那麼心狠手辣的公司。大摩把最積極進取的經理人，調到其他更為「適合」的單位，但還是有許多員工留任現職。今天衍生性金融商品部門繼續存在，經歷過改造，卻仍然賺錢。人人摩拳擦掌，蓄勢待發。

第一章
大好良機

華爾街的獵才高手一年可以賺到好幾百萬美元，我知道這個傢伙打電話給我，不是為了示好，是要我的人頭。

華爾街獵頭記

我坐在電話旁，希望電話響起來，現在是一九九四年二月一日星期二早上，離發獎金的日子只有兩星期。我在紐約投資銀行第一波士頓裡，擔任衍生性金融商品業務員。

我在等俗稱「人頭獵人」的求才專家打電話來。最近幾天他已經打過好幾次電話，時機再完美不過了，獎金日近在眼前，衍生性金融商品正熱門，而我才在一場新興市場衍生性金融商品研討會上發表過專題演講，是奇貨可居的人才，又想跳槽，對獵才業者特別有價值。業者如果把我轉介到新公司去，可抽取我起薪的三分之一，華爾街的獵才高手一年可以賺到好幾百萬美元，我知道這個傢伙打電話給我，不是為了示好，是要我的人頭。

要掩飾這種電話不容易，如果你看過交易廳，就會納悶業務員要怎麼跟人頭獵人講電話，卻不引起幾尺外其他業務員的疑心。我知道被人發現的下場，好幾位業務員遭到懲戒或開除，就是因為上班時跟獵才業者談判。為了安全起見，我們設計了複雜系統，其中包括密語和深夜會面，以便隱瞞我們的求職之路。我使用的新系統很簡單，是跟同事拷貝來的，卻不能保證萬無一失。獵才專家打電話來時，會自稱是某一位朋友，我接電話時，假裝是跟朋友講電話，聽他描述新工作的詳情，如果我希望討論新工作，我會掛電話，離開交易廳，用大廳裡的公用電話打給人頭獵人。其他人也用這種系統，發年終獎金時常把電話間擠得水洩不通。

到目前為止，我冒險走到大廳好幾次，冷靜聽過很多次的工作機會說明。每次我都拒絕了。這些工作都跟我在第一波士頓的工作等級相同，都是二流工作。第一波士頓在一九八〇年代初期雖然是頂尖公司，十年來地位卻滑落了好幾級，很多員工另尋高枝，我已經厭煩了屈居二流，希望更上一層樓。在我心目中，某家公司擁有華爾街上最熱門的衍生性金融商品部門，那裡有一個工作我特別中意，我告訴這位獵頭專家，要是他能夠替我爭取到這個職位，我就會接受，他答應我會去碰碰運氣，再回報情況給我。

電話終於響了，是那位獵才業者，他的聲音聽起來很興奮。

「法蘭克嗎？」他輕聲說著。

「什麼事？」我也低聲地說，旁邊一位同事起了疑心，瞄了我一眼。交易廳裡沒有人會這樣說話。

「我搞定了。」

「你搞定了什麼？」

「那件事。」他頓了一下，才說：「你的工作、你想要的工作。打電話給我。」

我很激動，告訴同事，我出去幾分鐘就回來。他似乎知道我要幹什麼，我幾乎是用衝的，跑到大廳的公用電話旁。

我抓著紙筆，準備紀錄獵頭業者的回話。電話似乎響了整整一分鐘，我環視大廳，對著公司的新標誌冷笑，新標誌是一艘白底藍色的帆船，釘在公司新名字瑞銀第一波士頓旁邊。瑞銀是瑞士一家大型銀行——瑞士信貸銀行的簡稱，也是我們公司的新東家。然而，新標誌雖然時髦，卻不能改變事實，第一波士頓的航程既不是航向世界，也稱不上一帆風順。帆船看來好像屬於波士頓，不屬於瑞士伯恩，我們公司唯一全球化的地方是全球性的虧損。

有一個例子我記得很清楚，我們公司把四億五千萬美元——占資本額的四成，貸給俄亥俄床墊公司，結果發生慘劇，以至於華爾街人士戲稱這筆交易是「火燒床」。我們公司的獲利極微薄，以至於必須賣掉衍生性金融商品部門的一部分股權，才有錢發獎金。同時，傳說我們公司新執行長艾倫．惠特（Allen Wheat）獲得三千萬美元的薪酬，雖然後來的報導指出，他的薪酬只有九百萬美元，公司卻已經被人冠上「小麥」[1]第一證券公司的名號，暗示我們像一家窮苦的小型券商，難怪頂尖業務員紛紛跳船，我也希望離開。

這位人頭獵人終於說：「喂。」

我又開始輕聲說話：「你有什麼料？」說著，我環顧大廳，確定沒有人在聽我說話。

他一定察覺到我的焦慮，因為他開始一步一步冷血地戲弄我。「是一家非常著名投資銀行的熱門衍生性金融商品部門，他們要找一位新興市場的業務員，那就是你了，太符合了，就像在說你一樣。」

我打斷他的話，新興市場是我的專長，但是「著名」投資銀行有很多家。「是哪一家？告訴我名字就好。」

我努力保持鎮定，他卻支支吾吾吊我好幾分鐘胃口，我再度催他。最後，他終於說出名字：「摩根士丹利。」

我知道，為了談判，我應該假裝自己對這個工作只稍稍有興趣，這樣這位獵才業者才不會認為我很渴望，因此願意接受極為不利的價碼，我知道自己應該保有討價還價的力量，談判的關鍵是說我喜歡這個工作……卻沒有那麼喜愛，我努力壓制自己的興奮之情。

我根本壓抑不住，我幾乎是尖叫著說：「我要！我要！替我搞定這份工作！我什麼時候可以跟他們談？我要！我要這個工作！」我環顧大廳，看看有沒有人注意我。

「你多快想跟他們談？」

我忍不住吼著說：「馬上！儘快！今天下午！最晚明天！」

這位人頭獵人信心十足地大笑，知道他已經把我套得死死的。「哇，小伙子，冷靜下來，我會試著安排明天上午，晚上我會打電話去你家，讓你知道詳細情形。」

1 小麥英文即是Wheat。

我放下聽筒時，手激動得發抖。我衝回桌子旁，希望沒有人注意到我剛才不在，或是聽到我的吼叫，還好他們都沒有注意。先前起疑的那位同事拿著今天早上的第二支德芙巧克力棒，愜意地吃著。

那天晚上，人頭獵人打電話來我家，告訴我，「你的事辦妥了。」他已經安排好二月七日、下星期一進行完整的面談。他說摩根士丹利很可能會在一星期內拍板定案。

群魔亂舞的交易廳

面談那天，我一大早就醒來，打電話到公司去請病假，我的上司應該會質問我，但是我不在乎。我只擔心怎麼在大摩的衍生性金融商品業務員心中留下好印象。大摩擁有世界上最高明又生意興隆的衍生性金融商品部門，雖然我知道他們需要新興市場業務員，但是我猜想，他們可能只會用一、兩位最高明的人，我祈禱他們用我。

我到達摩根士丹利，準備面談時，他們寬廣的交易廳正忙成一團。這裡和我見過的其他交易廳一樣，空間很寶貴，連灰色的接待區都沒有窗戶，又很狹窄。雖然大摩鼓勵客戶前來紐約第六大道，造訪他們總部摩天大樓頂層的投資銀行部門，欣賞玻璃窗外的曼哈頓美景，四樓地窖般的交易廳卻沒有這種景致。

假使你沒機會身歷其境，比較華爾街的不同交易廳，你也不必費事了。華爾街的交易廳基本上都長得很像，大廳由有色方形地毯鋪成棋盤狀，蓋住迷宮般歪七扭八的線纜和電子設備。這些方形地毯可以移動，權充超大垃圾桶的蓋子，蓋住底下幾十個半空的中式食品餐盒，還有老鼠（老鼠喜歡交易廳，投資銀行員工總在討論如何坑陷、消滅鼠類的花招）。如果你路過華爾街任何一處交易廳，一定都會看到下面這種景象：

幾百支電話叮鈴作響，電視牆大聲地播報新聞，雜亂無序地閃著債券價格。有一塊棋盤式地毯掀了開來，幾位維修人員暫時放下工作，在一堆電路和電纜前面大聲交談。幾十個交易員和業務員分隔三尺，在長桌邊面對面站著，桌上放著五顏六色的電腦和閃爍的顯示器，藍色的路透社電訊、綠色的德勵財富行情報價螢幕、米色的彭博資訊資料系統，以及客製的經紀人黑色報價盒子。

附近的麥克風每隔幾秒鐘，就會報出一連串快速含糊的交易行情，簡直震耳欲聾：「五十口房地美（Freddie Mac）八期票券半點賣出」，「非農就業指數下降三十點」，「稍早我看到的債券買主目前在二年期市場，報出蝶式價差」。麥克風的名字取得很貼切，就叫「呼喝機」，或是簡稱「呼機」。每個業務員和交易員都接上呼喝機，利用呼喝機宣布大事，向整個交易廳公開要求，或是昭告大家說政府公債首席交易員又像白痴一樣行動了。如果你不想跟整個交易廳，而只想和某人或幾人說話，他們又離你超過三公尺的話，你只能打電話給他們。在吵雜聲中，叫喊沒有用，華爾街交易員跟芝加哥交易大廳裡的商品交易員不同，通常不用手勢，除非是向別人比中指。然而，每個人都會一點讀唇術，足以分辨不常聽到的「你成交了」，和比較常用的「你他媽的」。

即使在這麼混亂的情況下，分辨交易員和業務員還是很容易。交易員會捲起袖子、鬆開領帶，雙手各拿著幾支電話，偶爾把一支電話向桌子、電腦或交易助理摔過去，然後從大得嚇人的盒子裡抓起另一個甜甜圈。相形之下，業務員雙耳各夾著一支電話之餘，還能鎮定自若地調整袖扣，輪流按下話筒內側的靜音鍵，沉著地同時講幾通電話。厲害的業務員可以一面跟客戶閒談，同時跟組頭討論今晚的尼克隊比賽，命令助理去偷交易員的甜甜圈，還對太太解釋自己今天凌晨四點前的行蹤，絲毫不受房間裡其他對話和群魔亂舞所影響。

交易廳裡雖然吵得像瘋人院，卻隱然有種受保護的秩序。交易廳的環境像私密的男更衣室一樣，交易員和業務員臭味相投，說著下流話題，協力確保這環境不受幾十年來有關種族與性別法規、社會規範和不成文的職場文化等各種進步所影響。大部分的交易廳裡都可見到少數族裔和女性員工，但若不是穿著警衛制服，就是穿著非常短的裙子。證明社會進步的唯一證據，是偶爾可見成堆打翻了的優格空盒，顯示大家對腸道清潔的認真重視。

我在第一波士頓的訓練具有代表性，一起受訓的主要是哈佛、耶魯和牛津畢業，或出身富裕的白人男性。這當中有一位白人男性儲訓幹部要派去舊金山，有兩位白人男性要派往費城，另外十多位白人男性要分別派去紐約和倫敦。第一波士頓顯然找不到精通日語的白人男性，因此東京分公司得聘請一位日本籍女性。

三十七位儲訓幹部中，有三十位男性。就我所知，第一波士頓在美國境內，沒有雇用半個有色人種員工——不過，為了平衡報導，我得說很多儲訓幹部擁有健康的小麥膚色。七位女性儲訓幹部中，有幾位已經在公司裡任職好幾年，也已經證明自己表現優異，卻到現在才獲准參加儲訓課程，另外幾位是新人，看來卻像是女性雜誌《ELLE》的封面女郎。第一波士頓已經安然度過積極性別平權措施（affirmative action）和政治正確的暗流，成果驚人：超過八成的員工是男性，其中大部分是白人，有少數任職國外的亞洲裔員工，沒有非洲裔或西裔美國人，而且只有七位女性。

投資銀行選擇女性員工時特別小心，好幾位業務員對我強調，面談和雇用時要格外注意「顏值」。他們認為，女性儲訓幹部若非可靠的僕人，就是性感小模，不論那一種，都得保證男性幹部工作時的愉悅。無意配合潛規則的女性，各家銀行為了妨礙她們升遷，常刻意把她們塞到最冷門的職位上。事實上，第一波士頓儲訓計畫中聘用的許多女性都在計畫開始幾個月內被「勸說」而離職。有幾位女性儲訓幹部回頭控告公司，其中至少有一位勝訴。

第一波士頓的騷擾和歧視問題極為嚴重，甚至得請一位顧問來訓練業務員和交易員，不要性騷擾來面談的女性。但是訓練極為失敗，某一節課，一位男性員工在模擬面談時，一開口就問可望成為公司員工的女性「噢，寶貝，你想打一炮嗎？」把這位中年女顧問嚇得花容失色。

比較聰明的女性會利用男性亂開黃腔的心態，製造自己的優勢。她們不只是穿著緊身衣和皮褲，展示自己的身材而已。我還知道有一位女業務員，喜歡宣揚自己的性生活，每天一大早，一群男業務員會圍著她，聽她述說前一天晚上的風流韻事，沒有人在意她是否加油添醋。我更不會忘記她曾經極為詳細的描述，她怎麼在前一晚請她吃昂貴大餐的一位幸運兒身上，施展「完美吹簫功夫」。聽完這個故事後，一位業務員告訴我，「她在這家公司有前途了。」

業務部門主管妻妾成群，由祕書群輪流侍奉，侍奉最久的是一位身高六呎的金髮女神，她的職責是在交易廳裡盡量少穿衣服，以及坐在大家的大腿上，發揮高人一等的磨功。她的時裝秀跟極度混亂的數十億美元債券交易交織在一起，讓人興奮莫名。如果這樣還不足以滿足眾多帥哥，經理會出錢請一位年輕女職員，在交易廳裡表演色情動作。一位資深房貸債券交易員付了五百美元，請一位非常漂亮的業務助理，用很慢又很小心的方式，吃一根塗滿潤手霜的大醃黃瓜。她表演完特技，收下現金，然後在交易廳大吐特吐時，一堆交易員圍著她欣賞。

我想，慾火如焚地旁觀交易廳裡的狂歡，應該是我性格中的小缺陷。但總之我看了。交易廳是我的家，幸運的是，我知道如果我離開第一波士頓，投效摩根士丹利，我不會喪失對交易廳的那種感覺。對我來說，這樣的環境轉變大概就跟一條金魚從一個魚缸換到另一個魚缸差不多。

二流與一流

我和大摩衍生性金融商品部門的面談很順利，而且我努力表現出沒有那麼急切的樣子。他們的部門叫做「衍生金融產品部」，簡稱「衍產部」。有一位經理嘟囔著，「一流企業、一流作風」。另一位經理說，他認為衍產部未來的大部分成長，應該是在我專長的新興市場中，他承諾如果我來大摩，應該會受邀參加一九九四年四月他們部門舉行的重要活動，這個活動叫做「固定收益年度運動飛靶大賽」。我聽過這種活動，也很想參加，但是我知道，投資銀行業務員對你做出什麼承諾時，幾乎都不可能實現。不過我仍然抱著希望，因為我知道這位經理是部門領袖之一，據說還是這種活動的創始人。

好幾位業務員把重點放在他們賺到幾「霸」（bar）上。對衍生性金融商品業務員來說，「霸」不是喝酒的地方，「霸」是薪資、巨額的薪資，後面至少有六個0。在華爾街上，你絕不會說：「我一年賺一百萬美元。」而是說：「我賺一霸。」衍產部很多員工經常賺好幾個霸。我當然也一樣，希望賺很多霸，那天卻只能流口水。

我迫切渴望加入大摩的賺錢機器，我祈禱著，拜託、拜託，讓我來這裡工作！他們的衍生金融產品部是我夢想中的工作，賺的錢比華爾街任何一個人還多，他們雇用最精明的人，銷售最有創意的衍生性金融商品。

大摩和第一波士頓的交易廳看來相同，但是兩家公司卻有一個重大差異，就是大摩賺的錢比較多，這一點跟第一波士頓截然不同，在我看來，大摩的衍產部是聚寶盆。

我在等待衍產部是否會聘用我的消息時，思考著第一波士頓和大摩的差別。第一波士頓比較窮困，代表更深層的問題。如果你認為，兩家著名投資銀行既然都擁有相同的交易廳，似乎不可能會有太大的不同，那就讓我來解釋兩者之間的一些差異。

第一波士頓屬於過去，是屬於一九八〇年代的銀行。我第一次去他們公司總部大樓時，就很清楚第一波士頓是二流公司。他們公司的「地址」很高級，是在紐約公園大道廣場大廈（Park Avenue Plaza Building）裡，而且他們告訴我，那棟大樓在五十二街和五十三街之間，我以為這表示大樓確實是在公園大道上。

然而，我在公園大道來回走了幾趟，卻找不到那棟大樓，最後我問一位路過的商界人士，問他知不知道公園大道廣場大廈在哪裡，他哈哈大笑，指著西邊，說那棟大樓不在公園大道上，從公園大道上甚至看不到那棟大樓。公園大道和那棟大樓大門之間的五十公尺距離，是我第一次感受到第一波士頓和其他頂尖銀行之間確實小有差距。

要是你找得到這棟大樓，你會覺得一九八一年落成的這棟四十層摩天大樓，代表一九八〇年代失敗的都市計畫，就像第一波士頓代表一九八〇年代失敗的投資銀行業一樣。這棟建築聳立在兩棟比較低矮、老舊，像書架般的灰色大樓間，看來好像巨大的綠色玻璃水族館。豪華的大廳天花板高達九公尺，地板由深綠色的大理石鋪成，還有隆隆作響的瀑布、巨型的銀色柱子和很多精品店，其中包括一間咖啡店、一間高檔書報攤和一家高級瑞士巧克力專賣店。這種大廳是一九八〇年代富有銀行家匆匆趕去上班的絕佳環境。

可惜的是，很多人可能已經知道，一九八〇年代的財富常留下些後遺症。公園大道廣場大廈的警衛說，建商起初在談判這棟俗麗的綠色玻璃水族館的建築權狀時，同意保留大廳作為一座室內自然公園，要在大廳裡種植真正的花草樹木。很快地，這個計畫就顯得荒唐得可笑，大部分都被放棄了。大廳裡已經種下的一些樹，只好繼續在不友善的環境中奮鬥求生，草坪改鋪的大理石板一直留存著。當年都市計畫唯一留存到今天的遺跡，是大廳裡數量驚人的遊民，因為大廳是法定的公共空間，警衛不能趕走閒人，因此，到了一九九〇年代，富裕不比當年的第一波士頓銀行家走進交易廳時，雖然不必再踩著剛剛割好的草坪，卻必須閃避成群的流浪漢。（第一波士頓近來又搬到沒有那麼高檔的市區地段去了。）

相形之下，摩根士丹利大樓位在精華地段的洛克菲勒中心，對面是無線電城音樂廳，又俯瞰著名的洛克菲勒溜冰場。公司的大廳簡單而乾淨，最重要的是很容易找到。

大摩也有一個新設計的標誌，是麥卡托式的現代世界地圖，比第一波士頓的帆船標誌大多了。大摩公關部門自我宣傳時，會主打全球性主題的精美印刷廣告，發布財經新聞時，又會排除所有爆炸案與慘劇。有極多業務員和交易員離開第一波士頓，投效摩根士丹利，以至於大家把前者改稱為第二波士頓。大摩是真正全球化的公司，分公司遍布美洲（芝加哥、休士頓、洛杉磯、門羅公園、墨西哥市、蒙特婁、紐約、舊金山和多倫多）、歐洲（法蘭克福、日內瓦、倫敦、盧森堡、馬德里、米蘭、莫斯科、巴黎和蘇黎世）、亞洲（北京、孟買、香港、大阪、首爾、上海、新加坡、台北和東京）和其他地方（約翰尼斯堡、墨爾本和雪梨）。公司總裁麥晉桁和董事長理察・費雪（Richard Fisher）積極進取，計畫擴大全球版圖，把全世界員工總數增加到一萬人以上。美國以外分公司創造的獲利比率和新職位比率日益增加。第一波士頓——呃，瑞士信貸第一波士頓——當然也宣稱在世界各地設有分公司，目前卻在關閉若干分公司，解雇大批員工。

大摩員工的怪異行為似乎也低調多了，我去那裡時，沒有看到銷售助理嘔吐，沒有看到交易員為了打賭而剃光頭，或是看到祕書穿著暴露的服裝在交易廳中走動，這些卻都是第一波士頓的特色。我注意到大摩的交易檯上，放了幾本《槍枝與彈藥》（*Guns & Ammo*）雜誌和士兵玩偶，但是酒瓶和色情雜誌都收在抽屜裡。摩根士丹利行不改名、坐不改姓，你想不到誰會替他們改名換姓。

為了公平起見，我應該說第一波士頓並非一直都屈居人下。一九四〇年代最初的幾十年裡，摩根士丹利和第一波士頓一直同屬精英階級，第二次世界大戰結束後，新成立的世界銀行開始借錢，融通戰後的重建時，大摩和第一波士頓同享盛名，交互出現在世界銀行的集資公開說明書上。隨後，第一波士頓的大部分部門開始走下坡。可憐的是，現在第一波士頓只有在電梯這個項目上，勝過摩根士丹利。

第一波士頓的交易員和業務員跟我一樣，討厭一大早就要等電梯、耽誤時間，公司因此分配了很多台閃亮光潔的電梯，由繩索隔開，還由一排警衛看守，電梯很像《星艦迷航記》中的星艦「企業號」，速度卻比「企業號」稍快。每天早上我來到公園大道廣場大廈時，總是會有一台電梯在等著，我會按下標注「固定收益」的長方形大按鍵，咻的一聲，就到了交易廳。我得承認，摩根士丹利沒有人管理的牛步電梯令人失望。

當時第一波士頓和大摩之間，最大的差異是衍生性金融商品的專業水準。你無疑已經從報紙、雜誌和電視新聞報導中，聽過衍生性金融商品，看到最近大家在這種商品上虧損數十億美元的新聞。就連哥倫比亞廣播公司的《六十分鐘》節目都探討過這種東西。但是，衍生性金融商品到底是什麼？

化簡為繁的衍生性金融商品

第一波士頓的很多員工都不知道答案。儘管我所屬的新興市場部門極為賺錢，年度成交量達到三百億美元，在新興市場的很多項排名中都高居第一，而且最近發行的股票和債券金額達到一百億美元，但是在衍生性金融商品上，第一波士頓卻陷入嚴重劣勢。一九九三年時，其他銀行已經開始銷售巨額的新興市場衍生性金融商品，摩根士丹利更是後起之秀中的領導者，光是墨西哥的衍生性金融商品銷售金額，就超過五億美元，還賣出數十億美元的其他衍生結構商品。第一波士頓錯過了獲利豐厚的衍生性金融商品交易浪潮，我所屬的部門坐失良機。多位業務員和研究人員——包括我們部門聰明的前任主管和資深業務員——離開第一波士頓，投效其他公司的衍生性金融商品部門後，第一波士頓的新興市場衍生性金融商品部門只剩下一位員工，就是在下我。

當時我不能算是衍生性金融商品大師，我念的是法學院，不是商學院。我的知識大都是從研讀學術論文中得來，在步調飛快的交易廳中毫無用處，雖然我在第一波士頓的培訓課程中得到最高分，這種訓練對我也沒有什麼幫助。

我知道衍生性金融商品是一種金融工具，其價值連結或衍生自股票或債券之類的其他證券。如果你看過有關衍生性金融商品的資訊，你大概已經知道這個定義，如果你最近買過投資這種商品的公司股票或基金，你可能知道衍生性金融商品的另一個定義是一種金融創新，只是這種創新可能突然變得一文不值、登上《華爾街日報》的頭版。

不管你知道多少，接下來的幾頁裡，要告訴你跟衍生性金融商品有關的一切知識，包括一九九四年二月我打算投效大摩前所學到的大部分知識，好讓你了解大摩衍生性金融商品部門的手法。我會幫助你略過相關論文中提到的許多複雜主題，如修正存續期間、選擇權調整價差、買權賣權平價、債券基差和負凸性等嚇人名字。即使讀者是投資銀行家，我也會建議大家，不要花半點時間思考這些觀念。這些觀念永遠不會幫你賺半毛錢。如果你認為，更深入了解這些觀念後，你可能會變成更圓融的人，那麼你最好把這種想法埋在心裡；如果你是在交易廳裡工作，那你更應該如此。在交易廳裡要變得周到、圓融，唯一的方法是吃增肥食品。如果你可以把衍生性金融商品數學的複雜知識，當成煙幕彈，讓客戶看不出重要的事實，當然沒有問題。但是，如果你真的希望學到不值錢的知識，那就算了吧，你入錯行了。

下文會告訴你，華爾街從以前到現在，怎麼靠著詭計和欺騙，持續不斷地在衍生性金融商品上，賺到驚人的財富。不過，首先你需要一些背景資訊，今天學習跟衍生性金融商品有關的知識時，碰到的問題會和我在一九九四年二月學習時完全相同。衍生性金融商品實際上應該如何運用，是一種絕大的祕密，只有少數銷售這種商品的業務員知道，這種精英為數很少，他們沒有理由跟你我分享這種價值千百萬美元的祕密。至於其中最寶貴的祕密，這些行家甚至不會把這種祕密，告訴自己的同事。我想要投效大摩的衍生性金融商品部門，原因之一是他們似乎比較清楚這種祕密。即使是像我這樣，在第一波士頓擔任衍生商品部門業務員的人，也幾乎不可能得知華爾街上最賺錢的衍生性金融商品交易細節。新聞記者和主管官員只能得知衍生商品行家願意透露的事情，可想而知，他們要了解內情多麼困難。現在你應該知道，為什麼你過去從來沒有聽過這種故事了吧？

我不怪大摩衍生性金融商品部門的人不肯分享祕密，你很快就會知道，有些有問題的作法可能會為他們帶來嚴重的潛在麻煩。至少他們的客戶聽到自己受騙的詳情時，一定會不高興。即使洩漏這些祕密不會產生負面反彈，為什麼要跟別人分享財富呢？如果一隻金鵝跑到你家門口，開始下金蛋，你會怎麼辦？通知新聞媒體嗎？跟別人分享金蛋嗎？當然不會，你會把金蛋好好藏起來。

我要從最基本的問題開始談起，衍生性金融商品是什麼？下面說的還是標準定義：衍生性金融商品是一種金融工具，其價值連結或衍生自股票或債券之類的其他證券。例如，你可以買ＩＢＭ的股票，或是買ＩＢＭ股票的「買權」，取得一種權利，讓你可以在某個時間，以某種價格，買進ＩＢＭ的股票。買權是衍生性金融商品，因為買權的價值從ＩＢＭ標的股票的價值「衍生」而來，如果ＩＢＭ股票的價格上漲，這口買權的價值會跟著上漲；反之亦然。

財務學教科書大都會告訴你，衍生性金融商品只有兩種，一種是選擇權（option），一種是遠期合約（forward）。教科書會詳細解釋選擇權和遠期合約，卻無法讓相關觀念變得比較容易了解。例如，連約翰．赫爾（John Hull）教授比較簡單易懂的著作《期權、期貨及其他衍生產品》，談到衍生性金融商品時，都有很多段落極難以了解，何況他還是著名的衍生性金融商品顧問，主持過費用昂貴的企業研討會，他還在封底警告你，其中很多超難段落完全是在處理超難的問題，包括「數值模擬程序、蒙地卡羅模擬、二元樹計算的運用與有限差分法」。如果這一切還不能嚇退你，你可以試著翻閱由微小希臘字母、成排公式和圖表構成的書頁，如果你仍然考慮購買這本書，你可以看看這本書七十六美元的價格。

如果你不讀赫爾的大作，你可以用衍生性金融商品業務員能夠了解的方式，把選擇權和遠期合約當成一輛雪佛蘭科爾維特跑車（Corvette）來思考。

選擇權是讓人未來可以買賣某種東西的權利，買進的權利叫「買權」，賣出的權利叫

「賣權」。因此，如果你知道一個月內，本地汽車經銷商會進幾輛新科爾維特跑車，你現在可以付給經銷商一千美元，保留將來以四萬美元的價格，買進一輛科爾維特跑車的權利。新車到貨時，你會擁有一口買權，可以用四萬美元，買進一輛新車，卻沒有義務一定要買。因為你擁有買權，你應該希望科爾維特新車的價格上漲，如果車價漲到五萬美元，那麼四萬美元的買進買權，價值大約一萬美元，而且你持有的買權下檔風險有限。如果車價跌到三萬美元，你只要讓車商留下你原來付的一千美元（名叫選擇權權利金），直接用比較低的三萬美元價格，購買科爾維特。

遠期合約是另一種衍生性金融商品，是將來買賣某種東西的義務，如果這種義務是在交易所中交易，就叫做期貨，但是其中的觀念相同。假設你想買一部科爾維特新車，卻不想花一千美元買選擇權，那麼你可以訂定遠期合約，約定在一個月內以四萬美元購買科爾維特，新車到貨時，即使實際價格比較低，你還是有義務以四萬美元買進。你會像擁有買權的人一樣，希望價格上漲，但是在遠期合約中，你的下檔風險不再有限度，因此你不希望價格下跌。如果科爾維特的價格跌到三萬美元，你仍然必須以四萬美元買進。雖然有這種下檔風險，買進遠期合約至少有一個好理由，就是可以節省一千美元的選擇權權利金。

股票、債券和各種市場指數等金融工具，都有選擇權和遠期合約的交易。有的選擇權是在世界各地有組織的交易所中交易；有的是靠私人談判，即店頭市場中達成交易。和店頭市場交易相比，交易所中交易的衍生性金融商品受到比較嚴格的管理，流動性比較高，也比較可靠。你只要看《華爾街日報》，或打電話給經紀商，就可以得到在交易所內交易的衍生性金融商品資訊。相形之下，除非你在投資銀行的衍生性金融商品部門工作，否則你可能永遠都無法發現店頭市場衍生性金融商品的內幕。

所有衍生性金融商品都是選擇權和遠期合約的組合，衍生性金融商品市場的大部分活動，包括我要告訴你的若干交易，都涉及不同選擇權和遠期合約的組合，以及不同組合方式的買賣。要創造這種組合，最大的困難在於計算每一個構成因素到底價值多少，這一點是衍生性金融商品銷售中真正類似火箭科學的地方，任何錯誤都可能造成慘痛的後果。

我很清楚犯錯的結果有多痛苦，如果你決定買衍生性金融商品，我希望你永遠不要重蹈我的覆轍，這件事和衍生商品的另一個罪魁禍首——信孚銀行（Bankers Trust）有關。

菜鳥的震撼教育

很多年前，我去信孚銀行應徵工作，信孚銀行剛剛因為把災難性的衍生性金融商品，賣給毫無戒心的客戶，遭到監理機關譴責和眾多客戶的控告，變得惡名昭彰。然而，多年前，我到華爾街努力找工作時，信孚銀行還相當清白。

信孚銀行相當先進，十分偏重量化方法，推動的銷售與交易培訓計畫堪稱華爾街之最。通過該行的嚴格訓練是成功的保證，整個華爾街上，信孚銀行出身的業務員和交易員都賺很多「霸」。我對信孚銀行很有好感，對自己考進信孚的可能性很樂觀，深信自己可以在那裡找到工作，賺到大錢。

一位聲名狼藉的衍生性金融商品業務員說，當時大家還不知道信孚銀行是專門「將人引誘進平安的天地，再徹底屠殺」的銀行。對大部分人來說，這件事還十分機密，我原本認為信孚銀行的作法是為了盡量多賺錢，要是我知道信孚銀行用「徹底屠殺」的方法對待客戶，我對他們的好感可能會改變，說不定還會增加。

總之，到信孚銀行面談是我平生第一次到華爾街求職，我記得非常清楚，人事主任帶著我，穿過玻璃屋裡的接待區，進入債券交易廳。我從來沒有看過交易廳，因此敬畏地看著忙亂的大廳，大廳裡滿是不斷閃動的交易螢幕，業務員吼來吼去，吵雜的聲音震耳欲聾，幾乎每一個人都是對著電話或對著旁邊的人嘶吼，氣氛令人震撼，讓我十分緊張。

我看到一位戴眼鏡的傢伙拿著惠普強力財務計算機比著我，人事主任說他是衍生性金融商品交易員，說完就走開了，我伸出汗濕的手。

他默不作聲，我跟著他，走進一間靠窗的豪華辦公室，坐了下來。他瞪著一排德勵公司的報價螢幕，螢幕上閃動著綠色字體，全都是各種金融工具更新到最近一秒的報價，然後他拿起電話，含糊地說了一些數字和我聽不懂的術語。我看著他幾分鐘，緊張到了驚恐的地步。他的眼睛掃射螢幕，似乎忘了我的存在，他說的話我一個字也聽不懂，我口乾舌燥，嚥不下口水，環視辦公室，尋找飲水機。

他終於跟我說話了，他沒有寒暄，也沒看我的履歷表，只是提議賣我一筆衍生性金融商品，我仔細聽他說明交易條件。就我所知，這筆交易是美國國庫公債的遠期合約衍生性金融商品組合，我知道遠期合約交易是未來以某種價格購買國庫公債的合約，如果交易價格對我不利，我必須根據一個複雜的公式，付給他一筆錢。

我思考著這筆遠期合約，這口合約是店頭市場交易，任何交易螢幕上都沒有報價，只能在一台德勵公司報價螢幕上，看到標的國庫公債的價格，但是，是否利用這些價格，計算他所建議交易的價格，完全只能由我一個人決定。我很謹慎，這筆交易的風險可能大得不可思議，我會像進行科爾維特遠期合約交易一樣，如果我承諾將來以某種價格，購買這些公債，公債價格卻下跌的話，我將損失慘重。

然而，我原則上了解如何評價這筆交易的不同構成部分，這筆交易是槓桿交易，表示我必須用一個槓桿係數，去乘每個構成部分的價格，槓桿係數只是一個倍數，讓你用來乘上交易金額，以便決定盈虧而已，類似雙陸棋中的加倍骰子。例如，假設槓桿係數是十，一筆一百萬美元的交易實際價值為一千萬美元，我必須計算我所購買遠期合約的價值，然後減去我賣掉這筆合約時的價值，如果得到的價值大於零，我這筆交易就會賺錢，如果價值小於零，我就不該交易，很簡單吧？

這位交易員問我要不要交易一筆一千萬美元的合約，我瞄著德勵公司螢幕上閃動的綠色數字，查看國庫公債的價格，心裡快速地計算。他告訴我，我有一分鐘的時間做決定，我焦急地看看他的惠普強力財務計算機，然後把汗濕的手伸進口袋，卻沒有找到自己的計算機，我把計算機忘在家裡的書桌上了，真是該死！

我的對手指著隔壁桌上的紙筆，我堅決地搖搖頭，我不能用這麼原始的東西，我必須讓這個傢伙刮目相看，想到自己可以運用心算。我又看了一下閃動的螢幕，暗自祈禱，他張大眼睛看著。我用力清清喉嚨，卻清不乾淨，我祈禱這樣至少能夠發出一些聲音，說出「好」這個字。

他冷冷地看著我，說：「成交。」他的話像雲一樣從空氣中飄來。「成交」是交易員在交易執行完畢時所用的術語。如果有人告訴你「成交」，意思很簡單，就是成交了。你不能撤銷交易，可以說，你的話就是你的保證。因此，我成交了一千萬美元，我心想，很好，這筆交易我賺了錢。

他提議我進行另一筆一千萬美元的交易，交易條件相同。我對自己先前的計算信心滿滿，螢幕上閃動的數字沒有什麼變化，我看著他的惠普強力財務計算機時，緊張程度比剛才少了一點點，於是我點頭答應。他回瞪著我，皺著眉頭說：「成交。」我仍然覺得緊張，卻幾乎可以確定我在頭兩筆交易上有賺錢，我努力擺出樂觀的樣子。

他在椅子上動了一下，提議做一筆略微不同的一億美元交易。我看著螢幕，再瞄瞄紙筆，開始懷疑自己先前的計算，我可能算錯了嗎？我覺得沒有，但是我不能確定他所提的小小變化會有什麼影響。雖然新交易的金額比較大，假設過去幾秒內，市場沒有什麼變化，新交易的條件卻類似前兩次交易……我看看螢幕上閃動的數字，認為走勢對我有利，但是，我已經記不清楚一分鐘前的數字是多少了，因為槓桿係數的關係，即使是小小的錯誤，都可能害我損失幾百萬美元，我再度看看他的強力計算機，猶豫了一下，覺得有足夠的信心，因此再度點頭，答應進行交易。

他第一次露出笑容說：「成交。」我開始回想先前的交易……

他打斷我的沉思，說：「同樣的交易，金額十億美元。」

他的聲音堅定而有自信，我滑坐在椅子上。

我顯然犯了錯，必須面對抉擇。我可以冒著遭到他們拒用的風險，承認自己是新手，對衍生性金融商品所知不多；或者，也可以承認自己只是賭一把而已。

今天我回想自己的決定，知道當時自己即將虧損的金額，似乎沒有這麼讓人驚異。畢竟之後，會有好幾位衍生性金融商品買主虧掉的錢，比我那天虧掉的錢還多。但是當時是一九九二年，包括我在內，大部分人都認為衍生性金融商品相當安全，你隨便拿一份報紙起來，都還不會看到有人在衍生性金融商品上虧掉十億美元的報導。加州橘郡的羅伯．席特龍（Robert Citron）、霸菱銀行的尼克．李森（Nick Leeson）、大和銀行的井口俊英（Toshihide Iguchi），都在衍生性金融商品上，各自虧掉十億美元，住友商事的濱中泰男（Yasuo Hamanaka）虧掉二十億美元，都是很久以後的事情。德國金屬工業（Metallgesellschaft）虧損十億美元，也是很久以後的事情，甚至連索羅斯虧損……噢，他在衍生性金融商品上，只虧了五億美元，也都是很久以後的事情。

當時是一九九二年初秋，我即將變成有史以來，第一個在衍生性金融商品上虧損十億美元的人。

我看著這位交易員，點頭說好，我願意接受這筆交易的條件。

他拿下眼鏡，最後一次對我說「成交」，然後用手指指著門說：「恭喜，你剛剛虧掉十億美元。面試到此結束。」

我呆住了，答不出話。面試到此結束？我的自信粉碎了。

我步履蹣跚，走出辦公室，緩步回到信孚銀行的交易廳，看著閃動的螢幕，不敢相信。我剛剛真的賠掉了十億美元嗎？我努力思索這筆交易的數學，也努力思考槓桿係數的影響。我的朋友會怎麼說？一眨眼就賠掉了十億。我很不安，我當然不安，十億美元是驚人的虧損。

我試圖振作精神，畢竟我不是真的賠了十億美元。我試著換個角度看待這筆虧損。金融市場每天交易好幾兆美元，一九九二年裡，整個衍生性金融商品市場的規模為四十兆美元，光是外匯市場的交易，每天就有一兆美元，沒有人會為慘虧十億美元煩惱，不是嗎？

我得承認，我在投資銀行的第一次面試進行得不是這麼順利。在此之前我想過，怎麼可能有人靠著銷售選擇權和遠期合約，賺到這麼多錢，如果華爾街在衍生性金融商品上賺這麼多錢，那麼，虧錢的人是誰？眼下，我親身經歷了一個人怎麼在衍生性金融商品上賺到十億美元，同時另一個人虧損十億美元。我學到了在這行生存必須銘記於心的一些重要原則。

首先，每一筆衍生性金融商品交易中，都有贏家和輸家，你不希望變成輸家，尤其不希望變成虧損十億美元的輸家。其次，我必須善於進行快速而複雜的計算，最好是心算。大部分人——包括投資銀行的大部分員工，都不需要這種能力，但是，如果我想在衍生性金融商品上出人頭地，就需要這種能力。

一鳥在手，勝過二鳥在林

為了幫助自己順利走上賺「霸」的道路，我必須精通另一個觀念，就是「現值」的觀念。這種觀念對了解衍生性金融商品很重要，又跟信孚銀行那位交易員要我做的計算有關。現值是今天用某種貨幣所支付款項的價值，例如，今天收到的一百美元，現值就是一百美元，然而，一年後收到的一百美元，現值就不到一百美元了。未來收到的一筆款項，現值通常低於今天所收到的相同款項。

你很可能已從「一鳥在手，勝過二鳥在林」的諺語中，多少了解了這個基本觀念。有人認為這表示，在手上的一隻鳥比較確定，因此比林中的兩隻鳥更有價值。對投資銀行家來說，這句諺語的意思是：今天收到的一隻鳥的現值，高於未來所收到兩隻鳥的現值。信不信由你，這種觀念在了解衍生性金融商品上十分重要，因此，在我們改談摩根士丹利前，你必須先知道跟現值有關的下列知識：

以債券數學現值為基礎建立的財務學知識博大精深，但基本觀念其實很簡單。評價股票與債券和財務學的基本問題是：今天的一美元比明天的一美元值錢，如此而已。為什麼今天的一美元比明天的一美元值錢？答案也很簡單，今天把一美元存進銀行，你的錢明天會比一美元還多。如果你明天只需要一美元，你今天可以不用存一美元在銀行裡，例如，你可以存〇．九九美元。你賺到的利息由兩種報酬構成，一種是「實質」報酬（如三%），另一種是通貨膨脹率（通常是幾個百分點）。利率會不同，視存款時間而定，在正常情況下，期間愈長，利率愈高。

如果你了解這些基本觀念，你就可以了解大部分的現代財務理論，也可以大致了解債券和衍生性金融商品市場的運作方式。如果你不能立刻了解，別擔心，很多人跟你一樣，很多基金經理人和企業執行長一直到最近，對債券和衍生性金融商品市場的了解都很有限。據知情人士透露，柯林頓總統曾自承，當他發現他說的那一幫「混帳債券交易員」很重要時，他驚訝莫名。現在我要解釋其中最重要的觀念。

評估債券價值時，真正的問題是：今天的一美元明天值多少？假設你可以選擇今天收到一百美元，或是一年後收到一百美元，顯然你會選擇今天收到一百美元。但是，如果要你在今天收到一百美元和一年後收到一〇六美元之間抉擇時，你會怎麼選擇？答案要看未來一年內你可以賺到的利率而定，如果年利率是八%，你會選擇今天拿到一百美元，因為這些錢一年後會值一〇八美元；反之如果年利率為四%，你會選擇一年後收到一〇六美元，因為今天的一百美元到時候只值一〇四美元。

要比較今天的一百美元和一年後的一〇六美元，我們必須用相同的條件，也就是用「現值」的觀念，來呈現兩種金額。只要問「今天兩種金額各值多少錢？」就可以。今天的一百美元很容易算，價值就是一百美元，一年後的一〇六美元價值多少？如果年利率為六%，一年後的一〇六美元也等於今天的一百美元，因為今天把一百美元投資下去，一年後會值一〇六美元。我們用六%的利率，把一年後的一〇六美元「折現回」今天一百美元的價值，六%的利率叫做貼現因子。如果貼現因子或利率比較高，例如為八%，那麼一年後收到的一〇六美元，價值就低於今天的一百美元。同樣地，如果貼現因子只有四%，那麼一年後收到的一〇六美元，價值就高於今天的一百美元。

計算債券價格時，我們只要把債券當成一系列的現金流量，就像上一段中收到的一百美元一樣。事實上，票面利率六%的一年期債券和一年後收到的一〇六美元完全相同，一年期債券到期時，債券持有人會收到一百美元的本金，加上六美元的利息，合計收到一〇六美元。實際上大部分債券一年付息兩次，但是道理相同，例如，估計年息六%的十年期債券價值時，只要利用現值的觀念，計算每一筆利息收入和所償還本金今天的價值即可。這些個別價值的總和，就是債券的總值。

從諺語一鳥在手的角度來看，一鳥在手的價值要勝過二鳥在林，你必須假設利率為六%，同時自己在未來十二年裡，無法抓到兩隻在林中的小鳥。十二年是一筆錢以六%的年率成長到兩倍，大致上所需要的時間，對大部分的鳥來說，這樣的時間都太長。因此，現值觀念顯示古老諺語中的智慧，但你很可能已經知道其中的意義。

比較先進的財務課程不但包括現值，也會包括存續期間（duration）和凸性（convexity）。用鳥和樹林的比喻來解釋這兩個名詞就不很妥當，當商學院學生以及大部分業務員和交易員聽到這兩個名詞時，都會尖叫逃走。他們其實不需要逃走，即使你在投資銀行工作，你也無須精熟這兩種觀念，只須要記住下面的說明即可：

「存續期間」告訴你債券的風險多高，存續期間愈久，風險愈高。例如，十年期債券的存續期間比一年期債券長，因此風險也比一年期債券高，就是這麼簡單。

在數學上，存續期間當然比這複雜。存續期間是你收到以平均現值加權的現金流量的期間長度，從微積分的角度來看是描述債券價格行為的偏微分導數。大部分債券業務員就算學過這個定義，恐怕也早就忘記了。我們從比較簡單的角度，把債券視為沿著翹翹板擺放的一系列木塊，按時間順序從左到右，每塊木頭代表一筆現金給付。大部分木塊（債息給付）都很矮，最右邊的木塊（代表本金給付）遠比其他木塊高多了。債券的存續期間是從起點到使翹翹板平衡的支點的距離。

「凸性」複雜之至，又遠遠超越本書探討的範圍，你只需要知道凸性是好事就夠了，事實上，九九％在交易廳工作的人也只知道這樣而已。債券的凸性愈大，利率變化時，你從中賺到的錢愈多，這個解釋也可以用來說明怪異的「負凸性」是什麼意思。

接下來，本書要列出測驗你的最後一道考題：如果凸性是好事，那麼你認為「負凸性」是什麼？

如果你的答案是負凸性不好，你答對了。恭喜你，你所知所學已經足以開始銷售衍生性金融商品了。

這是華爾街，不作興好聚好散

回過頭來談第一波士頓，我和那裡的每一個人一樣，在發獎金前的漫長一星期，都受到苦苦煎熬。獎金發放後，就會有很多員工離職。投資銀行的大多數員工都是理性的經濟行為人，很清楚一旦拿到獎金，就必須等待整整一年，才能領到另一筆獎金。假如你計畫離開一家公司，獎金發放後，如果可以的話，你絕對不會再浪費超過一小時的時間留在這家公司。否則，根據交易廳的數學，基本上，你就是做白工。大部分業務員和交易員都這樣想，因為他們的薪資——通常介於七萬五千美元到十萬美元之間——只占包括獎金在內年度總薪酬的一小部分。我也是這樣想，如果摩根士丹利要我，我計畫在獎金支票存進銀行的那一剎那，立刻辭職。

離發獎金只有幾天時，摩根士丹利終於向我開出我無法拒絕的條件，我說第一波士頓發獎金後，我會立刻接受這份工作。我知道不能當場接受，因為如果立刻接受，而被第一波士頓發現了，我可能拿不到獎金。投資銀行每一個精明的員工都知道，老闆會全力坑害打算離開，要去投效競爭對手的員工。因此，我打算默不作聲，在第一波士頓待到二月十五日。

第一波士頓員工把發放獎金的日子，叫做「情人節大屠殺」，員工認為自己是被剝削的農奴，必須接受公司微薄獎金的血腥洗禮。到發獎金前的那一刻，大部分業務員和交易員的心裡已經充滿貪婪的革命熱火，以至於不管公司實際上發放多少獎金，員工都自動認為自己遭到公司坑殺。我對這種怪異的現象很不解，領到幾百萬美元獎金的業務員應該憤怒嗎？

果不其然，上午九點半不到，寬大的交易廳響起暴怒業務員和交易員憤慨的抗議聲。幾分鐘前，他們才收到數十萬到好幾百萬美元的支票，連所得最低的員工收到的獎金，都比美國家庭平均所得多上好多倍。但是華爾街的人一向不善於客觀洞察事理，公司的員工氣瘋了。

「兄弟，我被坑了，他們又坑我了，你敢相信嗎？你有沒有被坑？」

「有，我也被坑了。」

平常笑容滿面的業務員氣極了，士氣極為低落。每當有憤而辭職的員工離開時，整個交易廳的人一定都會站起來為他喝采。投效摩根士丹利的業務員得到的喝采聲最熱烈，當時要投奔大摩的仁兄有好幾個。

發獎金那天早上，我帶著支票，前往公園大道廣場大廈附近的花旗銀行，加入公司幾百位不滿員工組成的排隊人龍。你一定會以為第一波士頓已經夠進步，會用即時轉帳發錢給員工。然而，這家小氣的公司必須斤斤計較。公司的經理人知道，如果發實體支票給我們，我們必須親自把支票存進銀行，這樣可能要花一天左右；同時，公司會從我們的獎金中賺到利息。還記得「現值」嗎？對獎金很大包的員工來說，連一天的利息都值很多錢，加總起來就是一筆財富，第一波士頓深知一鳥在手的價值，因此，長龍一路排到銀行門外。

我回到公司，宣布自己要離開時，碰到不少同伴，好幾位業務員已經宣布要離職，高級經理人正在決定是要替他們加薪，還是要放他們走人。這是華爾街的標準儀式，你得到另一家銀行的邀約，然後用這種邀約，努力說服現在的雇主替你加薪，這是在投資銀行裡出人頭地的唯一方法。你這樣做時，高級經理人雖然氣瘋了，卻會認為如果你不這樣做，你就是輸家一個。新業務員或交易員利用這種談判手法，在幾年內讓起薪提高十倍的例子，所在多有。

我的上司遊說我留下來，他們說，公司會大幅提高我的薪酬，但是，他們也指出，這一點要經過幾天後才能用書面文件確認。我說我一小時內就會離開公司。有一位經理建議開一張二萬美元的個人支票給我，以免最後公司反悔，不替我加薪。我告訴他，我深感榮幸，但是我在摩根士丹利會賺到那筆錢的很多倍。在大摩的衍產部裡，二萬美元只是計程車錢，他們的員工平均每天可以賺到二萬美元。

幸好摩根士丹利的一位經理已經替我做好準備，讓我面對這種攻勢，他警告我說，我在第一波士頓的上司一定會堅持不懈，設法說服我留下來，他建議我，如果我用「那是個大好良機」的說法，他們一定會退讓。我等著適當的時機，要試試這句話。業務經理再度說要掏出自己的支票本時，我終於說：「摩根士丹利的工作是個大好良機。」

他停住不動，在華爾街，「大好良機」的說法，等於是說「比你們可能發給我的最高薪酬還多」。我強力推荐希望擺脫或縮短職位談判的交易員與業務員運用這種說法。這幾個字像魔法一樣，那位經理立刻就放棄了。

高級經理人最終確定員工非辭職不可時，華爾街的殘酷無情便展露無遺，大家不舉辦歡送會，不會落淚，融洽的同事關係會消逝無蹤，在交易廳中出於需要而形成的緊密友誼會立刻斷絕。

我不預期什麼感傷的離別，卻驚訝地發現同事表現出純粹的憤怒。有一位業務員說了一些好話，承認他有點嫉妒我的異動；有一位交易員說，他下星期會打電話給我。但是包括我的直屬上司在內，大部分同事都表現出敵意，不但叫我立刻離開公司，還叫警衛來陪同我出去。

令我吃驚的是，第一波士頓離職的程序還包括搜身。離職搜身並非毫無道理，投資銀行員工投效別家公司前，通常會竊掠公司的文件和電腦檔案。然而，精明的員工通常會在離職前好多天、甚至好多個星期前就這樣做。顯然第一波士頓過去的員工曾經笨得可以，試圖在上班最後一天竊取檔案。還好我的手提箱一清二白，我把通行證和公司信用卡交給警衛後就離開了，我在二流公司的日子也宣告結束。

第二章

紙牌屋

全副武裝的大摩奪回了明星地位，只是角色已經變得大不相同，木已成舟，重生的摩根士丹利不會因為羞愧而退縮。

高明賭技百無一用

我考慮在換工作期間休個長假，但是摩根士丹利希望我立刻上工。因此，我只請了一天假來喘口氣。

我覺得換工作之際少了休假沒有什麼關係，上次換工作時週末休假的慘事我還記憶猶新——那時我辭掉紐約法律事務所職員的工作，準備投效第一波士頓。雖然那天是黑色星期五，我仍然覺得很幸運以至於去銀行提出所有存款，飛到拉斯維加斯。有什麼事情比開始在交易廳工作前一個週末，到賭城狂歡更適合我的嗎？

我那次的賭城之旅運氣不錯，我練習過算牌，玩二十一點時，我的算牌技術好到能夠占莊家一點便宜。算牌的基本前提是牌墩裡的大牌比小牌多時，玩家可以贏莊家，如果你在小牌已出了很多，而牌墩裡的大牌還剩很多時，提高下注金額，你的勝算會比莊家高。我打算掌握勝算來贏錢。

我和第一波士頓同事討論過算牌的技巧，進一步調整自己的策略。他們也算牌，還吹噓自己下班後搭著豪華轎車，到大西洋城玩二十一點大贏特贏的事蹟。第一波士頓的員工平常下班後，總有閃閃發亮的黑頭豪華大轎車在公園大道廣場外等候，接送交易員、業務員和偶爾會出現的客戶，去尋歡作樂，大家會先去曼哈頓的牛排館吃大餐，再去幾家酒吧喝酒，然後去男士俱樂部看特殊的朋友，最後無可避免的是，會在半夜南下到大西洋城的海濱木棧道[1]朝聖。好幾位業務員宣稱，他們贏的錢經常多到可以送錢給同行的女性——有時是職業伴遊，有時是漂亮的業務助理。

我的拉斯維加斯之旅寒酸多了，只有我一個人去，那時是我職業生涯的早期，我只想送錢給自己。這次賭城之旅開頭很順利，我到一家賭場幾小時後，就贏了將近一千美元。我的策略很簡單：牌墩裡小牌比較多時，下注五美元，大牌比較多時，下注好幾百美元，藉著調整賭資和算牌，獲得少許優勢，贏賭場的錢。二十一點是賭客唯一長期來說能夠贏莊家的遊戲，我也只玩這種賭法。因為我一直贏錢，賭場監督人員開始密切地注意我。不管賭注大小，凡是算牌的人，都會讓他們緊張起來，即使能讓賭客少贏個幾百美元，都夠發他們的薪水了。有個傢伙站在我背後緊盯著我。另一個人設法問我問題，想讓我分心。最後，一位經理要求我離開賭場。

我欣喜欲狂，很多算牌書籍作者吹噓自己被賭場丟出門外，但是，我從來沒有想像到自己也會因為算牌，遭到賭場驅逐。現在我也是個縱橫賭場的贏家了。

可惜這份喜悅並沒維持多久。到了下一個賭場，我的運氣轉背，很快就開始輸錢，而

1 以賭場雲集而聞名。

且幾乎每一手牌都輸。持續輸錢讓我困惑，但是我對自己的策略有信心，繼續堅持下去，我細心地追蹤已經發過的牌，按照原訂計畫，調整賭注大小，耐心等待運氣轉變，相信如果我繼續算牌，久而久之，我一定會贏。莊家看我輸了不少錢，要我先去睡一下，我沒理會他的建議，也忽略了著名經濟學家凱因斯所說「長期而言，我們都死了」的至理名言。

對我來說，我的長期其實很短——大約一小時就死了。所有的錢幾乎都輸掉，差一點付不起一客三．九九美元的肋條特餐和到機場的計程車錢。十三號星期五畢竟不是我的幸運日。

因為有過這種經驗，我很高興換工作之間只休一天假。我不希望再去試自己的運氣，因此連到大西洋城一日遊的誘惑我都抗拒。在摩根士丹利，我應該會有許多大賭的機會。

大摩小傳

摩根士丹利從一九三五年九月十六日，在華爾街二號成立以來，一直都是傑出的全球性投資銀行。奇怪的是，摩根士丹利的創辦人不是個人，而是一項法律。美國國會為了因應一九二〇年代的泡沫、一九二九年的股市崩盤和後來的大蕭條，在一九三三年制定了《格拉斯—史帝格爾法案》（Glass-Steagall Act），以消除民眾對銀行兼營證券業的憂慮，規定美國的銀行只能選擇其中一種業務。當時還沒有上市，是紐約證券交易所會員的摩根銀行（J. P. Morgan & Company）希望繼續經營商業銀行，於是部分員工離職他往，另行成立證券公司，摩根士丹利就此誕生。

摩根士丹利從一九三〇年代開始，一直都廁身五、六家「大型投資銀行」中，瓜分佣金最高的投資銀行業務。久而久之，不少公司像超長壽連續劇中的角色一樣，在大型投資銀行名單中進進出出，早年的大多數明星都褪色了，狄隆李德（Dillon, Read）、庫恩羅布（Kuhn, Loeb）等公司就是這樣，甚至有些明星公司已經倒閉，德克索（Drexel Burnham Lambert）就是如此。今天會上媒體頭條的投資銀行中，大部分是後起之秀，包括高盛、美林、所羅門兄弟、帝傑證券等公司。在長達六十年的投資銀行歷史中，只有摩根士丹利從一開始，就保持了領導的角色。

大家起初不確定光靠摩根的盛名，是否撐得起一家世界級的證券公司。因此，大摩最初的合夥人很焦急，說早年的歲月是「划著小船進入汪洋大海」。但是到了一九三〇年代末期，焦慮全部煙消雲散，小船已經變成鋼筋鐵骨的豪華巨輪，迅速成長為血統純正的「白人精英」投資銀行，聲名赫赫，無人能出其右。公司的古董紅木辦公桌和豪華餐廳，反映他們的低風險業務。客戶都是美國最有名的大企業，如：鐵路、公用事業、電話、汽車、石油、採礦等等。幾十年來，摩根士丹利壟斷了新發行證券的承銷，並堅持獨家主辦金額最大的案子。

大摩的保守文化持續到一九七〇年代初期，當時大摩仍然沒有聘用半個業務員或交易員。一九七四年，《商業周刊》說大摩「仍然是最負盛名的投資銀行」。公司靠著完美信譽與無懈可擊的聲望，建立了以客戶關係為導向的強大業務。就像備受尊敬的基金經理人伯恩斯坦（Sanford Bernstein）說的一樣，「如果大摩參與其事，就表示我們經營合法的業務。」到一九七〇年代，白人精英公司的摩根士丹利已經變成投資銀行業的教父。

然而，大摩小心翼翼的經營之際，比較「積極進取」的投資銀行，尤其是所羅門兄弟和高盛，卻開始愈來愈賺錢。對大摩來說這是嚴重問題。在投資銀行業裡，現金高於一切。投資銀行的目標是賺錢，不是保持一清二白。如果大摩能夠利用本身的名望，賺到比競爭對手還多的錢，一切都好說。但是，如果比較不出名的銀行賺到更多錢，就表示摩根士丹利做錯了。

摩根士丹利需要轉型。一九八四年到一九九〇年擔任董事長的派克·吉伯特（Parker Gilbert Jr.）在《機構投資人》（*Institutional Investor*）雜誌發表一篇文章，表示「從一九三五年到一九七〇年間，大摩大致上沒有什麼變化——規模大致相同，經營的業務也相同。」

為了因應競爭對手的成就，摩根士丹利從一九七〇年代中期開始轉型。起初只是推動試探性的改變——更新軍備、聘用和建立火炮部隊，並交給巴頓・畢格斯（Barton Biggs）領導。畢格斯原本是投資經理人，《機構投資人》曾經形容他是「你可以把女兒介紹給他的那種西部快槍俠」。接著，摩根士丹利提拔野心勃勃、號稱「終極武士」的年輕合夥人鮑伯・格林希爾（Bob Greenhill），出任資深銀行主管。格林希爾當過海軍突擊隊員，在摩根士丹利推動的最早一批敵意併購案中，也被人形容為「陸軍元帥」。根據摩根士丹利專家隆恩・契爾諾夫（Ron Chernow）的說法，格林希爾的辦公室牆上貼了一幅漫畫，畫中人是艾爾・開普（Al Capp）漫畫中的角色「無敵福斯德」，福斯德是國字臉的警探，做過一件很出名的事，就是在搜尋遭到下毒的一罐豆子罐頭時射傷顧客。他在這幅漫畫中滿身彈孔，標題卻寫著「皮肉之傷」。格林希爾和摩根士丹利董事長狄克・費雪（Dick Fisher），從念商學院時就結成莫逆之交，兩人合力推動大膽而徹底的激進計畫，將成為摩根士丹利追求未來的藍圖。

然而，摩根士丹利的規畫多年來都停頓不前，新武器一直派不上用場，因為大摩堅拒重大風險或「名聲不好」的客戶，為此作法它承受了痛苦的後果。到一九八〇年代初期，大摩已經失去了投資銀行業務排名的榜首地位，也錯過一九八〇年代併購浪潮中不斷成長的利潤。摩根士丹利迫切需要新的哲學，以便配合手中的武器。

到一九八五年初，轉捩點終於出現。現在已經變成億萬富豪的隆納德・皮爾曼（Ronald

Perelman），當時還是個愛抽雪茄的小型併購業者，他試圖利用新收購的公司——Pantry Pride，併購規模更大的露華濃（Revlon）。皮爾曼明確表示，在這場露華濃競爭中代表他的銀行將得到巨額的佣金。

摩根士丹利應該不可能雀屏中選。露華濃是歷史悠久、家喻戶曉的精英公司，經常列名大摩過去不敢得罪的「企業大客戶」名單中。而且，露華濃的併購案中，要動用低於投資級的高風險垃圾債券，摩根士丹利過去一直拒絕代銷這種債券。在排斥這種高風險業務多年後，現在已不適於跳進去蹚渾水，何況大摩最近一次打進垃圾債券領域的行動，還是以失敗收場，虧損了一千萬美元。相形之下，積極進取的德克索和如今聲名狼藉的公司領袖米爾肯（Michael Milken），卻奪得數億美元的垃圾債券承銷費用，掌握一半以上的垃圾債券市場。六十年來，摩根士丹利第一次丟掉舞台中央的地位。

露華濃併購案不但拯救了摩根士丹利，也徹底改變了這家公司。這個案子是艾力克・格利徹（Eric Gleacher）的傑作。格利徹是摩根士丹利的併購部門主管，也是大摩的新武器之一，曾經當過美國海軍陸戰隊步兵排長，他積極任事的精神感動了皮爾曼，在利用德克索之外，也聘請摩根士丹利擔任這個案子的投資銀行。露華濃併購案進行順利，摩根士丹利賺到將近二千五百萬美元的佣金。

露華濃案只是起步，摩根士丹利嘗到風險較高、錢也比較好賺的禁果滋味後，變得更為飢渴，接著在華爾街史上規模最大、風險最高的交易案——雷諾茲—納比斯可（RJR Nabisco）二百五十億美元的融資併購案中，再度賺到二千五百萬美元。雖然這個案子涉及極為繁重的工作，也涉及極為龐大的風險，二千五百萬美元的佣金卻創下單一交易案的佣金紀錄。摩根士丹利轉向承作風險和利潤較高的業務後，合夥人也變得愈來愈貪心，開始更加依靠銷售和交易。

摩根士丹利從一九三〇年代開始，就一直是未上市的私人公司，而且合夥人一直抗拒「公開上市」的壓力，不願意對投資大眾發售股票。但是現在變得很難抵擋發售股票獲利的誘惑，因此到了一九八六年三月，摩根士丹利的合夥人終於發行股票、換取鈔票。包括董事長費雪在內的很多合夥人，在完成股票初次公開發行、徹底改變公司性格後，都各自抱著五千萬美元以上的財富離開。摩根士丹利的新客戶不但包括皮爾曼，也包括梅薩石油公司（Mesa Petroleum）出身的企業掠奪者布恩・皮肯斯（T. Boone Pickens）、多位阿拉伯酋長，甚至包括卡車司機總工會。幾年內，摩根士丹利重登榮耀頂峰，精英形象永遠沾上汙點，卻再度榮居股東權益報酬率最高投資銀行寶座。

全副武裝的大摩奪回了明星地位，只是角色已經變得大不相同，金融圈對大摩企業性格的突然轉變深感震驚。摩根士丹利變成了人盡可夫的妓女？還是殘忍淫蕩的邪惡王后？據說著名的企業律師馬丁・李普頓（Martin Lipton）曾經質問過：「你們這些人怎麼能夠跟德克索同床共枕呢？」但是一切都為時已晚，木已成舟，重生的摩根士丹利不會因為羞愧而退縮。

大摩部門群像

風險的防洪閘門大開後，到一九九四年二月中旬我投效摩根士丹利時，公司老舊、乏味的一切都已經沖刷一空。展現出的新風貌是強力追求利潤、甘冒龐大風險，同時創造更大利潤的作風，然後靠著強大的銷售與交易業務，贏得大型投資銀行之間的戰爭。到一九九四年，公司的大部分營收都是從銷售與交易中賺來，衍生性金融商品則是推動這台賺錢機器的主要動力。

我新任職的衍生金融產品部（DPG）只雇用幾十個人，卻是公司的核心部門，是公司投資銀行部（IBD）和固定收益部（FID）兩大核心事業處的中心。我在公司裡觀察到的第一件事情是：工作上最難的事情是記住所有莫名其妙的簡稱。摩根士丹利本身和旗下的多家子公司都有簡稱，如MS, MS Group, MSCS, MSI, MSIL——幾乎每一個部門、每一種產品和業務都有簡稱。新員工在頭幾個月裡，就像幼稚園學童一樣，必須努力學習公司的字母一覽表。到目前為止，塞滿我腦中的字母包括DPG, IBD和FID，很快地，還會有更多塞入我的腦海。

投行部就是投資銀行部，是公司傳統的支柱，負責企業財務（為企業募集資金）和併購業務（安排企業買下其他公司）。投行部歷史跟公司一樣悠久，始終都是公司獲利的來源。投行部的年輕員工每天花二十小時的時間，準備裝訂好的「說明書」，以便公司的資深銀行家跟企業經理人開會時翻閱。在投行部工作風險很高，你準備這種說明書好幾年後，假設你有幸還沒過勞死，更沒被開除，就有機會獲得擢升。又再經過好幾年後，你會獲准帶著說明書，參加會議，有時候還會獲准發言。我有幾個朋友進入大摩，像奴隸一樣，擔任製作說明書小弟，很多人到現在還是這種小弟，我對這種工作敬謝不敏。

我對固收部有好感多了，固收部全名是固定收益部，也叫「銷售與交易部」，歷史比投行部短，規模也比較小，主管交易廳和其中所有奇奇怪怪的東西。固收部在一九七一年創立，經過二十多年獲利和成長後，旗下員工也才九百位，占公司所有員工的比率不到一〇%。固收部員工負責銷售與交易債券，包括政府公債、垃圾債券、房貸債券和新興市場債券，旗下的業務員和交易員要承擔極高的風險，同時，固收部的獲利波動比投行部高。但是，摩根士丹利碰到真正豐收的好年度時，固收部總是要居首功。

固收部設在交易廳中，裝訂好的說明書在這裡派不上用場，新來的助理員工只有三大任務：一是餵飽上司，二是忍受辱罵，三是學習。這種工作比投資銀行業務卑微，但是一天通常只要工作十二到十四小時，這點說來還算不錯。銷售與交易的工作步調較快，你可能在幾個月內，就變成實際銷售或交易債券的人。這種工作有風險，如果你犯錯，你可能遭到開除，但是，如果你替公司賺錢，你會獲得極為優厚的待遇。

我像大部分的衍生性金融商品業務員一樣，是狂熱的賭徒，比較喜歡固收部，比較不喜歡投行部。幸好我不必抉擇，公司把衍產部放在兩大核心事業的交叉點上，這樣做很有道理，衍生性金融商品為公司賺了很多錢，業務員需要、而且理當得到更大的方便與支持。衍產部有個好處，就是能夠跟投資銀行家的人脈網路，建立直接的關係，又能夠運用業務員和交易員的冒險專業技能。為了方便起見，衍產部設在市中心大樓裡的四樓中心地帶，離電梯不遠，也靠近大摩巨大的債券交易中心樓層。

經營階層把衍產部設在公司兩大事業部門之間，作為兩大部門的「合資事業」，還把衍生性金融商品的獲利分享給他們，目的是希望化解和減少發年終獎金時的衝突和內鬥。

根據我在第一波士頓的經驗，我知道這兩大部門為了獎金，爭執得很激烈，兩者之間的鴻溝像大海一樣寬廣，一樣無法彌合。投資銀行家是保守、優雅、行動緩慢的人，他們會建議企業主管應該加入哪一家鄉村俱樂部，他們最愛說的話是「太有意思了」。業務員和交易員是狂野、狡猾的原始人，他們建議資金管理人怎麼欺騙上司，怎麼尋找新開的脫衣舞酒吧，他們最愛說的話是「去你媽的」。投資銀行家吃素，業務員和交易員吃葷，最喜歡吃炸過的肉。法律規定，兩個部門之間要設置號稱「萬里長城」的阻隔，意在防止雙方討論若干有爭議的業務問題。實際上，這道防火牆是多餘的，兩個部門設在不同的樓層，每一年只有在為獎金爭論時會相當樂意見面談話。獎金引發的爭論與衝突可能跟物質和反物質碰撞一樣激烈。

摩根士丹利的元老記得很清楚，大蕭條後，公司是如何被劃分為不同的銀行。其他投資銀行最近爆發內部政治鬥爭，造成好幾家公司分裂、關門或跟其他公司合併。摩根士丹利必須好好管理跟衍生性金融商品有關的內部爭執，以免公司再度分裂。公司的前途依賴衍生性金融商品，衍產部的前途依賴公司的內部合作。

衍產部的歷史像衍生性金融商品一樣，大家都不很清楚，連摩根士丹利的人也一樣。大摩的員工大都聽過衍產部，因為這個部門太會賺錢了。然而，包括我在內，沒有幾個員工知道這個部門有多新。這個部門在一九九〇年前甚至還不存在，事實上，一直到幾年前，大摩銷售的衍生性金融商品類型還不很多，有限的業務散布在整個銀行裡，從中獲得的整體利潤一直都相當低落。

事實上，某種類型的衍生性金融商品已經存在好幾千年——農民用遠期合約避險、古希臘人用選擇權來投機——但衍生性金融商品的大部分創新都是在過去十年間出現的。一九九四年時，大摩銷售的大部分衍生性金融商品都很新穎，衍產部銷售的大部分東西，包括後面我要說明的結構型票券和換利合約，在一九八〇年以前還沒有問世。一旦華爾街開始創造衍生性金融商品，這種商品的運用和受歡迎的程度就一飛沖天。但是，獲利最豐厚的衍生性金融商品，包括我後來要銷售的商品，都是雷根總統時代以後才發明的東西。

衍產部成立之初，靠著利用公司新近改變的企業文化，對一些名聲欠佳、通常是中東和東亞暴發戶等新客戶，銷售高風險、高槓桿的衍生性金融商品，從中賺錢。一九九〇年代初期，這個部門的不少客戶在衍生性金融商品上賠了很多錢。摩根士丹利對他們賠錢的事情沒有聲張，甚至那些賠錢的客戶都不以為忤，一再回頭來找摩根士丹利購買更多的衍生性金融商品。

我進公司前一年，這個部門安排了幾百件衍生性金融商品交易，為客戶募集了超過二百五十億美元的資金。他們創造的新商品包括我連名字都沒有聽過的東西，例如，美元化殖利率曲線票券、分離收益多頭票券、固定到期日美國國庫公債浮動票券、基本放款利率加倫敦銀行同業拆款利率浮動利率票券、石油連結票券和實質報酬率本息分離債券，以及用一些簡稱命名，連我都不可能追查全名的衍生性金融商品。

隨著衍產部的商品發展，客戶群跟著變化，客戶基礎擴大後，不再限於油國酋長和房地產大亨，也包括保守的大型企業、各州的投資局，以及最積極進取的避險基金和共同基金。業務員已經學會順應市場變化，看什麼交易最能賺錢而每週改變策略，有時候甚至每天改變策略。

我們衍產部七十位左右的同事在兩年內，大約賺到了十億美元的佣金。但是公司不准我們留住所有的錢，因為公司「合資事業」式安排的關係，公司上下所有員工，也都能夠分享我們銷售衍生性金融商品的獲利。即使如此，我們還是能夠留住很多錢，發給我們的業務員，讓他們變成全公司待遇最高的員工。

這段時間是摩根士丹利的狂歡歲月。似乎沒有人在乎千百件衍生性金融商品交易中，有很多交易的風險有多高，即使交易中隱藏著風險，也似乎沒有人在意客戶實際上是否了解自己所買進的東西。衍產部只是持續不斷推動一件又一件的交易，年復一年、一個客戶又一個客戶、一筆交易又一筆交易，備受尊敬的摩根士丹利用一張又一張的紙牌砌就脆弱的房子。

衍產部四大金剛

我們的部門由號稱「四人幫」的四位資深總經理負責經營，他們都是千萬富翁，也是衍生性金融商品領域中最有權有勢、最令人敬畏的人。他們努力保持低姿態，也努力維持這個部門的低調作風，他們的作法很成功，即使是在公司他們也不是特別出名。

四人幫由比德玉・沈恩（Bidyut Sen）、史帝夫・貝納迪特（Steve Benardete）、喬治・詹姆斯（George James）和保羅・丹尼爾（Paul Daniel）組成。沈恩是紐約的主管；貝納迪特是擁有良好政治關係的紐約客，曾經在衍生性金融商品業主要遊說團體「國際交換自營商交易協會」擔任財務長；詹姆斯負責經營倫敦分公司；丹尼爾領導設在香港的東亞分公司，那裡的業務正蓬勃發展。

四人幫事業生涯的大部分時間都是在摩根士丹利度過，現在都極為富有，以至於他們七位數的獎金只有在跟別人比較時，才會顯得重要。每個人都希望拿到的獎金比別人多，原因倒不是金錢對他們的日常生活很重要，而是因為獎金比較多的話，表示他們打敗了其他人。錢對他們幾乎已經沒有意義，你有五千萬財產時，另外幾百萬算得了什麼？據說一九九四年時，四人幫中的一位因為看錯方向，認為美元應該對日圓升值，做錯了交易，他賠掉了幾百萬美元的獎金。做錯方向讓他難過，但他對賠掉幾百萬美元卻似乎滿不在乎，就像他不在乎在賽馬場上輸掉幾百美元一樣。

衍產部的總部最初雖然設在紐約，經營和管控卻已經配合公司的「全球化」策略，跟摩根士丹利的其他部門一樣，搬到紐約以外的地方。紐約過去是衍產部關注的焦點，但是倫敦卻一直力爭上游。倫敦的詹姆斯以直來直往出名，大家認為他是四人幫中最聰明的一位。不過很多人認為，大家會有這印象主要是因為他戴了一副漂亮的玳瑁框眼鏡。駐在香港的丹尼爾長得高高瘦瘦，是四人幫中年輕的後起之秀，控制的業務範圍最大，在高級經理人圈中也最出名。他是公司最高的員工之一，和紐約身高遠低於六呎的矮小經理人相比，更是顯得高不可攀。

除了倫敦之外，衍產部的新血大都派駐在東亞，尤其是東京分公司。東京分公司由瓊恩・金德瑞（Jon Kindred）經營，金德瑞滿面紅光，是一向看多的交易廳經理，負責替公司賺進好幾千萬美元。他還不是四人幫成員，但是，就他的層級和年齡來說，他可以說是摩根士丹利最有權力的人。

四人幫中駐在紐約的兩位似乎正在失勢，貝納迪特對自己的失勢並沒有不滿，似乎還比較喜歡自己比較有限的新角色。他仍然管理紐約一部分的衍生性金融商品交易檯，但是看來他跟華府官員閒聊的時間比較多，用在創造交易獲利的時間比較少。他是四人幫中最矮的一位，但是，如果說他懷有拿破崙情結[2]，也早已經平息無蹤了。他是真誠的好人，有一次，我因為公司發薪系統出問題，將近一個月領不到薪水，會計部門最後改發現金，而不是發支票或直接匯款，貝納迪特讓我把一大疊現金放在他辦公室的保險箱裡，以便隔天可以存進銀行。

2 西方人的一種成見，認為五短身材的男性會因為自卑感而處心積慮想在各方面勝過他人，反而更有控制欲與侵略性。

沈恩稍微高一點，卻有著十分嚴重的拿破崙情結。他是已經到了中年的印度人，留著漆黑的山羊鬍，外表像魔鬼，卻很有創意、很聰明，熱中於賭博和玩遊戲，尤其喜歡下棋。很多年前，沈恩靠著遊戲技巧，變成衍生性金融商品圈中的超級巨星。他是華爾街上涉入這個市場最久的人，遠在我們現在銷售的衍生性金融商品發明以前，也遠在我聽說衍生性金融商品之前，就在這個市場上打滾。他還記得一九八一年時，世界銀行和ＩＢＭ之間進行第一件跨貨幣換匯交易的細節。雖然我們公司裡有幾十位經理人宣稱，自己是很多種衍生性金融商品的發明人，但是只要有人懷疑這種說法時，我們部門的大多數業務員，都會把發明的功勞歸於沈恩。

沈恩建立了令人敬畏的名聲，以週期性大發雷霆聞名，我們部門裡的每一位員工，幾乎都可以告訴你，沈恩當眾對他們破口大罵的故事。一九九〇年代初期，這個部門的控制權開始從沈恩手中，轉到其他人，包括倫敦與東京分公司的經理人手中時，沈恩更是經常怒火勃發。整個一九九四年裡，也就是我進公司的頭幾個月裡，他大發雷霆的時間變成跟老忠實噴泉一樣事先可以預測到。他喪失的控制權愈多，怒火就愈熾烈。

不幸的是，喪失控制權也導致他失去熱忱，不再有興趣把自己的創意用在衍生性金融商品上。整個一九九四年裡，他很少現身在交易廳他應該坐的中心地點，甚至也很少現身在他那間少數鄰接交易廳的豪華靠窗辦公室裡。他現身時，通常會整天在電腦上下棋，只偶爾會停下棋局，大罵某個人愚蠢、無能，或是為某種運動賭博項目造市。他不斷地賭博，碰到世界盃或全美大學體育協會籃球四強總決賽時，他多少會活過來，買賣不同球隊的賭注，甚至根據不同分組賽事的表現，發展出奇怪的衍生性金融商品賭法。但是衍產部的業務難得讓他提起興趣。就我所知，他除了偶爾對某些經理人咆哮外，幾乎什麼事情都不做，就可以領到幾百萬美元的年薪。

有些人覺得他的長篇大罵很好笑，但是衍產部裡的每一個人，幾乎都開始討厭他那種躁鬱式作法。沈恩偶爾會努力善待同事，尤其是善待新員工，他對我特別好，至少一開始是這樣。但是，只要他留在這個部門，他那種刻薄寡恩、漠不關心的樣子，一定會讓人害怕，而不是受人愛戴。

肉食性的衍生金融經紀人

隨後的幾個月裡，我會更了解衍產部的歷史，不過我很早就知道足以代表這個部門的一種交易。這種交易及其簡稱是這個部門早期開發的項目，而且是其中最惡名昭彰的一種，不過這種叫做「本金匯率連結證券」（PERLS，Principal Exchange Rate Linked Security）的交易，卻仍然很受某些投資人的歡迎。

顧名思義，本金匯率連結證券是本金的償還跟不同的外匯匯率連結，例如跟英鎊或德國馬克連結的證券。本金匯率連結證券怎麼看都像債券，事實上，也確實就是債券，卻是極為怪異的債券，因為這種債券表現的就像利用財務槓桿、針對匯率賭博一樣。由杜邦（DuPont）、奇異信用（General Electric Credit）等著名公司，和房利美（Fannie Mae）、沙利美（Sallie Mae）等美國政府機構發行，卻不承諾到期時償還投資人的本金，而是承諾以本金金額乘以連結不同外匯倍數的方式償還。

例如，如果你付出一百美元購買正常的債券，你應該期望會收到債息，加上到期時收回本金一百美元。但如果你買的是本金匯率連結證券，你會發現自己錯了，而且還錯得離譜。事實上，如果你購買本金匯率連結證券，期望到期時收回本金，你要不是不了解自己買的東西，不然就是傻瓜。

本金匯率連結證券是一種結構型票券，是特別設計的債券，也是為客戶帶來最多麻煩的衍生性金融商品。如果你擁有結構型票券，你不會收到固定的債息和本金，你的債息或本金可能要根據一種以上的繁複公式調整。如果你沒有聽過結構型票券，就等著瞧吧，這種債券是世界上最大、成長最快的市場之一，估計市場規模介於幾億，到超過一兆美元之間，等於美國每一個勞動人口平均持有將近一萬美元。

摩根士丹利的衍生性金融商品業務員，靠著賣本金匯率連結證券，給中東、日本，甚至包括美國威斯康辛州等世界各地的投資人，賺了千百萬美元，買家包括知名企業、公共基金、神祕的企業和富有的個人。這些人唯一的共同點就是，他們都付給大摩巨額的費用，很多人在這種商品上賠掉金額驚人的財富。

我發現，本金匯率連結證券的買家大致上分為兩種，我把他們稱為「騙子」和「寡婦孤兒」。如果你是一心熱切推銷的衍生性金融商品業務員，這兩種人都是好買家。大部分本金匯率連結證券買家是騙子，都相當精明，都是以其他投資人根本想像不到的方式，利用本金匯率連結證券從事外匯投機。受到法令禁止，不能參與外匯投機的人，也可以利用本金匯率連結證券，從事這種賭博，因為本金匯率連結證券看來像債券，掩蓋了投資人原來的賭博性質。例如，有一種很受歡迎的本金匯率連結證券，不是還給投資人一百美元的本金，而是以支付一百美元本金乘以美元匯價的變化，加上英鎊匯價變化的兩倍，減去瑞士法郎匯率變化兩倍的方式，償還一百美元的本金。本金的償還跟這三種貨幣連結，因此才叫做本金匯率連結證券。如果這三種貨幣匯率奇蹟般的極度配合，形成一直線——這種機率大概跟太陽系八大行星連成一直線、形成八星連珠一樣稀奇，你會收回一百美元，不多也不少。但是你比較可能收到別種金額的本金，金額則要看這三種匯率的變化而定。如果你知道自己買的是什麼東西，你會希望自己的回收遠高於一百美元，不過你知道回收也可能遠低於一百美元。如果外幣匯率反向波動，例如，如果美元和英鎊向某個方向波動，瑞士法郎卻向另一個方向波動，你可能會血本無歸。

衍產部的業務員利用多少有點問題的聰明手法，行銷本金匯率連結證券，吹噓投資人的「下檔風險限於最初的投資金額」。這句話好像樣板一樣，出現在摩根士丹利所有行銷文件中，卻總是讓業務員偷笑。本金匯率連結證券有一個諷刺性的賣點，我所屬部門後來銷售的很多衍生性金融商品也有這種賣點，就是買家頂多只賠掉一切。

相形之下，摩根士丹利卻毫無損失，不管不同的匯率怎麼變動，摩根士丹利都會賺錢，因為摩根士丹利會跟別的銀行進行其他交易，為外匯風險避險。同時，摩根士丹利會收取投資人數百萬美元的手續費。本金匯率連結證券遠比典型的銀行交易好賺多了，一般投資銀行對正常中期債券的發行，所收取的手續費不到千分之五，因此，在五億美元的債券發行案中，可能賺到幾十萬美元。相形之下，一九九一年，摩根士丹利發行投資人搶購的本金匯率連結證券時，至少收取百分之四的手續費，每一億美元的本金匯率連結證券，手續費收入高達四百萬美元，真不賴！更何況，某些案子的費率還更高。

本金匯率連結證券經過包裝後，看來像是簡單而安全的債券，實際上卻是複雜的外匯賭博，因此，總會遭到騙子型的客戶濫用。雖然很多本金匯率連結證券看起來，像是由擁有最高評等的美國政府機構或企業發行的債券，實際上卻是像選擇權一樣賭日圓、德國馬克、瑞士或法國法郎走勢的賭博。本金匯率連結證券的這種外表，特別能夠吸引保險公司狡猾的經理人，其中很多人希望在監理機構或上司不知情的情況下，進行外匯賭博。本金匯率連結證券的設計讓這種騙子經理人，可以在波動劇烈的外匯期貨和期權市場中賭博。

但是，也有一些買主完全沒有知識和經驗，根本不了解本金匯率連結證券。他們看了本金匯率連結證券的投資條款說明書後，只看到債券而已，對複雜的公式視而不見，根本看不懂債券本金的償還跟匯率連結的事實。我把這種買家叫做寡婦孤兒，業務員很喜歡這種客戶。

有些買家不知道他們買進本金匯率連結證券時，通常是針對一組「遠期殖利率曲線」（Forward yield curves）賭博。銷售衍生性金融商品時，遠期殖利率曲線是基本的重要觀念，最簡單的「殖利率曲線」是說明不同到期日的政府公債殖利率曲線，這種曲線通常會傾斜向上走，因為隨著政府公債的到期日拉長，殖利率也會提高。你可以藉著銀行定期存單的例子來思考這種曲線，例如你的五年期定期存單利率，通常會高於一年期定期存單。殖利率曲線只是不同到期日利率的圖表而已。

殖利率曲線有很多種，「息票曲線」（Coupon Curve）是指不同到期日政府公債的息票殖利率，「零息曲線」（Zero Curve）是指不同到期日政府零息公債的殖利率（後文會詳細探討也叫做分割債券的零息公債）。息票曲線和零息曲線是基本的殖利率曲線，你在大多數報紙的財經版上，都可以找到構成這些曲線的殖利率數字，《華爾街日報》的〈信用市場〉專欄，也會摘要報導這種債券每天的交易活動。

但是，對衍生性金融商品業務員來說，最重要的曲線是遠期殖利率曲線或「遠期曲線」，你在財經版上絕對找不到這種曲線。實際上，遠期曲線有很多種，但是基本原理相同。遠期曲線像時光機器一樣，告訴你市場「預測」未來某一個時點的當期殖利率曲線是什麼樣子。當期殖利率曲線涵蓋各種遠期的遠期曲線，例如：「一年期遠期曲線」預測當期殖利率曲線一年後的樣子；「兩年期遠期曲線」則預測兩年後當期殖利率曲線的樣子。

殖利率曲線並非像占星術或手相那樣預測變化，遠期曲線也不過就像時光機器，不是非常精確。如果真的很精確，衍生性金融商品交易員應該會更富有了。相反地，殖利率曲線的預測——幾乎像魔法，卻又不很像魔法——是靠著套利而來，是在活躍、流動的債券市場中，攫取債券之間價格差距的「無風險交易」中而得到的。

用例子來解釋會比較容易了解，假設一年期利率為五%，二年期利率為一〇%，這種情形是非常陡峭的殖利率曲線。假設你希望把一百美元儲蓄個兩年，你可以把錢鎖定在二年期一〇%的存款中，也可以鎖定在一年期五%的存款中，等著看第二年可以賺到什麼樣的利率。你會怎麼做？如果你鎖定在二年期的一〇%利率中，而且五%的一年期利率維持五%不變，你得到的結果會比較好；但是，如果你鎖定在二年期的一〇%利率中，一年期利率卻飛升到五〇%，你得到的結果就會比較差。一年損益兩平的利率是多少呢？換句話說，一年期利率必須升到多少，你用兩種策略中的任一種，才能賺到相同的報酬率呢？答案是一年期遠期利率——大約一五%。也就是說，當期殖利率曲線根據一年期和二年期債券當前的交易，預測一年後，一年期利率會變成一五%。一年後的實際利率可能高於一五%，也可能低於一五%，一五%是當前利率所暗示的利率。為每一種到期日計算所有利率的公式很複雜，從中衍生出的整個遠期曲線也很複雜，但是分析起來，不會比上述例子難。

如果上述討論不夠清楚，你只要記住一點，就是如果今天的殖利率曲線是平的，遠期曲線就是平的，如果今天的殖利率曲線很陡峭，遠期曲線就會更高、更陡峭。遠期曲線多少就是當期殖利率曲線形狀的延長或放大。如果你不相信遠期曲線的預測，那麼，衍生性金融商品就是讓你跟遠期曲線對賭的東西。

在衍生性金融商品交易中，遠期曲線是極為有力、極為重要的觀念。如果你不了解遠期曲線，又是在投資銀行工作，衍生性金融商品業務員和交易員很可能會嘲笑你。如果你不了解遠期曲線，又是投資股票和銀行定期存單以外標的的正常人，你很可能遭到了解衍生性金融商品的人坑陷了。

對衍生性金融商品業務員來說，不懂遠期曲線的客戶是金礦。因為本金匯率連結證券很複雜，利潤率遠比一般債券高，如果業務員能夠讓客戶相信自己是購買低風險的一般債券，而不是購買本金匯率連結證券，就可以賺到超高額佣金。要你在銷售本金匯率連結證券或一般債券之間選擇時，你總是會選擇賣本金匯率連結證券給客戶。這麼一來，如果客戶不知情，以為自己買了最高評等的債券，實際上卻是從事高槓桿的外匯賭博，結果會怎麼樣呢？如果本金能夠收回，客戶絕對不會知道其中的差別，如果本金收不回來，那就……

下檔風險使銷售到期日比較久的本金匯率連結證券特別有吸引力。如果你對孤兒寡婦銷售五年期的本金匯率連結證券，表示你五年內，都不必擔心本金的償還問題，然而，在華爾街，五年卻代表一整段職業生涯。即使是這樣，客戶賭對結果賺錢的可能性也相當高。如果到期日收到二百美元，而不是收到一百美元，就算是寡婦孤兒，應該都不會有什麼怨言。

我不是暗示所有衍生性金融商品業務員都喜歡對寡婦孤兒推銷本金匯率連結證券，但是，的確有些業務員喜歡這樣做，更多人喜歡推銷類似本金匯率連結證券的債券。簡單的外表和複雜的基本面合而為一，使本金匯率連結證券變成一種潛在致命的組合。

海削客戶

我聽過很多業務員對寡婦孤兒推銷本金匯率連結證券的故事，其中我最喜歡的是剛進摩根士丹利時聽到的一個故事。

一位業務員對一家老掉牙的保險公司，成功賣出價值八千五百萬美元的一系列本金匯率連結證券。這家保險公司顯然不懂這種證券，公司的財務高級主管打電話給這位業務員，探問他們公司買的本金匯率連結證券當時價值多少，這位主管以為，這些證券的價值應該還有一〇〇美元，或者可能價值九九．九九或一〇〇．一美元，卻聽說他們買的證券暴跌了一大半，這時他簡直快要昏倒了。這位業務員把他們的談話轉述給我聽：

「但是我們怎麼可能在這種債券上虧掉這麼多錢？才剛剛過了幾星期而已，何況這還是政府機構的債券呢，天啊！我的老闆會殺了我。」

「噢，唔，你買這種證券好幾個星期以來，在本金贖回公式中反映出來的幾種貨幣，都已經對美元大幅貶值。而且時間衰減和外匯市場的變化起伏，都會造成涵蓋在本金匯率連結證券中選擇權的價值減損。」

「什麼？你再說一遍，這次用白話告訴我，你說的這一切到底是什麼意思？」

「意思是你在外匯上豪賭一場，結果賭輸了。」

這時，這位財務主管慌了，「外匯賭博？你到底在說什麼？我們什麼都沒有賭，不應該賠錢。我們沒有從事過外匯賭博，我們是保險公司。天哪，法規甚至不准我們買外匯啊！」

「噢，你買本金匯率連結證券時，就承擔了外匯風險，你在這種債券上，能夠得到高於市場行情的債息，就是這個道理。我跟你說，我警告過你，你只是不記得了，我曾經努力地對你解釋這種公式。好了，你該不會以為你能不冒任何風險，就得到這麼高的債息吧？」

這位財務主管大驚失色，「噢，天啊！你是說外匯風險是由我們承擔的嗎？我以為外匯風險是由你們承擔的。」

這位業務員在這筆本金匯率連結證券交易上，賺到巨額佣金。說這個故事時，他哈哈大笑，到了不能自已的程度，我也哈哈大笑。他說完後，問我是否知道業務員如何形容這樣對待客戶的方式，我說不知道，他告訴我這叫做「海削客戶的臉皮」。

「海削客戶的臉皮？」我不能置信地問道。

「對。」然後他生動地、如描述一場戰鬥般地詳細解釋怎麼抓住客戶的脖子，捏住一層皮膚，用力拉扯，盡可能地撕下最多的皮肉。我永遠忘不了這位業務員瞪著我、十分認真、自傲到幾乎流下淚水，摘要說明這筆本金匯率連結證券交易的表情。

「法蘭克，」他說，「我剝掉了他的臉皮。」

第三章

一場豪賭

結構型票券的豪賭世界裡，有一群看似不可能的賭徒，和他們的賭法相比，我們真是小巫見大巫。

誰會買這種東西？

摩根士丹利擁有「本金匯率連結證券」的服務業註冊商標權利，卻有很多投資銀行模仿這種基本概念，發展不同形式的結構型票券。我就是在第一波士頓，學到類似證券的衍生性金融商品知識。不過，我記得很清楚，那是很久以前我剛入行的事了。那時我以為自己是個好賭的人，而每天在各種賭博中投入成千上萬美元的第一波士頓經理人則是超級賭徒。但卻驚訝地發現在結構型票券的豪賭世界裡，有一群看似不可能的賭徒，和他們的賭法相比，我們真是小巫見大巫。

我在第一波士頓任職時，跟「非美元銷售」組坐在一起，這個組很小，設在外匯交易部門附近。非美元銷售組恰如其名，銷售英鎊、法郎、日圓、馬克等美元以外所有外幣票面的債券，其中很多債券是由第一波士頓負責管理。樓上的投資銀行家善於說服企業和政府，發行不同貨幣票面的債券，再全部交由這個組銷售，只有一種債券例外：非美元小組不賣非美元「垃圾」。這種東西保留給「新興市場」小組負責。

我跟負責銷售泰國票券的一位交易員談天，他們的小組正在推銷一種名字讓人垂涎欲滴、吸引力十足的新衍生性金融商品——泰銖連結結構型票券。這種東西對業務員是美味大餐，對客戶卻可能是穿腸毒藥，銷售佣金高得驚人，風險卻高到不可思議。這種票券具有非美元和新興市場的雙重性質，導致相關的兩個組，為了爭奪銷售這種可口美味的權利，吵得不可開交。我們小組主張，雖然泰國和亞洲其他「小虎」的信用評等，高於大多數歐洲國家，泰國還是應該列入新興市場，結果我們爭輸了。現在我正在外國小組裡摸索，研究屬於外幣組銷售的這種衍生性金融商品。

一般說來，泰國債券的風險不夠高，不會列為新興市場債券，上述債券看來的確如此。這種債券顯然和泰銖有關，雖然名為債券，卻不是由泰國政府或企業發行。我記得一位業務員說，這種債券是由美國政府機構發行，我會不會聽錯了呢？泰國很窮，跟美國距離遙遠，對美國影響最大的是泰國菜。為什麼美國政府機構會對泰銖有興趣？

我不時拿跟這筆交易有關的問題去糾纏這位業務員，最後他丟給我一疊文件，裡面包括說明這筆交易的資訊包，我謝謝他。這筆衍生性金融商品交易很複雜，因此資訊包很長，大概有十幾頁，我深信這個資訊包會詳盡解釋這筆交易。

這個懶人包是我第一次近距離、活生生地檢視一筆真正的衍生性金融商品，我焦急地翻看資料，好像這套資料會在我手中爆炸一樣。如果你是客戶，考慮向第一波士頓購買衍生性金融商品，這些文件應該是你會看到的東西。這套文件首先敘述背景資料，描述泰國經濟，還包括若干精美的圖表，說明泰國的經濟成長、影響和外匯準備。資訊包的標題是「第一波士頓結構型票券」，正下方用顯眼的字體，印著「一年期泰銖連結票券」，看起來讓人心動。資訊包的結尾是兩頁「名詞列表」，列出指示性名詞和交易條件建議。

我注意到，每頁最上面清楚印著「機密、僅供內部使用」的字樣，想起自己曾經聽到一位業務員命令助理，把文件傳真給所有客戶的事情，心想他把僅供內部參考的機密文件發送出去，是否適當。

我繼續看下去，在每頁底部，都有幾乎小到無法辨認，又難以理解的法律術語印就的免責聲明。就我所能了解的程度來說，免責聲明灌輸大家兩項苦澀的警告：一是這套文件的資訊可能有問題，不能夠信賴；二是第一波士頓跟涉及這種交易的某些人，很可能有一種祕密關係。因此如果你購買這種東西，你可能遭到吃光抹盡。

為什麼這種文件需要這麼慎密的免責聲明？看來很奇怪，一方面，這些東西是機密的內部文件；另一方面，免責聲明只有在文件發給公司以外的人時才適用。這到底是怎麼回事？

我首次感覺到交易廳和法務部門之間曖昧的密切關係。這種密切關係讓投資銀行可以施展巧妙手段，藉著吃光抹盡客戶來賺錢的計策，投資銀行甚至事前知道某些客戶的交易會賠錢並會提出控告，卻還是這樣做。因此，免責聲明很重要，能保護公司免於遭到這相關訴訟。

想像你是第一波士頓的律師，知道業務員會把印了公司名號的文件，發送給客戶，你要怎麼辦？一個方法是在這些文件上，盡你所能、盡量廣泛地貼上保護性的標籤和免責聲明，好在客戶購買衍生性金融商品賠錢後控告第一波士頓時，可以提出很多辯解之道，例如，這些銷售文件顯然無意發送出去，不足為憑。再說，文件上印了適當的免責聲明；或者，部分是因為這些免責聲明，銷售這種衍生性金融商品可以不受美國證券法規的保護。

第一波士頓極善於運用這種標籤和免責聲明。早在一九九三年夏季，也就是任何重大衍生性金融商品虧損爆發前，第一波士頓已經預見衍生性金融商品會形成問題，引發訴訟。第一波士頓為什麼會這樣做呢？我很快發現，第一波士頓的經營階層至少在保護公司資產上很精明、非常精明。我們現在已經知道——當世界各地投資人在衍生性金融商品上虧損數十億美元後，他們當初的作法確實很正確。

從業務員的角度來看，他可能像是在推銷會爆炸的福特平托（Pinto）汽車[1]。業務員只關心能不能把車子賣出去，不關心車子後來可能造成的傷害。所有衍生性金融商品業務員都知道，他們賣的商品中，最後總有一些會爆炸，他們的某些客戶會在火焰中升天。如果虧損真的太嚴重，你總是可以辭職離開公司。如果你以善於銷售危險的高槓桿衍生性金融商品聞名，要找到另一個工作很容易。

1 福特高層明知道平托汽車存在嚴重的安全隱憂——一旦被後方追撞容易引發油箱爆炸，卻為了收益考量決定照舊推出。

從公司的角度來看，重要的是盡可能的從這種交易中多賺錢，收取巨額佣金，埋下定時炸彈，然後走開。等衍生性金融商品爆炸後，賠錢的人當然會提出控告，但是，只要公司事先賺到的錢夠多，足以在訴訟中為自己辯護，就不會有什麼問題。我從免責聲明中得到的重要訊息是：想靠賣衍生性金融商品賺錢，方法就是要設法炸死你的客戶。

我仔細閱讀這張兩頁式的名詞列表，表中說明這種商品是一年期債券，保證票面利率為年息一一．二五％，這種利率十分驚人，考慮到發行人是美國政府機構時，更是如此。美國政府機構幾乎沒有風險，在正常狀況下，他們發行的債券票面利率大概只有一半而已，其中到底有什麼名堂？

贖回本金的公式中指出，你原始投資金額的報酬率，跟一年期泰銖和「一籃」貨幣的匯價連結，這一籃貨幣的組成大約是八四％的美元、一〇％的日圓和六％的瑞士法郎，如果一年後，泰銖和這一籃貨幣的匯價變動幅度相同，你會拿回全部本金。因此，如果你購買一億美元的這種衍生性金融商品，泰銖的波動和這一籃貨幣相同，你會得到高達一千一百二十五萬美元的債息，加上一億美元的本金，獲得驚人的總報酬率。然而，如果泰銖和這一籃貨幣匯價的變動不完全相同，你得到的金額可能比本金還少，甚至可能拿不回半毛錢。

有什麼理由，可以讓人預期泰銖會跟這一籃貨幣的波動完全相同嗎？第一波士頓說有。泰銖是一種「管理貨幣」，泰國央行會根據包括泰國對外貿易金額在內的一些變數，每天調整泰銖的匯價。

第一波士頓設計的這一籃貨幣，意在複製他們想像中泰國央行管理泰銖的公式，泰國央行把這些公式當成最高機密，第一波士頓卻宣稱，自己已經找到了這些公式。

如果第一波士頓的說法正確無誤，你可以平平安安，賺到高達一一・二五%的報酬率，根本不知道自己曾經身處暴風眼中。然而，如果你認為泰國央行應該這樣做時，泰國央行偏偏那樣做，你就會捲入颶風中，賠得一乾二淨。在信孚銀行那位聲名狼藉的業務員口中，這種交易是他所說，利用策略，「引誘大家踏進風平浪靜的地方，然後徹底摧毀」的典型例子。（投資人過了幾年風平浪靜的日子後，到了一九九七年七月，泰國央行宣布放棄這些公式，泰銖和相關衍生性金融商品的價值立刻崩潰，嚇壞了投資人。）

你對這種衍生性金融商品可能有些疑問，誰會買這種東西？原因何在？這種人只是在投機嗎？還是相信第一波士頓找出了祕密公式？如果這種交易是這麼有利的投機，為什麼第一波士頓要向大家銷售這種東西，而不是自己承擔其中的風險？第一波士頓是不是跟投資人對作呢？是不是多少有設法避險呢？為什麼美國政府機構參與這種交易，發行跟泰國央行管理泰銖的複雜公式連結的債券？最重要的是，第一波士頓在銷售這些衍生性金融商品時，到底賺了多少錢？

我拿這些問題去問一位業務員，開頭就問「到底是誰買這種東西？」

他不回答，拒絕告訴我，我料想買家可能包括傳奇性的避險基金，這種交易者幾乎在每一個市場裡，都從事精明的豪賭。我腦海裡浮起一系列最高明私人避險基金的名字，包括量子基金、老虎基金和戈帝安結基金（Gordian Knot）等等。我決定在得到答案前，要一直纏著這位業務員。

「是量子基金嗎？」量子基金最初由金融家索羅斯創立，現在是世界最大的避險基金，量子基金和索羅斯在外匯匯率投機上，賺賠過數十億美元。

「不是，你在開玩笑嗎？」我的問題很蠢，頂尖的避險基金太高明了，不會向第一波士頓買這種東西，他們可以自行買進，不必付出高昂的佣金給第一波士頓，購買這種複雜之至的東西。這麼說來，剩下的還會是什麼人呢？

「其他投資銀行嗎？」

「還是不對。」我問了第二個蠢問題，摩根士丹利或高盛之類的其他銀行比較可能銷售，而不是購買這種商品。

「共同基金嗎？」我知道不少大型基金操作新興市場衍生性金融商品，富達基金或坦伯頓基金可能是買家嗎？

「不是。」

「商業銀行呢？」

「不是。」

我技窮了，逼著這位業務員承認誰是買家。

「你記好，我不會告訴你半個名字。但是如果我告訴你主要買家是哪一種人，你可不可以別再煩我？」

「沒問題。」我可以以後再求他說出名字。

「各州的退休基金和保險公司。」

「什麼？」我嚇呆了。

他只是微微一笑。

「真的嗎？」我問他，我不敢相信這種事。「是各州退休基金和保險公司嗎？」

這位業務員只點點頭，說各州退休基金是結構型票券最大的買主，泰銖衍生性金融商品只是其中一個例子。一般說來，結構型票券買主包括威斯康辛州，以及包括橘郡在內的加州好幾個郡。不過，這位業務員指出，這種泰銖商品規模很小，又很不尋常，各州退休基金和保險公司通常是買別種結構型票券。

威斯康辛州？橘郡？看來很荒唐，他們為什麼要買這種高風險的衍生性金融商品？接著你會聽到別人說，寶鹼公司是衍生性金融商品的大買家。

我問道：「保險公司呢？他們的投資很保守，為什麼要買結構型票券呢？」

他看著我，好像我是白痴一樣，「少來了，這些票券由美國政府機構發行，評等都是最高的AAA級或AA級，又是保險公司操作外匯市場的唯一途徑，原因豈不是顯而易見嗎？」

真的顯而易見嗎？我想著保險公司可能會買什麼樣的證券，保險公司不是極為謹慎嗎？大多數保險公司的投資部門，都受到嚴格的規範限制，美國保險監理官協會（National Association of Insurance Commissioners）密切監督保險公司的投資，把投資分為一到五級，規定保險公司在每一級投資中，只能擁有多少投資額度。此外，很多保險公司認為，連股票的風險都太高，在這種情況下，保險公司怎麼能夠利用跟泰銖和一籃外幣連結投機的公式卻不受監督呢？結構型票券由美國政府機構發行的事實很重要嗎？這樣或許會讓投機的風險降低，卻不可能掩蓋這種投資的本質，不是嗎？如果實際的風險在於跟泰銖連結的複雜公式，監理機關難道不知情嗎？

令人驚訝的是，答案是不知情。事實上，這是美國政府機構居然參與這種商品的主要原因，而且可能是唯一的原因。主管機關審查這種商品時，看不到「泰國」和「泰銖」，他們也看不到「一籃貨幣」或複雜的公式和圖表，只看到這是美國政府機構發行的最高評等一年期票券。

這種票券讓我想到，這樣是極度濫用美國政府的借貸能力。美國財政部藉著直接發行國庫公債，在市場上借錢。此外，美國政府旗下的各種機構，如吉利美（Ginnie Mae）、房利美、沙利美和房地美[2]，在美國財政部間接承諾一定償債的保證下，獲准在市場上借貸。

這些機構可能從事學生貸款的回收，或是房貸資金的匯集，但是對結構型票券買家來說，他們實際上做什麼並不重要。對監理機關來說，重要的是，他們的還款承諾就是美國財政部的預設承諾。由政府機構發行，又由美國財政部保證的票券怎麼可能有風險？這種作法當中，最大的諷刺在於結構型票券買家樂於付出額外的代價，透過美國政府機構投機炒作，以至於這些機構借貸時，承擔的利率比美國財政部還低。

主管機關直到很久以後，才發現這種泰銖賭博很危險，實際上是藉著外面紅白藍三色的美國國旗包裝，掩飾其中的風險，而且主管機關這時才發現買家蒙受虧損。我深感震驚，華爾街到處是賭徒，大家經常把投資銀行，比喻為曼哈頓南邊大西洋城的賭場。然而，至少那種賭博是合法的。我發現投資銀行更為陰暗的一面，就和大西洋城賭博合法化前的賭窟一樣，門口掛著政府機構的標記，但是你知道裡面正在玩出千詐賭的遊戲。

2 吉利美（政府國民抵押協會），房利美（聯邦國民抵押協會），沙利美（學生貸款公司）和房地美（聯邦住房抵押貸款公司）皆為美國聯邦政府特許支持的法人。

擲骰子遊戲

摩根士丹利當時也在經營相當賺錢的賭博遊戲，但是衍產部的新上司要我參賭前，經歷徹底的清洗過程。你從一家投資銀行跳槽到另一家時，新雇主通常會規定你必須先完成初步的面談，這種面談很像真正的科學家進入實驗室前，必須先完成殺菌過程一樣。

我參加過兩次重要的盤問面談，首先我跟公司的律師群面談，他們警告我，不得討論和進行中交易有關的祕密，如果我曾經竊取第一波士頓的文件，我應該把文件銷毀。我必須遵循某種程序，才能拜訪在前一個工作中認識的客戶，摩根士丹利和第一波士頓最近為了離職員工，發生過摩擦，因此在這方面特別謹慎，不過我很訝異，沒有人提起跟公司祕密資訊外流有關的事情。很多業務員和交易員曾經竊取某家公司的文件、軟體和客戶，帶去另一家公司，我知道其中一個特別令人困擾的例子，跟摩根士丹利一位備受怨恨的經理跳槽，變成第一波士頓備受怨恨的經理有關，有人指控他離開摩根士丹利時，偷走了客戶和專利資訊，帶去第一波士頓。

我對這些律師保證，我沒有竊取第一波士頓的任何東西，他們不必擔心。他們似乎認為我在撒謊，我表示我說的是真心話，但是他們不再理會這件事，他們認為我已經通過清洗過程了。

接著，我跟紐約的四位衍產部經理見面，他們很快就會變成我的上司、變成我個人的四人幫。他們問的問題中，有些問題跟律師群問的問題相同，但是問的角度顯然不同，他們似乎不問我是否帶來了什麼文件或軟體，卻想知道我手裡掌握了什麼東西，甚至進一步更明確地問我，他們什麼時候可以拿到這些東西的副本。

「你對這些客戶了解多少？」

「你的客戶名單在哪裡？上面有哪些客戶？」

「你把什麼人的業務帶過來了？」

我告訴他們，我從第一波士頓只帶來一樣東西，就是我私人擁有的《北美自由貿易協定》副本，他們指責我撒謊。我向他們保證，他們探問的大部分資訊，都記在我的腦海裡，他們卻對我的記憶力有點懷疑。至於電腦模式，我確定自己會為我們以後要做的業務，創造新的電腦模式。然而，談到客戶時，我希望小心謹慎，我說，我可以繼續跟我認識的人交流，但不能保證他們會買什麼東西。他們繼續向我探問消息時，表現出明顯的失望之情，接著，其中一位經理問了一個真正重要的問題。

「總而言之，那個擲骰子遊戲哪裡去了？」

我利用在第一波士頓幾個工作清閒的日子，編寫了一種電腦化的骰子遊戲，而且在跟摩根士丹利求職面談時，把這個骰子遊戲寫在履歷表裡，證明我對賭博的認真態度——有位員工告訴我，這個遊戲在摩根士丹利決定雇用我時，發揮了很大的作用。我告訴他們，我根本沒有把這個遊戲從第一波士頓帶走時，他們顯得很不高興。

我得承認，這個遊戲令人驚豔，附有看來像是綠絨布的背景和兩顆似乎會轉動的紅色骰子。電腦會自動計算不同賭注的金額，連續計算至多八位賭客的「輸贏」如何。只要碰一個「老闆鍵」，骰子遊戲的畫面就會隱藏起來，換上債券的數學試算表。

我記得第一波士頓的業務員和交易員發現我的骰子遊戲時，整個交易廳的工作都停了下來，一位資深業務員強迫我做莊，玩這個遊戲。好幾個星期裡，我整天當莊家，很多熱心的賭徒瞪著不停旋轉的紅色骰子，一輸錢就對我開罵。我保存的賭盤紀錄變成跟交易廳的分類帳一樣複雜，我也記得我個人財務是怎麼平衡過來的。

值得一提的是，第一波士頓的每一個人都信任我，認為我不會詐賭。然而，對我來說，詐賭是輕而易舉的事情。不過他們和我都知道，詐賭露出馬腳會立刻毀掉我在華爾街上的大好前途。我當然想過詐賭（凡是有自尊心的衍生性金融商品業務員，都至少會先考慮過詐賭），但是我想到詐賭在第一波士頓傳開來的結果後，抗拒了詐賭的念頭。我的意思是，別人會說：「那個小伙子太扯了吧？我可以預期業務員會撒謊、會針對債券的價格撒謊。但是，天啊，有人會為了骰子遊戲詐賭嗎？這個世界上已經沒有什麼聖潔的事情了嗎？」

我記得人要誠實，我告訴自己，骰子遊戲的莊家占有優勢，因為我當莊家，日子一久，我一定是贏家。然而，我在先前的拉斯維加斯之旅中，學到跟長期有關的痛苦教訓。一朝被蛇咬，我現在變得沒有那麼自信了。下注金額增加後，我堅持自己不再當莊，因為做莊太花時間，壓力也太大了。此外，我不可能靠著當骰子遊戲的莊家，變成衍生性金融商品業務中的明星。我把骰子遊戲程式複製到好幾個軟碟上，發給別人，退出賭博事業。

愚蠢的是，我離開第一波士頓時，竟沒有帶走一份拷貝，我對其中一位經理說，我可以打電話給第一波士頓的一位老同事，他很可能願意給我一份拷貝，這位經理不為所動。

我的四人幫上司

一開始，我不介意四人幫是否認定我是具有事業道德的人，不過很多同事認為，在這行業，事業道德是自相矛盾的說法。這四位經理人將來在我在摩根士丹利的事業生涯中，會是四位最重要的人，我希望他們至少在一開始，立刻就認為我很精明，卻不卑鄙齷齪。如果我願意，我會有很多時間打消別人認為我循規蹈矩的印象。

我個人的四人幫由兩位總經理、加上兩位只比總經理低一級的「合夥人」構成。摩根士丹利的等級由上而下分為總經理、首長、副總裁、高員、分析師和祕書。副總裁和高員這兩級沒有資深、資淺之分，我和從研究所畢業不到四年的大多數員工一樣，擔任高員。

待遇大致和職稱配合，一般而言，總經理的年薪有幾百萬美元，首長年薪接近一百萬美元，副總裁年薪有五十萬美元，高員的年薪有幾十萬美元，同樣職稱的人待遇會有很大的差距。衍產部的員工，薪水通常高於其他部門類似階層的員工，整個摩根士丹利都把分析師和祕書的薪水稱為「四捨五入的誤差」（在華爾街，低於五萬美元的待遇一律捨入到零，與零無異）。

我現在二十七歲，仍然比摩根士丹利高員的平均年齡少好幾歲，他們的學歷大都介於大學和商學所之間，年齡接近三十或三十出頭，副總裁的年齡大都是三十五、六歲，合夥人和總經理可能已經滿四十歲。升一級要花兩年到四年，凡是遠超過四十歲，卻還沒有退休、辭職、解雇或當上高級主管的人，都會「流放」到我們稱之為「退休之家」的摩根士丹利眾多部門去。

我的最頂頭上司是沈恩，就是四人幫中喜愛下棋的那位。我在摩根士丹利任職時，跟沈恩的互動大都跟遊戲和賭博有關，跟客戶業務無關。我偶爾會看他下電腦西洋棋，但是一起賭運動賽事的時候多多了。或許最重要的是，他後來在我大筆下注全美大學體育協會巡迴賽時，出了一部分賭注（我們賭輸了）。除了玩遊戲和賭博之外，沈恩很少支持我或為我做什麼，他經常來我在交易廳中的位置走動，我是交易部門中少數的幸運兒，很少被他破口大罵。

我另一位總經理上司叫沙蘭特（Marshal Salant），是沈恩的屬下，長得矮矮胖胖，是哈佛商學院畢業生，在紐約土生土長。他自稱念商學院時，還是身形瘦小、熱愛跑步的年輕人，但是他跑馬拉松的日子顯然早已結束，過了十年穩定多金又不運動的日子後，他已經變成領帶難以碰到皮帶的男士。雖然他過著平靜的日子，在衍生性金融商品業務上，卻比沈恩活躍多了，在這個部門所扮演的角色也遠比沈恩吃重。他精於數字，現在已經過時的惠普財務計算機也幫了一點小忙，他也以左手極為善於比手畫腳聞名，會在爭執激烈的會議上，等待適當時機運用手勢。適當時機出現時，他會像著名投手山迪・柯法斯（Sandy Koufax）一樣，伸展手臂，手上抓著筆記本和鉛筆，開始揮動左臂，說出一系列像快速球一樣的說明，打消所有反對看法。他是摩根士丹利經理人當中，少數沒有火爆脾氣的一位；不幸的是，他也沒有激勵手下的魅力，即使他是可靠的救援投手也一樣。因此，衍生性金融商品業務員欣賞他相對溫和的態度，也欣賞他高明的技能，卻不怕他，也不愛他。

我個人四人幫中的另兩位是比較資淺的「合夥人」，因此只是百萬富翁，不是千萬富翁。我在摩根士丹利任職期間，這兩位合夥人是我的直接頂頭上司，我在華爾街上要是學到什麼經驗，全都要感謝這兩個人，我每天的大部分時間裡，都隨侍在兩人身旁咫尺之遙。他們兩人的差異再大不過了。

這兩位上司，我要賣點面子，只用合乎其特色的外號稱呼他們。

第一位仁兄叫稻草人。我在面談中見到稻草人時，不知道他的名聲，也不知道他另有很多多采多姿的外號，稻草人是其中比較平和的外號。別人會叫他稻草人，是因為他在摩根士丹利的交易廳中，一直不斷地吹口哨，吹著電影《綠野仙蹤》裡稻草人所唱〈要是我有大腦〉歌曲的曲調。不過他是相當有效率的主管，用以身作則的方式領導大家。久而久之，這曲調流行了起來。要是你在一九九四年，拜訪摩根士丹利設備精良的交易廳，你可能看到一排業務員瞪著電腦螢幕上閃動著的債券報價，卻沒有注意到他們口哨所吹出快樂曲調中的反諷意味。

稻草人是超齡員工遭到流放養老規則中的例外，雖然他不肯告訴別人他多老，但大家認定他至少年過四十五了，他已經永遠困在合夥人的階層了，卻仍然在交易廳裡工作。經營階層找不出讓他升官的理由，卻又不能放他離開。我很快就會知道他的所有事情，但是跟他相處幾小時後，我猜他雖然年華老去，技巧又不足，這個部門的經理人卻一直留他，原因之一是他實在太有娛樂性了。我離開公司後，稻草人終於離開衍產部，到「退休之家」養老。縱使本書通篇上下不提他的名字，他現在的生涯問題也夠多了，因此，我會尊重他的隱私。

我要等一等才說另一位合夥人的綽號，現在光說她本人和外號有點不尋常就夠了。我得知她的外號時，同時獲知她曾參與創造和銷售，大摩最具爆炸性、又最祕密的一種衍生性金融商品（也是大摩歷來獲利最多的一筆交易）。這位女士很好鬥，目前在公司裡仍然力爭上游、飛黃騰達。我提她的名字，很可能不會對她造成傷害，但我還是姑隱其名，只是我這樣做的原因不同，是基於害怕。

稻草人是善於鑒賞槍枝的名家，愛上脫衣舞酒吧，桌裡總是藏著一瓶威士忌，人總是咬著雪茄，在交易廳裡來回走動，說著黃色笑話和故事——但我得承認，他說的事情通常都很有趣。他經常會把我叫到一旁，說明他遵循兩條簡單的規則，第一是「認知即現實」，第二是「信任，但須查證」。他會驕傲地說，兩條規則都是他在一九八〇年到一九八八年間，也就是美國史上最理智的時代裡，跟當時最理智的人學到的。他相信前總統雷根是神，而且摩根士丹利裡這樣想的還不乏其人。

稻草人很幸運，在一九九四年前，在華爾街上最熱門的賺錢部門，也就是拉丁美洲衍生性金融商品領域中，卡到了好位置，甚至在一次投資人研討大會中，發表動見觀瞻的演說。不過我後來聽一位與會人士說，他的演講絲毫沒有什麼動聽的地方。但不管動不動聽，一九九四年二月時，墨西哥可真是熱門的賺錢領域，他又是我的上司，我打算盡我所能好好發揮。

第四章

墨西哥盛宴

這種墨西哥式的交易像早晨的啤酒一樣，讓我眼界大開，
大摩的衍產部在披索連結美元保證票券上大賺一票，可是盛宴才剛開始而已。

當紅炸子雞——新興市場

一九九四年初，墨西哥很熱門，美國剛剛通過《北美自由貿易協定》，美國銀行家急速南下墨西哥市。一九九三年時，新興市場交易員協會指出，這一年衍生性金融商品的成交量為一．五兆美元，是前一年的兩倍，拉丁美洲衍生性金融商品是這個市場中成長最快的領域。一九九三年裡，拉丁美洲衍生性金融商品的月成交量面值增為二百五十億美元，遠高於一九九二年的三十億美元。美國每家大銀行都希望從預期中的美墨金流中分一杯羹，美國所有大銀行都準備申請設立墨西哥分行，包括摩根士丹利在內的美國銀行，都已經派出人手，在墨西哥的臨時辦公室裡工作。

以我在第一波士頓的經驗來說，其實我是拉丁美洲衍生性金融商品老手，摩根士丹利雇用我和另一位同事，目的是要擴大已經居於領先的拉丁美洲衍生性金融商品事業。拉丁美洲債券迅速變成交易廳中最重要的一環。稻草人負責領導我們的拉丁美洲行動。

我應該花一點時間，描述交易廳的布局和階級，好讓你了解拉丁美洲衍生性金融商品的地位，其實這種商品的地位比你想像得還重要。

某個部門在交易廳中的權威是高是低，跟他們賺多少錢很有關係。幾年來，華爾街上最令人羨慕的工作就在衍生商品部門中，這種部門通常都主宰交易廳。一般說來，如果你不屬於衍生商品部門，你和政府公債交易——債券交易廳的核心——愈貼近愈好。跟政府公債交易相關的工作是中階職位，工作包括外匯、房貸債券和公司債交易。比較不受歡迎的工作甚至不會放在交易廳裡，股權銷售不是好工作，私人客戶銷售可能更差。最糟糕的工作之一是在費城銷售貨幣市場工具，這一點的前提是公司在費城仍然設有分公司，但很多公司已經沒有費城分公司了。

真正最糟糕的工作是在市政公債部門裡，市政債券通常是免稅債券，由市、州或其他地方政府機關發行，目的是要籌募道路、教育、下水道等建設的經費，這個部門都塞在交易廳的僻靜角落裡，或是丟在投資銀行部門的荒地中。我在第一波士頓參加訓練考試時，有人告訴我：「你最好考好一點，否則……」我很清楚「否則」的意思是：「否則，你會流落到市政債券部門去。」

幸好我沒有流落到那裡，而且我所屬的新興市場部門在交易廳裡，處於接近頂層的地方。你可能知道新興市場的意義，如果你不知道，我得告訴你，這是華爾街行銷專家貢獻、創造的名詞。債券業務員非常善於為高風險的債券，創造欺人耳目的名字，好讓這種債券比較受人歡迎，例子之一是一九八〇年代運氣不好的「垃圾債券」，現在改名為比較好聽的「高收益債券」，另一個例子是新興市場債券。

由墨西哥、巴西、奈及利亞等第三世界國家發行的債券，原本叫做「第三世界債券」，第三世界債務危機爆發後，大家更確切地稱之為「爛貨」。這種債券中，有數十億美元是積欠美國商業銀行的債務，這些銀行急於脫手，不幸的是，卻找不到半個買家。

到了一九八〇年代末期，美國財政部長布雷迪（Nicholas Brady）批准一個計畫，把這種爛貨跟很有價值的美國債券結合、拼湊或重組成一種比較有吸引力的第三世界債券，希望找到買家。布雷迪謙虛地把這種可口的債券叫做「布雷迪債券」，不幸的是，光靠布雷迪的大名，無法說服投資人吃進這種債券，市場因而無法發展。

整個市場需要動聽又吸引人的新名字，第三世界債券業務員有很多點子，首先試著改名為「低度發展國家」債券，但「低度發展」同樣太過負面，於是LDC的名稱出現，業者希望潛在買主可能不記得L代表「低度」。然而，這番努力也失敗了，這樣做雖然比肯德基炸雞改名KFC還早，但一九八〇年代的投資人可不像今日的速食消費者，這麼容易受到愚弄。

接著，債券業務員推出「開發中國家」債券，這個名稱幾乎立刻廣為通行，但還是跟「低度發展」太相近。最後，一位聰明有創意的業務員建議改用「新興市場」，每個人都欣然同意，華爾街上所有相關部門紛紛改名。例如，我在第一波士頓服務的地方，就先改名「新興市場國家資本市場部門」，後來再與經營階層無數次的折衝拉鋸和令人焦慮不安的投票後，才本著公司改名CS第一波士頓的精神，改名為較精簡的「新興市場部門」。

大家不清楚「新興」是什麼意思，也不清楚這些市場要怎麼「興起」。然而，這個名字非常好聽，也有助於掩飾投資人購買的新興市場債券，實際上是從十九世紀起就沒有付息的一筆祕魯貸款。

我不打算投身新興市場衍生性金融商品業務，也不是適合的候補人選。我什麼外語都不會說，又沒有國際經驗，對最重要的新興市場——拉丁美洲所知有限。事實上，我甚至不知道第一波士頓設有新興市場部門，直到我問跟我面談的主考官他覺得哪個領域未來幾年最熱門，他答「新興市場」時，我才知道有所謂新興市場的存在。於是我問人事主任，我是否可以跟這個部門的人談談——不管他們是何方神聖。

一位經理給我這輩子最好的建議。他說，只要我告訴大家，我是新興市場專家，我就可以變成新興市場專家，久而久之，我會補滿其中的缺口。令人訝異的是，這個建議很正確。我從事這種業務一段時間後，連摩根士丹利衍產部的員工，包括稻草人在內，都認為我是新興市場衍生性金融商品大師。我不打算反駁他們，只要新興市場，尤其是拉丁美洲市場，繼續表現得強而有力又有利可圖，我就喜愛自己在公司裡的地位。

現金禮物罐

一九九四年三月前，摩根士丹利的墨西哥衍生性金融商品案子，都是針對美國投資機構而發，希望促請他們購買墨西哥政府公債。這套策略創造了數百萬美元的獲利，而且仍有很大的市場，但是如果大摩希望主宰所有新興市場衍生性金融商品業務，就必須改弦易轍。

當時，美國很多銀行都把墨西哥銀行看成是「現金禮物罐」，急於敲破這個罐子。幾十年來，墨西哥一直保護自己的國營銀行，使其不受外資威脅。一九九二年，墨西哥政府開始推動銀行自由化，但只准許墨西哥人擁有銀行，並繼續對外國人實施嚴苛的限制。美國雖然召集大軍，防止非法移民渡過美墨邊界的格蘭德河，墨西哥卻自行建立更有效的金融業邊境巡邏隊。墨西哥農民要渡河進入美國很容易，美國銀行要越界進入墨西哥卻很難。

然而，美國銀行知道，如果能夠打破這種防護罩，就可以賺到數十億美元的利潤。墨西哥市場這麼好賺錢，原因之一是墨西哥主管機關容許二十多家本國銀行，收取高昂的利息、維持很高的利潤率。墨西哥主管機關也禁止外商銀行，經營墨西哥貨幣披索放款業務，或提供其他披索票面的產品，還禁止外商銀行在墨西哥建立外匯或證券交易部門，只有花旗銀行例外，花旗是唯一能夠在墨西哥積極經營的外商銀行。在這種氛圍下，墨西哥銀行天天過年，變成世界上最沒有競爭力的銀行，而最富有的墨西哥人卻都出自銀行業。

花旗銀行試著打進利潤豐厚的墨西哥銀行業，卻慘遭滑鐵盧。花旗從一九二〇年代起，就是墨西哥境內最大的美國銀行，在墨西哥全境卻只有八百位員工、經營六家分行，最大的成就是推出大來卡。一九八〇年代的墨西哥債務危機中，花旗的受害程度比美國其他銀行都嚴重，對數十億美元墨西哥債務重整的反應，就和在墨西哥旅遊喝了不潔淨自來水的觀光客一樣。從一九九二年起，管制略微放寬，連花旗都設法消化了投到墨西哥的八十八億美元海外投資，但是，花旗不愉快的經驗破壞了美國很多銀行的胃口。

包括稻草人在內，不少衍產部的業務員說，花旗和其他銀行耕耘墨西哥市場的方法錯了。我們不該把墨西哥銀行視為可以敲破的「現金禮物罐」，這些銀行不是我們的敵人，如果他們是禮物罐，那麼其中的禮物甚至還沒有裝滿。多年的暴利已經養肥了墨西哥銀行，但是包括《北美自由貿易協定》的簽訂等變化，使銀行業在墨西哥要追逐暴利變得比較困難。我們的計畫是要養肥這些銀行，如果這些銀行仍然飢腸轆轆，我們應該餵飽他們，而不是跟他們對抗。經過他們的腸胃，打通通往他們錢包的道路，應該是比較容易的作法。

我們該餵墨西哥銀行吃什麼東西呢？顯然是高利潤率且大數量的東西，我們希望盡量多賺錢，所以這種東西應該要讓別人上癮，這樣一來，這些銀行才會自行狼吞虎嚥。一旦墨西哥銀行長肥，再也吃不下東西，要打倒他們應該很容易，到了適當時刻，輕輕一碰，整個臃腫的墨西哥銀行體系就會像矮胖子一樣倒下來。

到一九九四年，摩根士丹利已經做好準備，要餵墨西哥銀行想要的東西了。前一年裡，大摩靠著完成第一筆「披索連結美元保證票券」（Peso-Linked U.S. Dollar Secured Notes, PLUS）的交易，創造了傳奇性的地位。因此，披索連結美元保證票券從一九九三年三月起，在墨西哥掀起風潮，這種票券是以美元計價和支付的墨西哥衍生性金融商品，是墨西哥銀行業和美國買家意想不到的投資標的。

市場上把大摩第一筆墨西哥衍生性金融商品交易，簡稱為PLUS I，這種票券由披索連結美元保證票券資本公司發行，發行金額五億美元，是開創性的衍生性金融商品，在無數次的研討會上都得到盛讚，大家譽之為幾近完美的衍生性金融商品交易。不過對散戶來說，這種商品似乎太怪異了，其實不然。事實上，如果你過去五年內持有過共同基金，尤其是國際型基金，你很可能擁有這種墨西哥票券或類似票券的部分所有權。

PLUS I的傳奇源於一九九三年初，當時墨西哥國民銀行（Banamex）——它在墨西哥的地位相當於花旗銀行在美國的地位，向多家美國投資銀行探問，是否可能把一部分價值低估、流動性又不佳的通貨膨脹連結債券，從資產負債表中拿掉，但實際上又不出售這種資產。這種請求不容易達成，墨西哥國民銀行希望把這種債券換成現金，以便投資在別的標的上，卻不想賣掉債券，以免帳上列出虧損。

這種通膨連結債券叫做「聯邦政府可調整債券」，通稱「可調整債券」，是墨西哥聯邦政府發行，以墨西哥披索為票面的債券，本息的支付根據通貨膨脹率的上升調整，就像美國的社會安全給付跟消費者物價指數綁在一起一樣。這種債券根據墨西哥的生活費用指數調整，本金金額每十三週增加一次，所依據的公式，包括墨西哥中央銀行發布的通膨指標增幅數值。墨西哥的通貨膨脹率高於一〇〇%時，可調整債券似乎是很好的投資之道。但是到一九九三年通貨膨脹率降到接近個位數時，希望持有可調整債券的人很少，連墨西哥國民銀行都不想持有這種債券。

墨西哥國民銀行似乎想完成不可能的任務，就是對不想要這種債券的市場銷售債券，卻不公開承認自己在賣這種債券。根據墨西哥國民銀行資深副總裁吉拉德・瓦格斯

（Gerardo Vargas）的說法——摩根士丹利的人叫他「刀鋒戰士」，因為他總是戴著深色太陽眼鏡——長久以來，墨西哥國民銀行一直在找一家美國銀行，完成這種可調整債券的銷售，但得到的答覆總是「這個點子行不通、這種債券賣不出去」。華爾街所有衍生商品部門中，只有摩根士丹利的衍產部表示可以完成這項不可能的任務。

大約有五十位大摩的總經理宣稱，披索連結美元保證票券是他們的主意，這要看你問的人是摩根士丹利的誰而定。有一位經理人搶功搶得特別快，但持平說，他確實居功不小，這個人就是沙蘭特。沙蘭特靠著用靈巧的左手比手畫腳，解決類似墨西哥國民銀行所提出的問題，為大摩建立了衍生性金融商品王國。沙蘭特藉著計算機和鉛筆，加上對衍生性金融商品技術性細節的深入了解，在交易廳裡高視闊步。在單調乏味的衍生性金融商品業務員的天地裡，沙蘭特就是國王。

但是，在墨西哥國民銀行的案子上，就連沙蘭特和其手下大軍都碰到重大障礙，第一個大問題是說服別人購買這種可調整債券。墨西哥買主不提也罷，因為他們像墨西哥國民銀行一樣，努力地在拋售這種債券，歐洲很多買家對拉丁美洲心存疑慮，不願意承擔墨西哥的風險。美國和亞洲的一些買家雖然願意投資墨西哥，卻需要評等為投資級（BBB級以上），同時是以美元為票面的產品，可惜這兩種特性並不相容。

包括可調整債券在內，墨西哥所有投資級債券都以披索計價，所有以美元計價的墨西哥債券都低於投資級。沙蘭特和他手下的「火箭科學家」為了對美國買家銷售墨西哥債券，必須找到墨西哥債券的聖杯，也就是找到以美元計價的投資級墨西哥債券。這種挑戰很艱鉅，但是如果衍產部能夠創造這種債券，就可以建立價值十億美元的新市場。

具有上述雙重特質的債券不存在，理由很充分。國債的信用評等如何，通常要看國債的計價貨幣而定。墨西哥和很多國家一樣，用各種貨幣舉債，包括披索和美元。墨西哥披索的信用評等很高，因為墨西哥只要加印披索，就可以清償披索債務。反之，墨西哥的美元信評相當低落，因為墨西哥不能印製美鈔，必須創造強勢貨幣，才能清償美元債務。對墨西哥來說，清償披索債務比清償美元債務容易，成本又比較低廉，墨西哥債券買家因此認為，墨西哥比較可能用披索，而不是用美元清償債務。信用評等機構也知道，而且正確地知道墨西哥經濟脆弱，可能無法創造出足夠的強勢貨幣，清償日漸增加的龐大美元債務。因此，墨西哥的披索債券信用評等相當高，達到AA-，只略低於美國很多大企業AA級的評等和美國政府的AAA級評等。相形之下，墨西哥的美元債券信評卻低於投資級，屬於BB級的垃圾債券等級。

我偶爾會質疑這種信評的正確性，但是美國買家非常忠實地吃這一套。衍產部業務員知道，很多美國買家只能購買投資級的美元債券，但是當時墨西哥沒有這種東西。我們也知道，很多美國買主喜歡墨西哥，開始渴求墨西哥債券，這種體認協助衍產部，把重點放在解決墨西哥國民銀行的問題上。如果衍產部能夠創造由可調整債券支撐，美國買家又可以購買的新型墨西哥衍生性金融商品，那麼，不管其中的風險是高是低，美國買家都會購買。不是只有我們抱持這種看法，設在紐約、管理三十億美元拉丁美洲基金的比亞公司（BEA Associates）基金經理人文森．貝利（Vincent Bailey）也說過：「銷售拉丁美洲衍生性金融商品時，主要是賣給受到投資原則限制不能投資實際證券的人。」

衍產部必須施展小小的魔法，也必須動用一些金融煉金術，才能創造新的衍生性金融商品。第一個魔法是把可調整債券一分為二，要這樣做，最根本的辦法是創立一家新公司，買下可調整債券，再由這家公司發行兩種跟可調整債券連結的新證券。摩根士丹利要創立這種公司，卻不觸怒墨西哥和美國的主管機關，必須把眼光望向風光明媚的百慕達。百慕達以操作各式各樣灰色地帶的金融行為聞名，也以洗錢天堂著稱。最初這樣做的人是毒販，接著是黑手黨，最後是包括大摩在內的投資銀行。大摩在一九八〇年代內，跟德克索同流合汙，已經走上沉淪之路，現在更像黑幫一樣，在百慕達大展身手。

百慕達會保護衍產部，但是要收保護費，而且衍產部必須遵守百慕達的法令。首先，摩根士丹利聘請好幾位具有良好政治關係的百慕達律師，在百慕達成立一家特別的公司。這些律師會擔任公司董事，在公司發行特別的債券時，提供至關緊要的政治保護。接著，為了避免稅務上的麻煩，摩根士丹利須要找到一家合適的慈善機構，購買公司發行的股票。百慕達法律規定，新公司的股東必須是合法的免稅實體，摩根士丹利很幸運，找到了百慕達的資本信託機構，這家信託機構的受益人包括百慕達女子中學、沙特斯文法學校、庫比特夫人慈心協會和百慕達基金會。摩根士丹利將透過投資人，捐贈一萬二千美元給這家慈善信託，作為購買新公司股票的費用。

最後，新設立的公司必須獲得百慕達金融管理局（BMA）的許可，才能發行以可調整債券為擔保的十五億美元債券。新創造出來的一萬二千美元股本只是為了滿足百慕達的法律實施細則，這家公司發行的新債券（而非股票），才是摩根士丹利計畫賣給投資人的東西。為了獲得發行這種債券的許可，摩根士丹利必須再度透過投資人，承諾每年繳交一千六百美元給百慕達政府。從局外人的角度來看，這些錢看來像回扣。總而言之，摩根士丹利的行為跟尋找合適的避稅天堂、進行洗錢的大毒梟相比，幾乎沒有兩樣。事實上，那一年稍晚時，美國公共電視台在《前線》節目中揭露了洗錢之徒和華爾街，兩者是如何利用海外避稅天堂（我跟稻草人討論這個節目時，稻草人說被相提並論讓他覺得受寵若驚）。摩根士丹利的行動，和逃避美國主管機關的毒販完全相同，大毒梟和摩根士丹利的行為之間，只有一種真正的差別，就是一萬二千美元的販毒收入，幾乎不會進入百慕達女學生慈善機構的口袋裡。

搞定百慕達的法規細節後，摩根士丹利現在最少必須安排一家評等機構，為新設的百慕達公司發行的債券，賦予投資級的評等。主要評等機構有兩家，一家是穆迪投資服務公司，另一家是標準普爾，此外，還有好幾家次要的評等機構。我總覺得穆迪的分析師是所有評等機構中最聰明、也最有創意的分析師，但是你真正需要評等時，只有一種選擇，就是標準普爾。

知道私人機構可以花錢取得信用評等，可能會讓你覺得驚訝。大部分人認為，信評機構很有原則，又很精確，標準普爾尤其是無可指責，因為它至少有一部分，必須對美國聯邦政府負責。標準普爾和穆迪確實是美國的兩大評等機構，證管會把兩家公司當成國家承認的統計評等機構，發揮監理功能。然而，過去評等機構無償提供特定債券的資訊而不向發行商收費，時至今日情況改變——最近二十年來卻一直向發行商收取信用評等費用，然後僅需向投資人宣布他們賦予發行商債券什麼評等。

評等並不便宜，費用通常從三萬美元起跳，像披索連結美元保證票券這種比較大型、複雜的案子，費用更高。因為標準普爾也要維護自己的名聲，有些案子根本不可能以收買得到評等，有一陣子這些百慕達債券似乎屬於這種案子，不管摩根士丹利花多少代價，似乎都不可能獲得投資級評等。

摩根士丹利努力說服標準普爾，說新設公司的債券像可調整債券一樣，有資格拿AA-的評等，但這種說詞卻有一個破綻，就是這家公司的債券要以美元票面發行，類似的墨西哥美元債券評等卻低多了。摩根士丹利主張：因為基準的可調整債券是以較高評等的墨西哥披索計價，新債券其實是墨西哥披索債券，而不是墨西哥美元債券。然而，從投資人的角度來看，這種債券看起來像是以美元計價的債券，何況標準普爾賦予以美元計價的墨西哥債券的評等，遠低於AA-級。

摩根士丹利提出兩項重大讓步，遊說標準普爾給予新債券AA-的評等。第一項是摩根士丹利會發行兩種債券，標準普爾只需要評等比較安全的一種，墨西哥國民銀行會保留高風險的未評等債券，作為比較安全債券的保障，藉此提供更大的保證，確保有評等的債券會全額償還。摩根士丹利也會購買若干美國國庫公債，作為額外的保證。實際上，比較安全又有評等的債券才叫做「披索連結美元保證票券」。

第二，摩根士丹利也同意事先要進行一次外匯交易，把可調整債券的披索付款，轉變成美元。標準普爾懷疑大摩會試著把新債券當成以美元計價，而非以披索計價的債券。標準普爾在讓步之餘，要求摩根士丹利在宣傳新債券時加注警語，而且在新債券的發行公開說明書裡，必須加上免責聲明，指出「本項評等不反映跟美元和新披索之間匯率波動有關的風險」。有了這項聲明和巨額評等費用後，標準普爾終於滿意，同意把新債券評為AA-的投資評等。

摩根士丹利這樣讓步後，滿足了這種債券潛在買主的需求。然而，整件事情才完成一半，大摩現在必須處理墨西哥國民銀行似乎不可能達成的要求，就是把可調整債券「賣掉」，實際上卻又不必賣出。

這個問題能否巧妙解決，要由墨西哥國民銀行會保留下來的未評等債券決定。奇妙的是，這種債券是以一般公認會計準則為基礎，其中的基本概念是如果你擁有一家公司，你大可將這家公司的所有資產和負債，都當成自己所擁有資產和負債的一部分。如果墨西哥國民銀行留住第二種沒有評等的債券，在會計處理上，就可以作為百慕達這家公司的所有權人，可以把這家公司的所有資產和負債，包括所有可調整債券，都合併到自己的財報中。這種所有權變了一手巧妙戲法，從會計觀點來看，因為墨西哥國民銀行持有可調整債券的這家公司，即使墨西哥國民銀行把可調整債券變現，卻仍然擁有這種債券。

這種左手賣給右手的把戲，威力讓我瞠目結舌。如果墨西哥國民銀行保留可調整債券的二〇%，就不必把賣債券給這家百慕達公司的交易，當成實際的銷售。這二〇%債券會代表這家公司的真正股本，百慕達女子中學持有的一萬二千美元部分微小股本，就會變得無關緊要，這筆銷售會當成資產移轉處理，只是複雜融資的一部分。墨西哥國民銀行持有這家百慕達公司二〇%的所有權，容許該行避免認列這筆銷售，該行可以「賣掉」八〇%的可調整債券，卻不會造成可怕的會計虧損。

此外，因為在更安全、已評等的美元保證票券清償前，墨西哥國民銀行的債券不必清償，披索連結美元保證票券的風險似乎就低多了。擔心披索貶值影響的墨西哥債券的潛在買主，現在受到保護，可以不擔心貶值二〇%的侵害，這種擔保品的額外保障後來叫做「超額擔保」。例如，如果你起初擁有價值一百美元的可調整債券，即使後來可調整債券跌到八十美元，披索連結美元保證票券還是會全額償還，因為墨西哥國民銀行會吃下最初二十美元的虧損。對潛在買主來說，披索連結美元保證票券的「超額擔保」——實際上略微超過二〇%——非常有吸引力。因此，買家蜂擁而來，墨西哥披索可能貶值，但是貶值幅度總不可能超過二〇%吧？

這種披索連結美元保證票券令人極為興奮，市場上從來沒有出現過這種擁有AA-的評等、支付以美元計算的高額利率，還受到二〇%額外保障保護的證券。對著名共同基金之類的保守大買家來說，這種票券成為打進墨西哥的完美入場券。

對墨西哥國民銀行和其他客戶來說，披索連結美元保證票券的發行極為成功，以至於摩根士丹利最後一共分別發行了十次，賣出總值超過十億美元的這種票券，到期日從六個月到二十一個月不等。摩根士丹利甚至宣稱「披索連結美元保證票券」是受到保護的服務業商標，以防止其他銀行模仿這個名字。買主相當於投資圈名人錄，包括美國最大的投資基金〔如安聯、史卡德投資公司、TCW、美林資產管理公司、范堅本公司（Van Kampen）〕、眾多保險和退休基金公司〔信諾保險（Cigna）、美國家庭人壽保險（AFLAC）、大西洋里奇菲爾德（ARCO）等公司〕、大型的日本和歐洲企業〔阿爾卑斯（Alps）、阪和興業（Hanwa）、青山（Aoyama）、好利獲得（Olivetti）〕，甚至還包括威斯康辛州。有件關於衍生性金融商品的事很奇怪，就是每次你銷售一種新衍生性金融商品時，總是有誤入歧途的州立投資局尾隨在後。

披索連結美元保證票券最令人驚異的一點，不是有多少基金和企業喜歡這種商品，而是發行人極少把這種投資的性質，告訴他們的投資人和股東。法規經常沒有規定基金或企業，必須說明自己所投資披索連結美元保證票券的細節，只須要揭露這種債券是百慕達一家公司發行的AA-級票券就可以了。因此，很多共同基金受益人、退休人士、股東，甚至威斯康辛州的一些居民，都不知道他們持有的基金和公司買了什麼東西。披索連結美元保證票券使某些基金經理人，隱藏起基金的墨西哥部分，不讓投資人知道，讓理當只能購買高評等、低風險美元債券的基金得以投資墨西哥，其實他們投資的是以墨西哥披索計價的債券。這種債券甚至讓威斯康辛州可以投機墨西哥披索。

當一般投資人知道，他們的退休投資組合中，一種到期日很短、名叫「披索連結美元保證票券」的短天期AA-債券，實際上是由一家享受租稅優惠的百慕達公司所發行，以墨西哥披索為基礎的通膨連結衍生性金融商品時，他們能怎麼辦？威斯康辛州的酪農，發現本州在國境以南的國家市場裡投機時，會做什麼事情？你原本以為，自己的退休儲蓄安全地藏在備受尊重的共同基金裡，實際上卻投資在披索連結美元保證票券時，你又會做何打算？你唯一能做的事情是生氣，因為你很可能不會知道你在墨西哥的投資結果如何，知道時也為時已晚。因為披索連結美元保證票券的投資評等相當高，屬於可投資標的，你的共同基金不必告訴你太多內幕。這種情形令人震驚，但是只要墨西哥披索沒有崩盤，你可能永遠不會知道你的退休老本被人拿去墨西哥賭博。

這種墨西哥式的交易像早晨的啤酒一樣，讓我眼界大開，也讓第一波士頓一敗塗地。大摩的衍產部在披索連結美元保證票券上大賺一票，可是盛宴才剛開始而已。

大摩的極樂派對

一九九四年三月，我開始更深入地參與衍產部的業務決策，也推動一些令人興奮的交易，認識這個部門裡的大部分投資人，開始跟交易廳裡的其他部門建立關係。公司的士氣高昂，衍產部尤其如此，前一年的成就特別非凡，公司最近發出創紀錄的年終獎金。三月是應該慶祝和大肆花錢的時候，衍產部在蔚藍海岸舉行年度大會，整個公司在佛羅里達州西棕櫚灘的大浪度假村，召開豪華的年度銷售大會。

這次年度銷售大會徹底抓住了大摩的情緒。白天裡，公司最資深的經營階層播放精心製作的幻燈片，上面滿滿都是好消息和樂觀的預測。到了晚上，業務員從事各式各樣的放蕩行為。經營階層顯然知道大家歡慶的氣氛，因此，某一天晚上，他們要求旅館在大舞廳裡，裝設一個龐大的「摩根士丹利運動園區」。大舞廳的一端大概放了一萬瓶啤酒，另一端擺放了幾十種運動遊戲，包括每一種你所能想像到的室內運動，例如：籃球投籃機、室內曲棍球、乒乓球和撞球檯，甚至還有室內足球和棒球（我被好幾記暴投擊中）。

晚上的節目包括一位資深總經理晚餐後，朗誦怪異的詩歌，他的詩作結尾是：

夜深人靜時，你終會知道一件事，
大摩總是正確無誤。

這首詩似乎激勵了大家，一小時內，好幾位穿著西裝、體型魁梧的業務員開始玩起籃球鬥牛，還對無從抵抗的資淺同事投擲撞球。這件事再度突顯業務、交易部門和投資銀行員工之間的顯著差異。那天晚上，一位驕傲的業務員宣稱：「我敢說，他媽的那些銀行家正在喝他媽的白蘭地，玩他媽的橋牌。」

運動完後，稻草人召集一群人，前往他最喜歡的脫衣舞夜店「T先生酒吧」。前一年，有位女士跟著稻草人和一群酒醉的業務員一起去T先生酒吧，至今仍心有餘悸。因此，今年只准男士同行。稻草人對夜店的熟知，不限於佛羅里達州南部和整個紐約，連他成長所在的中西部夜店他也瞭若指掌。我聽過他和一位中西部的客戶深入地暢談當地一家他最愛的酒吧「表演藝術中心」。和表演藝術中心相比，連T先生都要黯然失色。

清晨業務員從T先生酒吧回來時，我努力遊說其中幾位一起打撲克牌，我急於讓幾位比較富有的經理人釋出他們新近收到的獎金，也在旅館大廳裡，找到幾位來自加州的積極業務員。他們橫七豎八地堆疊在豪華沙發上。其中一位不時騎在其他人身上，我提議賭牌時，他亂吼亂叫，想給我一記熊抱，我可不喜歡被熊抱，尤其當對方體重一百多公斤的時候。

一位旅館員工救了我，還說銷售和交易部門主管彼得，柯奇斯（Peter Karches）要我們回房間去，柯奇斯是我們尊敬的主管，因此每個人都聽從他的命令。但是我們走在走廊上時，一位加州來的業務員說，他有一副牌和兩瓶威士忌，於是我們衝到他的房間，五個人一起在房裡賭牌。奇怪的是我只贏了幾百美元。一位業務員站在電視機前，轉到花花公子頻道，吼著下流話，幾乎不看牌；另一位業務員吹噓自己如何把女客戶弄上床；其他業務員則惡言惡語罵起太太，沒有人密切注意牌局。我禮貌地聽他們說話，偶爾說些鼓勵的話，並繼續洗牌，心想贏他們的錢應該會讓我愧疚，但其實不然。

隔天早上，大會曲終人散，大部分人搭早班飛機走了，但是我希望留下來打一場高爾夫，所以安排了比較晚的班機。前一天夜裡，我跟幾位業務員提到高爾夫，還以為找球友來個四人賽很容易。但是當我抵達球場的時候，卻沒有看到半個人。我等了一會兒，最後決定一個人打。

球場上空蕩蕩的，星期天下午出現這種情形似乎有點奇怪，但是我球打得很好，不在乎獨自打球。打了幾洞後，我注意到後九洞旁邊有一隊高爾夫球車組成的車隊，幾十輛高爾夫球車像馬車車隊一樣繞著一群球員打轉。我心想可能是名人，就開著高爾夫球車靠近去看看。

我簡直不敢相信自己看到的景象，連鎖餐廳Hooters召集了旗下最漂亮的女服務生，來這裡進行企業高爾夫之旅。一群男人在拍賣會上，各以高價標得一位穿著暴露的二十歲美女高爾夫同伴。這些美女無疑都經過精挑細選，以便維持Hooters的企業形象。也難怪我在球場找不到同事，他們早早就發現Hooters女郎，而決定放棄打高爾夫，色瞇瞇地對她們擠眉弄眼。他們駕電動車繞著美女，好像一群西部牛仔。我哈哈大笑，開回第四洞，把球打完。

狼性之表率

整個一九九四年裡，我所屬部門在披索連結美元保證票券上繼續賺錢，我開始渴望海削別人、撕下別人臉皮的快感。我在第一波士頓時，從來沒有真正海削掉客戶的臉皮，也沒讓什麼人虧死過。現在我每天看著大摩的衍生性金融商品業務員身體力行，也開始喜歡上這個點子了，稻草人和其他人都鼓勵我。

大摩小心地培養著這種欲望，要把客戶炸得粉身碎骨。難怪我也這麼快就感染到。這種狂熱無人得以倖免，尤其是經驗豐富的眾多總經理們。我的上司熱中於玩雙向飛靶射擊，時常在飛靶射擊俱樂部練習，參加週末打獵之旅，甚至跑遍非洲和南美洲，進行殺伐旅和獵鴿。當他們大叫「放！」[1]時，心裡想像的是客戶從空中飛過。

從摩根士丹利的基層到最高層，大家都抱著這種殺手態度，首席槍手是號稱「麥小刀」的總裁麥晉桁。他以從戰鬥中脫穎而聞名，長得高大壯碩，以前是北卡羅萊納州一處小鎮的美式足球明星。不管端著霰彈槍與否，他的樣子都威風凜凜。

他很嚴厲，卻很講義氣，對業務員和交易員尤其如此。他擔任前一個職位：銷售與交

1 在雙向飛靶中，射手持霰彈槍就位之後，要大喊「放！」（Pull!）飛靶才會釋出。

易主管時，其他部門曾經威脅到他的地盤，據說他居然禁止別人進入交易廳。要是他看到有人在交易廳裡談笑風生或偷懶——即使是早上八點在看《華爾街日報》——他會說「讓我再看到一次我就開除你。」

他當上摩根士丹利總裁可是經過一番奮鬥才贏得勝利。幾年前，他趁著前任總裁格林希爾招待客戶去滑雪時，發動了一場宮鬥式的政變，把格林希爾趕下台。格林希爾壓根不是省油的燈，手下黨羽十分團結又忠心耿耿，還贏得大衛教派[2]的稱號，但是經過慘痛的鬥爭後，麥晉桁贏得勝利，格林希爾一派也就樹倒猢猻散。

麥晉桁是魅力型領袖，迷人中也帶有威脅性。一位大摩的總經理形容他是「我所見過最優秀的業務員」。他會安排跟公司各部門中的所有最低階員工共進非正式午餐，他的辦公室有兩個玻璃罐，裡面裝滿了糖果，還有一台口香糖販賣機，用來鼓勵同事停下來聊天。他對公司忠心耿耿的公開演說，和他私下鼓舞人心的談話都使他備受愛戴。連最鐵石心腸的摩根士丹利經理人都會被麥晉桁振奮人心的演說打動，不只起雞皮疙瘩，不少人甚至會感動落淚。麥晉桁似乎高明到了能夠解決任何衝突的地步。社交名流桃莉絲・杜克（Doris Duke）十二億美元遺產受託人需要有人介入，解決包括謀殺指控在內的遺產爭端時，找什麼人幫忙呢？當然是找麥晉桁。

麥晉桁野心勃勃地征服世界的同時，又讓大摩能夠賺得巨額利潤，可說居功甚偉。大摩的衍產部在短短幾個月內，在披索連結美元保證票券上賺到的錢，比我想像中整個第一波士頓能夠賺到的錢還多。大摩的獎金巨幅提高，幾百位員工賺到的年薪超過百萬美元。兩位共同董事長一年賺到的錢超過五百萬美元（後來還超過一千萬美元），他們的身家都已經破億了。衍產部每一位經理都賺到幾百萬美元，包括我在內，每一個人都領到六位數字的所得。同時，第一波士頓的員工還在大排長龍，等著兌現金額少得可憐的支票。

十年前，摩根士丹利決定改變企業哲學，變成積極奮起的公司，也變成一九九〇年代投資銀行業的明星。正好坐落在百老匯劇院區北端的大摩，糅合規矩的威尼斯商人和放高利貸的夏洛克兩種特質，再度扮演最好的綜合性角色，而在大摩東邊八百公尺的第一波士頓，卻辛辛苦苦地找案子做，扮演小丑高博[3]的角色。

我覺得這種積極奮進的熱忱很新鮮。我從未成為軍事組織的成員，連第一波士頓的培訓方案都沒有摩根士丹利這麼殺氣騰騰。第一波士頓的業務員可能對客戶惡作劇，卻絕對從未討論過用霰彈槍射擊客戶、海削客戶，或是讓客戶虧個半死。相比之下摩根士丹利簡直是個殘忍嗜血的教派。這家公司改信如此極端教義的速度之快，讓我驚嘆不已。

2 美國基督教新興教派，宣揚一九九三年為世界末日，教徒們要和異教徒戰鬥，因此下令信眾接受軍事訓練。

3 皆為莎劇《威尼斯商人》的角色，威尼斯商人安東尼奧對朋友忠誠、儒雅堅強；猶太放高利貸者夏洛克刻薄記仇、守財又無情；安東尼奧的隨從高博是劇中丑角。

第五章
慘劇爆發

你買他們的股票時，買的究竟是什麼？
是製造業公司，還是衍生性金融商品的投機者？

衍生商品大家樂

在衍生性金融商品的天地裡，一九九四年四月十二日是大家永誌不忘的恥辱日，第一件衍生性金融商品的重大虧損，就是在這一天宣布的。我們部門最近運氣很好，大家志得意滿，所以最初幾乎沒有注意到這件事。

第一件公開的消息是：設在辛辛那提的美國第三大賀卡廠商吉普生賀卡公司（Gibson Greetings）公告，他們跟信孚銀行簽訂一項未經授權的換利合約，結果賠了二千萬美元。一個月前吉普生悄悄揭露三百萬美元的虧損時，曾經暗示過這筆賠累。

這種虧損震驚了金融圈，吉普生財務長威廉．傅雷赫提（William Flaherty）試圖轉移焦點，說：「我們認定這屬於非營運問題，不會再發表進一步的評論。」然而，股市卻有不同的看法，四月十二日當天，吉普生的股價大跌超過八％。公司的法律顧問塔虎脫法律事務所（Taft Stettinius & Hollister）表示，正在調查這些換利合約，但不願發表評論。據報導，吉普生董事安東尼．韋恩萊特（Anthony Wainwright）宣稱，這些交換合約「違法」，執行長班傑明．索帝爾（Benjamin Sottile）在一份新聞稿中表示：「公司根本不應該淪落至此，因為我們依賴信孚銀行的建議，進行這些交易，我們正在評估法律行動。」謠傳吉普生公司準備控告信孚銀行。

信孚銀行則發布了一篇簡短的聲明，指出它和吉普生的交易「合法而正當」。令人驚訝的是，吉普生賀卡規模相當小，從事交換合約交易似乎卻有很長的一段時間了。根據吉普生一九九三年的年報，該公司甚至早在一九九三年，就已經擁有價值九千六百萬美元的交換交易投資組合，遠高於一九九二年的六千七百萬美元。吉普生的交換交易能力不如賀卡製造技術，交換交易報酬率也一直不很可觀，一九九三年底時，還賠了一百萬美元。

事實揭發後，我得知吉普生在一九九四年初，向信孚銀行購買的兩種新型交換合約是造成虧損的禍根。吉普生在一筆交換交易中，賭倫敦銀行同業拆款利率不會上升到三・九%以上，結果賭錯方向，這種利率每上升一個基點[1]，吉普生會虧損七萬二千美元。吉普生在另一筆交換交易中再度賭錯，賭二〇〇五年到期的國庫公債以及類似到期日交換合約的殖利率差距不會縮小，差距縮小到三三・五個基點以下，每縮小一個基點，吉普生會虧損七十四萬六千美元，以利差二十個基點為虧損上限[2]。信孚銀行估計，吉普生這些交換交易的虧損為一千九百七十萬美元，吉普生表示，這些交換交易最大的潛在虧損為二千七百六十萬美元。沒有人談論這些交換交易的目的，沒有人解釋吉普生這種賭博跟製造賀卡怎麼能夠扯上關係。

1 基點（Base point），即〇・〇一%。

2 即虧損上限為 $(33.5-20) \times 74.6 = 1007.1$ 萬美元。

同樣在四月十二日，第二件衍生性金融商品賠大錢的案子爆發，有一百五十七年歷史的家庭用品廠商寶鹼宣布，要提列一億零二百萬美元，軋平跟信孚銀行簽訂的兩筆賠錢換利合約，這是美國產業公司歷來虧損金額最大的衍生性金融商品交易。寶鹼董事長艾德溫·阿茲特（Edwin Artzt）承認：「像這樣的衍生性金融商品很危險，我們損失嚴重，今後絕不能容許這種事情再度發生。」寶鹼財務長艾力克·納爾遜（Erik Nelson）告訴分析師，這種複雜的交換交易違反寶鹼的衍生性金融商品政策，他強調公司的政策要求是「簡單、基本的交換交易」，他並表示：「現在我們的投資組合中，沒有這種形式的其他交換交易，今後也不會再有。」外界並不清楚寶鹼內部是否應該有人為這筆虧損負責。寶鹼會計長雷蒙·梅因斯（Raymond Mains）過去負責衍生性金融商品投資組合事宜，後來悄悄地從會計長的職位，被調去負責「特殊任務」。

信孚銀行針對寶鹼的案子，發布了另一則簡短聲明，說明信孚銀行一直都把相關交換交易的資訊，告知寶鹼高級職員，還在利率開始上升時，「強烈而明確地」敦促寶鹼公司軋平這些合約，寶鹼的職員卻拒絕這項建議。信孚銀行應該很難為自己辯護，因為信孚銀行以銷售最複雜的衍生性金融商品聞名。我是多年前去信孚銀行面試時，經歷了一番痛苦，「賠了」十億美元，才得知信孚的威名。信孚銀行是最早銷售奇異期權（exotic option）和交換交易的銀行，還率先創造很多複雜的槓桿式衍生性金融商品。十多年前，信孚銀行認定無法跟大型銀行競爭個人顧客，因此裁撤了若干分行，把重點放在證券市場和對大企業提供財務建議上。信孚銀行出售這種工具給寶鹼之類的客戶，賺到大錢，富有而多金，因此容易成為證券主管機關和賠錢顧客不滿的對象。寶鹼公司揭露虧損後，信孚銀行發布了一份敷衍了事的聲明，稱這種交換交易在寶鹼的投資組合中，所占的比率相當小。

寶鹼像吉普生一樣，交易衍生性金融商品已有很長一段時間，只不過交易規模更大。寶鹼一九九三年的年報揭露，一九九三年六月三十日時，手中持有不列在資產負債表中的衍生性金融商品合約，價值二十四億一千萬美元，遠高於一九九二年的十四億三千萬美元。事實上，到一九九四年，寶鹼的衍生商品交易極為龐大，以至於你購買寶鹼的股票時，與其說是看好該公司的清潔劑銷售會成長，還不如說是在賭美國和德國的利率會下降。寶鹼的股東必須承擔這種交易的成本。對寶鹼來說，四月十二日原本應該是好日子，因為如果不計衍生性金融商品的虧損，寶鹼的季盈餘成長了一五％，但是股市卻因為這筆虧損，懲罰寶鹼公司，造成寶鹼股價下跌。

摩根士丹利最近從另一家銀行挖來的業務員說，他光靠著銷售奇異期權商品給寶鹼，就賺了幾百萬美元。他宣稱其中一筆寶鹼購買的「計量匯率連動固定到期日殖利率曲線平滑化交換交易」（quantoed constant maturity swap yield curve flattening trade）——且不論這是什麼東西，交易的佣金高達二百五十萬美元。他不相信寶鹼所說公司不懂衍生性金融商品的話，其他業務員也同意這一點。沈恩說，寶鹼的狀況就像「一位男性出門，跟男扮女裝的另一個人約會，然後在上床後才抱怨約會對象是男性」。他說寶鹼是「他媽的白痴」，還建議我們放空他們的股票。

這兩項宣布立刻引發其他公司的回應。四月十四日，杜邦財務長約翰・沙金特（John Sargent）向公司高級經理人保證，杜邦的衍生性金融商品政策目的不是要獲利。高露潔－棕欖公司發布聲明，表示他們訂有「堅定政策，目的是要降低金融風險，而不是交易融資工具」。史谷脫紙業公司（Scott Paper）財務長貝西・安德森（Basil Anderson）說寶鹼可能「濫用了衍生性金融商品」，反觀史谷脫紙業，利用一套電腦系統「時時刻刻追蹤所有的投資組合」。

不少企業遭到指責，說他們過度曝險在衍生性金融商品中。麥唐納（McDonald）公司分析師大衛・蓋理帝（David Garrity），甚至稱擁有金融子公司的美國三大汽車公司是「戴著製造業假面具的銀行」。克萊斯勒汽車旗下的克萊斯勒金融公司持有十五億美元的換利合約，還有五億三千五百萬美元的換匯合約，母公司克萊斯勒汽車另外還持有十億美元的這種合約。連固特異輪胎都持有五億美元的投資組合。我不知道還有哪家公司沒有持有衍生性金融商品。

烽煙四起

事實證明，過去確實有很多有關衍生性金融商品潛在虧損的警告。一九九二年一月時，擔任紐約聯邦準備銀行總裁的傑羅德・柯立根（E. Gerald Corrigan）在一場演講中警告說，一系列龐大的衍生性金融商品虧損，可能引發骨牌效應，使金融體系陷入危機。柯立根說，他希望自己的警語「變成全世界都能聽到的事前警告」。

幾個月後，摩根士丹利的勁敵高盛聘請柯立根擔任高盛的國際顧問後，柯立根的警告驀地收聲，到一九九四年四月，甚至批評自己過去的聲明：「衍生性金融商品像國家足球聯盟中的四分衛一樣，得到的褒貶很可能都言過其實，重點就是防禦。」但即使柯立根離開美國聯準會，包括蘇珊・菲立普斯（Susan Phillips）和約翰・拉威爾（John LaWare）在內的其他理事，都繼續發出警告。

四月十二日的虧損公諸於世前，美國證管會委員曾經一再警告慘劇可能爆發。證管會委員卡特・畢斯（Carter Beese）舉信孚銀行一九九三年的年報為例，警告說衍生性商品市場的定時炸彈「正在滴答作響」，因為信孚銀行年報中，列出將近二兆美元的衍生性金融商品部位。另一位證管會委員理察・羅伯茲（Richard Roberts）則憂心忡忡地表示：「行銷某些衍生性金融商品的目的是替券商賺大錢，而不是因為這種商品適合顧客的需要。」前證管會主委理察・布里登（Richard Breeden）也發表類似的警告，現任主委亞瑟・雷維特（Arthur Levitt）告訴公共證券協會（PSA）：「我們十分重視這個問題，我們會盡力確保經紀商也認真看待這個問題。」四月十一日，貨幣監理署（OCC）署長尤金・魯德威（Eugene Ludwig）加入警告「特別設計的衍生性金融商品」的陣營。

基金追蹤業者李柏分析服務公司的麥克・李柏（Michael Lipper）說，這種警告也適用於共同基金。在一千七百二十八檔股票、債券和平衡型基金之中，有四百七十五檔在衍生性金融商品中投資數十億美元，但是這種資產在基金向投資人公布持股當天，「似乎都會神奇地消失無蹤」。雖然政府法規禁止共同基金利用融資購買證券，設在華府的投資公司協會（Investment Company Institute）卻宣布，共同基金不但持有價值七十五億美元的衍生性金融商品（占總資產的二・一三%），還擁有十五億美元名叫結構型票券的特殊衍生性金融商品。前述的「本金匯率連結證券」就是其中一種。例如，一九九三年第四季，富達投資公司規模一百億美元的「Asset Manager」基金中，就有八億美元投資在結構型票券上，對芬蘭、瑞典和英國等國的利率，進行槓桿式的賭博。其中一種票券是以加拿大利率為標的，槓桿倍數為十三倍，前一年裡，這種票券上漲三三%，一九九四年的頭四個月裡，卻暴跌二五%。更糟糕的是，投資公司協會甚至似乎不知情地購入了披索連結美元保證票券。

一九九四年四月十二日前，當然有很多人無視主管機關的警示，仍為衍生性金融商品辯護，這些聲音一直延續至今。波士頓富達集團一位營運發展副總裁說：「資產經理人基金是為比較保守的投資人所設計。」商品期貨交易委員會前法律顧問、現任歐立克何蘇法律事務所（Orrick, Herrington & Sutcliffe）合夥人的瓊安・梅德羅（Joanne Medero）在列入紀錄的談話中表示：「我不相信有加強管制的必要，我深信，嚴格的市場監理不會讓市場變得更有效率。」

四月十二日第一批虧損宣布時，國會已經做好準備。就在同一天，民主黨眾議員亨利・龔薩雷斯（Henry Gonzalez）——他是當時的眾議院銀行、金融與都市事務委員會主席——公布他準備已久的衍生性金融商品立法案。他的法案包括一項建議，要求有關機關研究國會能否對衍生性金融商品投機課稅，也包括制定法律，規定「不當管理」衍生性金融商品是違法行為。民主黨眾議員愛德華・馬基（Edward Markey）和其他眾議員也加入戰團，馬基的辦公室宣布：「他一直擔憂衍生性金融商品的市場從精明的金融仲介商和財星一百大企業，擴展到小型又缺乏經驗的終端客戶，包括企業和地方政府。」四月六日，馬基指出，衍生性金融商品、股市與債市劇烈波動之間愈來愈息息相關，讓他深感關切，要求證管會更慎重地研究衍生性金融商品問題。共和黨眾議員吉姆・李奇（Jim Leach）警告說：「我們必須非常關切合約規模與企業大小的問題。」龔薩雷斯摘要說明國會處理這個熱門政治問題的方法時說：「我們不能坐等災難來襲，應該積極主動，向美國人展示我們在金融方面的領導能力。」

隔天是四月十三日，眾院銀行委員會傳喚金融大亨索羅斯就衍生性金融商品的危險性，到國會作證。索羅斯在布達佩斯出生，是規模一百多億美元的量子基金經理人，就算不是世界上最精明的衍生性金融商品專家，也算得上是世界上最富有的專家。大家公認他創立量子基金二十五年以來，創造了世界上最優異的投資績效。

索羅斯說，衍生性金融商品的爆炸性成長，對投資人特別危險。「衍生性金融商品極多，其中有些商品極為深奧難懂，涉及的風險可能連最高明的投資人都無法正確了解。」他說，若干衍生性金融商品的設計，似乎是要讓投資機構參與法令禁止參與的賭博，例如，有些債券型共同基金購買的合成型證券，風險是基金所能容許幅度的十到二十倍。他警告說：「若干工具，即使可能提供極高的報酬率，也是以有造成投資人血本無歸的風險作為代價的。」他也警告市場可能崩盤，屆時主管機關勢必要介入，以維護金融體系的完整。他以有點樂觀的語調做出結論，表示他認為「市場沒有迫在眉睫的崩盤危險」。

然而，就連索羅斯都無法說服國會通過任何法律，最後這些提議終歸失敗。索羅斯、龔薩雷斯、李奇和其他人都面臨激烈的競爭。根據估計，國會議員光是在過去兩個選舉週期裡，就從銀行、投資公司和保險公司手中，收到高達一億美元的政治獻金。

顯然將來應該會有更多的衍生性金融商品慘劇。恩可（Emcor）風險管理顧問公司總經理羅伯・包多尼（Robert Baldoni）說：「遠處有一些烽煙信號，表示將來會有新的法規，規範衍生性金融商品的揭露問題」，但是在國會採取行動前，「優秀的機構中也會有人做出同事不很了解的差勁交易。」四月十三日，添惠公司（Dean Witter Reynolds）分析師保羅・麥基（Paul Mackey）說：「不久之後，會有很多公司厲聲慘叫，說衍生性金融商品是血淋淋的謀殺，寶鹼不會是唯一的例子。」

我記得所有宣布都衝擊摩根士丹利的交易廳。吉普生賀卡是受害者嗎？寶鹼也是嗎？我們是否銷售了爆炸性的衍生性金融商品？答案似乎是否定的。信孚銀行是罪魁禍首，我們至少暫時躲過了子彈。

不久之後，企業就像預測的一樣，紛紛宣布其他虧損，一九九四年四月裡，虧損倍數增加。德州奧斯汀的戴爾電腦宣布跟衍生性金融商品有關的虧損時，戴爾的發言人雖然辯稱，這筆虧損「甚至不能跟寶鹼之類企業的虧損相提並論」，戴爾的股價當天還是暴跌了一二%，也是當天交易第二熱絡的股票。俄亥俄州戴頓的紙業廠商兼電子資料供應商米德公司（Mead Corp.）也宣布重大虧損。隨後的幾個月，幾乎每天都有人宣布跟衍生性金融商品有關的重大虧損，很多早期宣布虧損的企業，都是家喻戶曉的公司。戴爾電腦也虧損嗎？米德公司也一樣嗎？我不能了解他們為什麼會賠錢。你買他們的股票時，買的究竟是什麼？是製造業公司，還是衍生性金融商品的投機者？你怎麼分辨其中的差別？摩根士丹利衍產部的業務員在每一個例子都發誓，他們沒有銷售任何爆炸性的衍生性金融商品。每一次，謠言都會傳遍公司，然後消失無蹤——摩根士丹利似乎再次躲過子彈。

奇怪的是，摩根士丹利的經營階層對這些雪片般的虧損宣布，甚至完全不擔心，這種血淋淋的謀殺似乎反而強化了他們的鬥志。摩根士丹利總裁麥晉桁立刻號召大家出征，他說的話是衍產部這群傭兵的典型想法。第一筆虧損宣布後，麥晉桁告訴衍產部的好幾位總經理：「我嗅到血腥味了，讓我們去搏殺一番吧。」他的想法是：如果我們的衍生性金融商品客戶出了問題，我們可以說服他們說，他們需要我們——或許可以因為虧損，來個加倍下注——這樣我們甚至可以靠著他們的危難，賺到更多錢。經營階層對這些潛在的受害者垂涎欲滴，委婉地把他們叫做「艱困買家」，而且我的上司在這段期間裡一再告訴我：「我們熱愛艱困買家。」

然而，一些同事和我都開始擔心，我們上司的反應似乎太樂觀，樂觀到近乎天真的程度。麥晉桁的指示似乎有點魯莽，我沒有興趣去搏殺別人，我在法學院的訓練讓我想到，或許我應該對這些「艱困買家」敬而遠之。我決定暫時保持低調，不對已經虧損數百萬美元的客戶提議、承作任何新的衍生性金融商品交易。雖然如此，我並沒有因此失意喪志，還是對即將來臨的年度運動飛靶大賽滿懷期待。

金融殺手的養成教育

一九九四年四月十八日，就在寶鹼揭露衍生性金融商品虧損一億多美元後幾天，就是飛靶大賽的大日子。雖然我擔心金額這麼大的虧損，也有點擔心衍生性金融商品業務的前景，但是十八日那個星期六，當我在破曉時分醒來時，憂慮已消失一空，對自己成為大摩特戰部隊新成員的事情深感自傲，對第一次參加年度運動飛靶大賽更是自傲。我遵照總裁麥晉桁的進軍命令，準備前往紐約上州杉達諾納（Sandanona）的一家射擊俱樂部。我頂著傾盆大雨，在外面等待同事來接我。

我的同事亞歷山大．莫都帝斯（Alexander "Lex" Maldutis），到我在西村的小套房接我。他的外號叫雷克斯，是真正的「火箭科學家」，非常年輕，雖然他自稱二十出頭，但我懷疑他才十八歲。別的小孩還在學騎腳踏車時，他已經上大學，和他相比，二十七歲的我算是老頭子了。看到他開著超大林肯房車過來時，我笑了出來。他把這艘遊艇般的大車停在路邊，打開巨大的車門，我稱讚這部大轎車豪華的內裝，然後我們就開往第八街，安然融入第八街的皮條客和妓女中。他們的夜晚即將結束，我們的白天卻才要開始。

雷克斯解釋這輛林肯是非常好的「泡妞車」時，我禮貌地點點頭，我怎麼會不同意呢？雷克斯忸怩地說「小妞」時，我感覺到稻草人在雷克斯身上的驚人影響。很多年輕業務員和交易員都模仿公司前輩，尤其是稻草人。但是，十多歲就賺到六位數年薪、開著八缸豪華大轎車的火箭科學家說「小妞」，就顯得有點奇怪。我摸著儀表板，知道自己內心有點認同他的說法，這輛車確實是非常好的泡妞車，我想像他載著打完高爾夫的Hooters辣妹遊車河的景象。我買得起林肯嗎？

我們沉默了幾分鐘。我心想，過去幾個月裡我變了多少，稻草人對我有影響嗎？他當然影響了雷克斯——稻草人的影響無所不在，我猜我們已經變得愈來愈像他。我把手從儀表板上抽回來，為什麼兩個聰明的年輕人在陰鬱的四月天裡，天沒亮就醒來，準備在傾盆大雨中踩著泥濘，指望運氣，去用幾磅重的鳥槍子彈，射擊小小的飛靶？我們怎麼了？我注意到，雷克斯穿著新燙好的羊毛褲和光亮的深紅色牛津鞋，幾小時後，這些東西都會被泥濘弄得一塌糊塗；我穿的牛仔褲和靴子幾小時後也會全毀，雖然我付出的代價比較低一些。讓我覺得安慰的是，至少稻草人還沒能說服我們穿二次大戰時期的軍服。

我們開過第八街，轉向上東城，去接兩位上司。其中一位是四人幫中最矮的貝納迪特，貝納迪特經常跟稻草人一起去打獵，還告訴我的同事，他付了四萬美元，取得在非洲狩獵一隻犀牛的權利。貝納迪特住在東七十街寬敞的頂樓豪華公寓裡，比起我住的十坪小套房，簡直是天差地遠。參加這次大賽的很多業務員住在平時非常安靜的上東城，他們要從那裡展開今天的軍事行動大賽，他們穿著新法蘭絨襯衫、黃色雨衣和卡其制服，一個個走出東城的豪華公寓出現在雨中時，樣子很像怪異的民兵。很多人帶著自己的十二口徑霰彈獵槍，但是我們的隊員沒有帶。貝納迪特讚美雷克斯的車子，然後我們朝北開，前往杉達諾納。

我們在兩小時的車程裡，討論最近宣布的衍生性金融商品虧損，我知道摩根士丹利因為出售衍生性金融商品給西維吉尼亞州投資局，捲入相關的法律訴訟。我們討論了這個案子，也討論包括威斯康辛州在內的另外好幾個州投資局，以及加州若干個郡，購買衍生性金融商品的事情。我大聲問道，衍生性金融商品會不會是即將破滅的投機泡沫，為什麼這些理當保守的投資人會甘冒這麼高的風險？我們爭辯加州某一個郡是否應當在貨幣利率上押注，進行驚人金額的衍生性金融商品賭博。我的上司說，只要我們事先揭露風險，這些客戶要買什麼東西就跟我們一點關係都沒有。評估風險是客戶的責任，如果高風險的交易賠錢，那是客戶的問題。然而，他們似乎面露憂色。

當我們抵達歷史悠久、坐落在紐約上州農田中的高級私人俱樂部杉達諾納時，憂慮完全消失。這裡的自然景觀很漂亮，清晨太陽升起，照在低矮的小丘和茂密的冷杉林時，四周顯得特別安靜。我們來這裡，當然不是為了欣賞自然美景，即使大家沒有帶這麼多獵槍和子彈，這裡也是這一帶最大的戶外飛靶射擊場，我們是要來這裡射擊的。

稻草人帶著我們，進入俱樂部的聚會所，今天是年度運動飛靶大賽的十周年紀念。十年前，年度運動飛靶大賽的縮寫F.I.A.S.C.O.，還是摩根士丹利的眾多神祕簡稱之一，隨著衍產部對摩根士丹利獲利的貢獻度不斷提高，很多業務員和交易員都希望跳上這班賺錢列車。他們知道不管衍生性金融商品是什麼，反正就是會讓他們發財的東西。如果這種東西要求他們在天亮前，前往杉達諾納進行一次神祕之旅，參加什麼年度運動飛靶大賽，那就隨便它囉，反正這樣做也很有趣。到一九九四年，F.I.A.S.C.O.已經成為傳奇。

稻草人解釋著規則，每個小隊的任務是搜索和摧毀杉達諾納，在幾小時內射擊所有會移動的東西——除了彼此之外，況且射擊飛靶以外的東西也得不到分數。這不是弱者參加的漆彈射擊遊戲，我們用的是真槍實彈，我們要從中學習公司要求的團隊合作，射擊、獵殺和體驗至高的團結男子漢情誼（不過有幾位女性參加，畢竟現在是九〇年代）。

有些業務員問，年度運動飛靶大賽是不是稻草人原創的點子。原創性可能不是稻草人的強項，但是在這個問題上，我必須替他辯護。這個巧妙的簡稱可能不是稻草人的發明，但是射擊肯定是他的主意。他訂閱所有主要的槍枝、打獵和娛樂性射擊雜誌，擁有的武器足夠裝備整個公司。他在康乃狄克的家中，牆上裝飾的是刀劍、槍枝和軍隊制服，他特別熱愛二次世界大戰，會定期參加軍用頭盔大會。我永遠忘不了他在我前往東京出差前，建議我去參觀武士刀博物館。

有些業務員質疑稻草人光憑著軍事經驗，是否有資格在大摩的衍產部任職。大家把銷售衍生性金融商品的大多數男性和少數女性，稱為火箭科學家，其實很有道理，因為他們都獲有數學學位，又擁有聰明的頭腦。閒暇時，通常都會下棋或玩數學性質的電腦遊戲，而不是去射擊。稻草人跟典型的衍生性金融商品業務員正好相反，他的外號名副其實，他既沒有數學學位，也沒有很大的腦袋，他晃悠著吹著〈要是我有大腦〉口哨旋律時，沒有人會表示反對。既然如此，他在衍生性金融商品方面能夠有什麼作為呢？

經過一段時間，業務員開始明白稻草人在銷售衍生性金融商品上功成名就之道後，人們的疑問變得愈來愈少。事實證明，稻草人的軍事才能比純數學技巧有價值多了。他和其他人會說服火箭科學家，讓他們相信射擊比思考更有效，這是摩根士丹利新哲學的重點。隨著稻草人的觀點影響力擴大，數學定理在衍產部失寵，起而代之的是改編過的全國槍枝協會口號「衍生性金融商品不會殺人，人才會」，以及「如果禁止大家持有衍生性金融商品，只有不法之徒會持有衍生性金融商品」。業務員和交易員把數學期刊丟進垃圾桶，開始購買《孫子兵法》和其他軍事實務書籍，結果令人滿意，稻草人的兵法觀念流行後，衍產部開始真正賺大錢。

善於學習的業務員思想愈來愈暴力化後，他們銷售的證券也愈來愈暴力化。一九八六年時，典型的業務員會訂閱《時代》雜誌，可能也會訂閱《花花公子》，會打高爾夫，會銷售公司債和政府公債。到一九九四年，同樣的業務員會改看《傭兵》（*Solider of*

Fortune）和《槍枝與彈藥》雜誌，業餘時間獵鴿子，銷售槓桿式指數化反浮動雙貨幣結構型票券，這種情形絕非巧合。

稻草人為了鼓勵比較年輕的業務員，買了一具用電池供電、會像軍人一樣反應的突擊隊員玩偶，他把玩偶放在交易檯顯眼的地方，稱之為一九九〇年代的衍生性金融商品交易員。稻草人會對這具玩偶，喊出跟衍生性金融商品有關的各種問題，然後把玩偶舉在空中，按壓玩偶胸部的按鈕，玩偶會用低沉而訓練有素的聲音，回答「是，長官！是，長官！」

我看著幾十位神槍手聚在一起，參加這場比賽，他們都是積極進取的獵人。一九九〇年代初期，美國的衍生性金融商品業務競爭加劇，業務員放眼海外，尋找受害者，尤其是放眼拉丁美洲、遠東和中東。經營階層到國外出差時，把這種行程叫做衍生性金融商品「殺伐旅」，目的在於獵捕他們稱之為「大象」的大型衍生性金融商品交易，他們用獵捕大型獵物的說法，描述潛在的銷售案，而且他們這種「殺伐旅」經常伴隨著真正的獵遊。有一群資深董事安排了一次出公差到烏拉圭獵鴿子的旅遊，他們為什麼特別喜歡獵鴿子？因為射擊鴿子很容易。他們付錢給烏拉圭一位養了幾千隻鴿子的農場主人，好讓他們打獵。其中一位經理人告訴我，空中的鴿子太多，以至於那次打獵很像希區考克電影《鳥》中的場景。他們喜歡這種旅遊，原因或許是這種打獵太輕鬆了，像銷售衍生性金融商品一樣，幾乎不可能失手。他們說，舉辦獵遊和年度運動飛靶大賽，是為了推動業務而進行的打靶練習，這樣不光是證明以業務支出的名義報銷旅遊費用確實有理而已，實際還真的很有道理。對於更令人興奮的實際殺戮——利用複雜金融工具的彈片，刺穿沒有疑心的「富人鴿子」而言，射擊鴿子或飛靶是絕佳的訓練。

這種狂潮似乎影響了每一個人，甚至影響飛靶大賽舉辦場地杉達諾納的地主喬治．貝納（George Bednar）。一九八六年，貝納打破傳統，把他現在已經聖地化的土地，租給摩根士丹利舉辦第一屆年度運動飛靶大賽。貝納收了幾年舉辦這種大賽的豐厚費用後，決定再度打破傳統，把杉達諾納從崎嶇不平的鄉下射擊場，擴大為豪華的企業餐宿中心。因此，貝納從一九九〇年代初期起，為這個地方借了巨額資金，擴大和改善射擊設施與俱樂部會所，開始接受企業會員，把原本只限本地人的會員限制擴大為接納富有的外地客戶，除了舉辦年度運動飛靶大賽之外，也成為多家企業舉辦活動的地點。

到一九九四年，這家射擊俱樂部和同時期的摩根士丹利一樣，經營哲學明顯改變。我們的年度運動飛靶大賽結束後，坐在新擴建聚會所中點著火焰照明的優雅餐廳裡，他們的員工會送上野味（顯然是在別處打的）和美酒。整個狀況顯示資金在流動，老闆貝納像衍生性金融商品買家一樣，迷上了把融資比率提升到最高水準的策略。

我注意到飛靶大賽具有某種勢不可當的力量，不知道這種力量跟我今天來這裡可是巧合？是否有某種旋風繞著這裡捲起，把摩根士丹利的員工愈拉愈近？這種旋風是否早在一九八六年，就把我捲進去？第一屆飛靶大賽舉辦時，是否連才高中畢業，遠在堪薩斯州的我，都感受到飛靶大賽的拉力？飛靶大賽舉辦幾屆後，我從法學院畢業，搬到紐約，在第一波士頓找到工作。一九九三年的飛靶大賽辦完後，摩根士丹利雇用了我，我被拉進公司衍產部的漩渦裡，這一切都是巧合嗎？還是有一種無法解釋的力量，把我拉進這場大賽。

稻草人抓著我，堅持要我加入他的射擊隊。他顯然認為，我出身堪薩斯州槍法應該很好。但他錯得離譜。我甚至沒有勇氣告訴他，我當少年童子軍時，因一直無法通過長槍和獵槍獎章的檢定而留下心理陰影。我連在三發之內擊中一個超大目標都辦不到，而慘遭其他少年童軍嘲笑。他們都是堪薩斯人，對與瞄不準超大目標有關的堪薩斯俗話耳熟能詳，卻從沒見過真的打不中超大目標的人。

雷克斯低聲告訴我，他聽說飛靶大賽主辦單位會頒發特別獎，給得分最差的人。我慌了起來，向稻草人追問詳情。他證實說，沒錯，得分最少的人會得到獎品：他或她的名字還會被刻在沒有人要的「克倫銀杯」上。克倫銀杯的由來是取自福瑞．克倫（Fred Krum），他是公司裡極為有權有勢的總經理，某一年他參加年度飛靶大賽，發現自己也打不到超大目標時，氣得發誓說再也不參加了。我查看克倫銀杯上的名字，想像自己的名字永遠刻在那上面，不由得希望像《綠野仙蹤》電影一樣，輕敲靴子三下，靴子就會把我送回堪薩斯州。稻草人打斷了我的想法，說我根本不必擔心。我們的隊伍在外面集合，年度運動飛靶大賽即將開始。

實際射擊大約花了兩小時的時間，但是我極為緊張，覺得好像過了好幾天。起初，各個隊伍瘋狂地攻擊杉達諾納，空氣中瀰漫著槍聲和飛靶碎片，林木間一再響起連串聲響：先是震耳欲聾的聲音「拉！」，接著是十二口徑子彈爆炸聲，然後是一連串快速又有創意的咒罵聲——拉、砰、咒罵，拉、砰、咒罵。

飛靶射擊場由十多個不同的射擊站構成，由四個人組成的小隊在濃密的林木間，踩著各站之間的泥濘小路輪流替換。輪了幾次後，子彈和咒罵聲加倍響起，然後又再加倍，射手開始興奮如狂地賭博，聲音變成：拉、砰、付錢，拉、砰、收錢。每一次射擊都有巨額的賭資換手。

接著，很多射手開始作弊。雨勢不小，很難分辨什麼人是否射中了目標，即使射手什麼目標都沒有射中，也知道自己沒有射中，只要他結束射擊時，信心十足地宣布「十顆中了八顆」，經過一番爭論後，他或許也可能得逞，可能算得個六分。拉、射擊、收錢，拉、沒有射中、說謊、照樣收錢。

隨著這些業務員大軍喝更多的酒、抽更多的雪茄，射擊的素質開始土崩瓦解，經過幾小時後，每一個人的優先目標都從射擊變成威士忌和雪茄。拉、砰、付錢、喝酒、抽雪茄，拉、喝酒、抽雪茄，喝酒、抽雪茄、喝酒、抽雪茄……

到了中午，這些業務員已經在杉達諾納扔了滿地的酒瓶和雪茄菸頭，撒了滿地的尿液。第十屆年度運動飛靶大賽圓滿結束。

就像我害怕的一樣，我幾乎每一發子彈都沒打中，我試著把自己的差勁表現怪罪到周遭環境上，雨水濺花了我的眼鏡，我甚至看不到槍口。但顯然不管有沒有下雨，我都是糟糕透頂的槍手。我試著閉眼睛射擊時，反倒射中了一發。經過幾回合後，發射飛靶的助手開始緊張地看著我，我祈禱自己不要打中他們，不過我無法確定，我甚至設法作弊，卻也一樣沒有成功。

我們走回會所時，幾位業務員回憶起往年的飛靶大賽。今天的比賽像美好的往日嗎？顯然不是。隨著比賽愈來愈流行，射擊的素質跟著降低。飛靶大賽舉辦十年後，變成了公司新軍事路線和殺手態度的象徵，每一個人都加入戰場，射擊飛靶和打獵風行一時，變成公司上下中意的嗜好。員工紛紛加入槍械和打獵俱樂部，公司開始在高爾夫球之外，提供飛靶射擊作為公司定期進修旅遊的選項。

大家在今年的飛靶大賽中，享受了夠多的雨水、雪茄、賭博和烈酒，但空氣中卻有一股緊張的氣氛。我走進會所時，一位業務員提到，杉達諾納也陷入去年的狂熱，過度擴張借貸；顯然這個地方跟最近在衍生性金融商品上虧損的受害者，沒有太大的不同。一九九四年初，利率開始上升後，這裡也面臨負債增加的窘境，必須辛苦的償還龐大的貸款。

射擊成績計算後，在俱樂部的豪華宴會廳公布，我們的小隊成績正好在中間，稻草人在個人賽中得到第三名，一位年輕同事以可觀的八十二分，贏得冠軍，大部分分數都落在五十幾到六十幾分之間。我的成績三十五分宣布時，我的心往下沉，我祈禱有人會得到更低的分數。求求你，上帝，至少今天我沒有殺死任何人，我緊張地計算飛靶助理的人數，不知道為什麼少了一個人。

謝天謝地，下一個公布的分數是九分，是一位女性的分數。她沒有得到任何性別上的優惠，摩根士丹利是注重性別平等的企業，會雇用和提拔女性員工，致力在基層努力推動各種積極性別平權的相關政策，也致力打破玻璃天花板。但是那是在紐約總公司才這樣，在這裡並非如此，這裡是飛靶大賽比賽場地，男女都一樣，九分就是九分。

我欣喜若狂，我的分數甚至離贏得克倫銀杯還很遠，我也躲過了子彈。或許比起十多歲時，我的射擊技巧不知怎麼居然進步了，能瞄準讓我羞愧難當的超大目標，直接把它轟到地獄裡去。

我們坐上林肯大轎車，跟俱樂部工作人員揮別，他們略顯莊嚴地回禮，當時他們可能已經知道，這個地方很快就會步上衍生性金融商品受害者的後塵，陷入破產。令人傷心的是，因為這裡無法償還過高的貸款，一九九四年的年度運動飛靶大賽成為了在杉達諾納舉辦的最後一次，在那裡舉辦年度大賽的傳統也告結束。一九九四年下半年，摩根士丹利在衍生性金融商品受害者的屍體中，尋找便宜貨之際，公司衍產部的董事在杉達諾納這灘渾水中，應該也嗅到了血腥味，打算買下這個已經破產的射擊場供私人利用，不過最後沒有成交。

年度飛靶大賽後的週一我去上班時，發現稻草人在我的桌上，留了一本一九九四年四月號的《射擊運動》（*Shooting Sports*）雜誌，他一定是想到我的射擊技巧有待改善。雜誌封面照片上的兩隻小白兔，是我所見過最可愛的小白兔。兩隻小白兔緊緊相貼，在一堆閃閃發亮的新獵槍中間互相摟抱，稻草人在相片上加了幾筆，好像兔子在說：「嗨，法蘭克！」

稻草人想必是在告訴我，我必須能夠毫不遲疑地一槍射中小白兔的眉心。而小白兔跟我們的衍生性金融商品顧客沒有兩樣，顧客打電話來問候時，不管我多喜歡這位顧客，我都必須準備好，必要時得轟掉客戶的頭，以便做成生意。我凝視著小白兔時，心想最近接連爆發的衍生性金融商品虧損是不是意外。陰謀論者可以聲稱，這些虧損是全世界一場有計畫攻擊中的一環，而且很快地我也會得知，這樣說並不為過。

我看到稻草人時，他把他的意思再告訴我一遍，說投資銀行業像是戰爭；衍生性金融商品業務員是特戰部隊。他希望我喜歡年度運動飛靶大賽，卻也希望我了解其中深遠的含意。稻草人見過很多兇險的衍生性金融商品戰鬥，有一次，他看到一位曾任海軍飛行員的客戶，發現自己購買的債券根本不存在時，怒火衝天的樣子。他認為，連輕鬆的客戶拜訪，都可以說是肉搏戰，他進入客戶的辦公室前，會喊著「我們上！」他希望我跟他一樣思考，年度運動飛靶大賽只是訓練中的一部分。

根據稻草人的看法，衍產部會變成世界上最賺錢的部門，是因為結合了智慧和子彈，而不只是因為火箭科學的緣故。在別家投資銀行裡，例如一九八〇年代以不擇手段的叢林法則聞名於世的所羅門兄弟，神槍手業務員會成為「招財進寶的大高手」。但是到了一九九〇年代，投資銀行變了，華爾街不再只是叢林，也變成了精密的現代金融戰爭樞紐，光是當個招財進寶的大高手已經不夠，也必須開槍射擊！

我看著可愛的小白兔時，想到自己的第一樁衍生性金融商品慘劇，不免嘆了一口氣。我從來沒有告訴摩根士丹利的人，說自己在信孚銀行面談時，曾經「虧損」過十億美元，不過這家公司裡顯然也沒有人知道這件事。總之，事情已經過去兩年，我也不是真的賠了十億美元。我看著兩隻可愛的小白兔，看著兔子身邊的武器。很多動物身無寸鐵，在華爾街這片蠻荒之地上遊蕩，有哪位業務員曾經害他們在衍生性金融商品上，貨真價實地賠過十億美元嗎？

第六章

麻辣女王

如果摩根士丹利有什麼王族的話，ＲＡＶ小組一定就是王室家族，ＲＡＶ女王顯然就是王族統治者。

君臨交易廳的她

每個交易廳裡都有一個惡魔，是業務員和交易員都極為害怕且敬而遠之的人。十多年來，麥晉桁一直在摩根士丹利扮演陰魂不散、用鐵腕統治交易廳的邪神。其他投資銀行也有類似的角色，所羅門兄弟的那位仁兄叫食人魚；第一波士頓的那人出身特戰部隊，據說曾扯斷過別人的手臂；大摩的就是麥小刀。

然而，麥晉桁榮升大摩總裁，讓出交易廳時，留下了一塊真空地帶。誰可以接替他呢？有什麼人邪惡到可以取代他呢？彼得·柯奇斯（Peter Karches）是固定收益部門的新老闆，的確具有足夠的權力，但是他為人和善，因此資格不符。紐約衍產部的主管沈恩得到很多選票，他比任何人更有模有樣，火爆脾氣也名聞遐邇。然而，隨著業務轉移到海外，沈恩在公司裡的地位已經下降，他花在玩電腦西洋棋的時間，跟花在衍生性金融商品業務上的時間一樣多。

接著，一種激進的想法出現。摩根士丹利在一九九〇年代，已經在晉升政策取得了很大的進步，跟第一波士頓相比，更是如此。大摩對待少數民族的紀錄有些瑕疵，遭指責歧視，就像華爾街上的大多數公司一樣。但是大摩對待女性的紀錄沒有那麼糟，到一九九四年時，公司裡已經有好幾位女職員榮升，擺脫祕書工作，大摩也不像第一波士頓，沒有穿著暴露短裙的女職員在交易廳遊蕩，女性甚至還參加年度運動飛靶大賽。

所謂激進的想法是——讓女性接任交易廳主管。全美都有女性升任企業最高職位，還有不少女性擔任牧師和猶太教長，甚至有人猜測上帝是女性，難道玻璃天花板一直延伸到天堂上嗎？如果不是這樣，地獄上方怎麼可能會有玻璃地板呢？我思考著這個問題時，想到，惡魔會不會是個女人？

答案似乎是肯定的。尋找適任黑暗公主的過程就此展開，可以選擇的人不多，只有少數女性能夠列入考慮，其中好幾位都相當和善，在交易廳擔任高階職位。所有資深女性業務員和交易員中，只有一位勉強符合資格，她的個性適合、升遷快速，是公司裡待遇最高的合夥人之一。不幸的是，她是我的上司，我叫她重新包裝資產工具女王。

女王的外號得自她所創造和銷售的衍生性金融商品，這種金融商品叫做ＲＡＶ，是「重新包裝資產工具」（Repackaged Asset Vehicles）的簡稱，名字取得很好，因為這是投資銀行利用包括信託和特殊公司在內的各種投資工具，把現有的證券重新包裝後，變出來的新衍生性金融商品。大家經常把這種商品叫做「黑箱交易」，因為你把現有的證券，放進大家稱為黑箱的信託或公司裡，重新包裝，然後，這些證券就搖身一變，變成了衍生性金融商品。披索連結美元保證票券就是一種ＲＡＶ，摩根士丹利製造這種票券時，是利用百慕達一家公司作為黑箱，把墨西哥債券重新包裝，再由黑箱公司發行新的衍生性金融商品。

重新包裝資產工具是摩根士丹利的另一項重大發明。簡單的黑箱交易很常見，幾乎每家銀行和大毒梟都會操作，《經濟學人》等財經刊物甚至還盛讚這種交易。然而，摩根士丹利的重新包裝資產工具複雜多了，倒像是全然不同的交易，也是風格別樹一幟的高明行銷。

RAV是公司裡最高檔的衍生性金融商品交易，替公司賺到最多的錢，也是經理人在衍生性金融商品獵遊之旅中，所獵取的「大象」。一筆重新包裝資產工具交易創造的費用，可能高達幾百萬美元。

即使在公司內部，了解RAV的人也寥寥可數。衍產部裡的RAV小組拚命保護自己的地盤。我進公司幾個月後，和另外幾位資淺的員工，一起加入大家夢寐以求的這個小組，不出幾天我就痛苦地了解霸權的意義、適應了新的階級制度。如果摩根士丹利有什麼王族的話，RAV小組一定就是王室家族，RAV女王顯然就是王族統治者。

女王對統治階級的規矩並不陌生，她的家族就是在伊朗國王巴勒維[1]遭到罷黜前不久，跟很多有錢有勢的家族一起逃離伊朗的。因此，她有著霍梅尼時代之前舊伊朗的高貴和敏感習氣，深色的眼睛配上一頭黑色長髮，手指和脖子上戴著珠寶和金飾，看來就像是女法老。她圍著色彩明亮、價格昂貴的歐洲風格絲巾，穿著倫敦高級時裝店的套裝。她濃厚的波斯腔甚至可以穿越交易廳最嘈雜的地方。一不留神，她的母語就脫口而出。她的英文有時完美無缺，有時卻糟得可怕，就像她會說：「你少題大作了！」或是：「我們完成這件史吧。」

女王的脾氣暴烈，吵起架來跟波灣戰爭一樣激烈，包括四人幫在內，衍產部裡的每一個人都怕她大發雷霆。這一點理所當然，我在爭辯時，相當善於替自己辯護，但是女王在很多次爭論中，都用尖牙利齒把我撕咬成碎片。小組的其他成員也遭遇到同樣的命運，稻草人沒有一點機會，因為他沒有頭腦，女王卻沒有心腸。我的小狗死掉幾天後，我們在討論小狗時，我終於了解女王是多麼沒有心腸的人——她說她討厭所有的寵物。什麼樣的人才會討厭所有的寵物呢？

插曲：別惹女強人

女王讓我想起信孚銀行一位侵略性很強的女性。幾年前，我去信孚銀行應徵業務工作時，她是我的面試官。我還記得自己亦步亦趨，跟著她走在債券交易廳裡，她不時停下來

1 伊朗最後一位沙王。一九七九年，宗教領袖阿亞圖拉霍梅尼發動伊斯蘭革命，禮薩汗的兒子穆罕默德．禮薩．巴列維被迫流亡，巴列維王朝覆亡。

大喊大叫，向業務助理發號施令，把我嚇得不知如何是好。

最後我們來到一間辦公室，她坐下來，劈哩啪啦地說出顯然是排練過的重點式簡歷：「八〇年財務學士；八五年HBS；八六年第一名畢業，加入信孚擔任專員；八八年VP；去年MD。」幸好我知道「VP」的意思是副總裁，「MD」的意思是董事總經理，我猜「HBS」應該是哈佛商學院。

接著，她快速說明她所銷售債券種類的重點，我心不在焉地凝視著她，只能含糊聽到她說的最後一句話：「給你一堆磚塊，你要做什麼？」

我呆住了，不確定自己聽到的話對不對，「請再說一遍。」

她再問道：「給你一堆磚塊，你要做什麼？」

我猶豫不決，對她的問題仍有些訝異，「你的意思是？在這裡嗎？現在嗎？」她說的真的是「磚塊」嗎？

她只是再重複一遍，「給你一堆磚塊，你要做什麼？」

我想了幾秒鐘，對這種奇怪的問題，最好的回答是什麼？「不知道，我猜我會蓋一間房子」

「再說一樣。」

這種問話法讓我困擾，我應該再說什麼。

她再度開口說：「再說一樣。」

「你是說我用一堆磚塊，會另外做出什麼東西嗎？」我問道。

她繼續盯著我。

「好吧，」我說，「蓋一條路。」

她立刻又說：「再說一樣。」

好奇怪，我心想，我猜這一定是一種遊戲，目的是要考驗我。我相當會玩遊戲，法學院把我訓練成像巴夫洛夫的狗一樣，知道對這種密集詰問應該怎麼反應，我的心稍微放鬆了一點。

這種問答可能很有趣。

我想我應該試試一些比較幽默的回答，「如果是黃色磚塊，我可以蓋一條黃磚塊馬路。噢，我是堪薩斯人[2]。」

她對我的堪薩斯冷笑話不為所動，根本沒有理會。

「再說一樣。」

很好，如果她想來硬的，我們就來玩硬的，我回嘴說：

2 指《綠野仙蹤》中的黃磚道。作者與主角桃樂絲一樣來自堪薩斯。

「蓋一堵牆。」
「再說一樣。」
「蓋一棟公寓大樓。」
「再說一樣。」
「建一座廣場造景。」
「再說一樣。」
接下來是一長串的對答。「蓋一座穀倉。」
「另一樣。」
「磚塊彩繪。」
「另一樣。」
「蓋籃球館。」
「還會做些什麼別的嗎?」
「磨成灰。」
「再說一樣。」
「丟出窗外。」
「另一樣。」

「綁在我的腳上。」

「再說。」

「把磚塊加熱。」

「另一樣。」

「丟到建築物外面。」

「另一樣。」

「修補街道。」

令人訝異的是，這場戰鬥一直延續到面試結束，她一再問同樣的問題，經過二十分鐘後，我火大了，何況也想不出其他點子了。

「另一樣。」

我第一次比著手指，提高音量，「砸那扇牆。」我怒火勃發。

她提高聲音，「另一樣。」

我再也受不了了，她想問我什麼？你用一堆磚塊，還能再做什麼別的東西呢？

她一定察覺我已經接近極限了，我再度舉起手指，提高聲音說：「砸那台電腦螢幕。」

她看看電腦螢幕，人往前挪，提高聲音說：「另一樣。」

這是最後的一擊，我站起來，做了一件非常愚蠢的事情，做了保證讓信孚銀行絕對不會用我的事情——即使信孚銀行本來願意雇用一個剛剛虧掉十億美元的人——我指著她，出盡全力，大聲叫道：「砸爆你的頭！」

她似乎滿意了，站了起來，用冰冷的手輕輕握了握我的手，就走了出去，甚至連「就這樣吧」都懶得說。

稻草人的復仇

我已經學到別輕易挑戰交易廳女性經理人的教訓，對女王很少回嘴，也從來不提高聲音。她和我培養出專業的合作關係，我們以後會協力承作跟幾十個國家有關的交易，完成出自墨西哥、菲律賓和阿根廷的衍生性金融商品交易，我們會一起賺很多錢。

但是，我跟女王合作的第一筆衍生性金融商品交易卻是一場慘劇，這個案子跟巴西有關，名叫「巴西指數化美元證券」（Brazilian Indexed Dollar Securities）。

這個案子的目標是創造一種類似披索連結美元保證票券的交易，只是相關的國家是巴西，而不是墨西哥。巴西指數化美元證券的簡寫是BIDS，是相當好的名字。基本上，巴西指數化美元證券是健全的交易概念，一九九四年中，巴西經濟像幾年前的墨西哥一樣，通貨膨脹居高不下，信用評等低落，政府發行過名叫美元指數化國庫票券（NTN-D）的債券，這種債券像墨西哥的可調整債券一樣，以指數化的方式跟美元連結。同時，巴西頒布禁令，禁止非巴西國民擁有這種債券。我們認為有很多美國人希望在巴西投資，我們預見巴西指數化美元證券是美國人投資巴西的大好良機。我們要利用一家特殊的黑箱公司，重新包裝美元指數化債券，讓美國買家購買這種證券。衍產部對巴西指數化美元證券樂觀看待，我們認為，這個案子的規模和獲利能力，可以媲美披索連結美元保證票券。

一開始，女王和稻草人共同管理這個案子，但是這種安排沒有持續多久，我們很早就知道，巴西債券市場極為複雜，限制重重，美國銀行一直無法突破巴西神祕、深奧的法網。我們聘請了巴西一家投資銀行和一家法律事務所做我們的內援，然而談判一直很緊張，充滿嚴苛的細節。沒幾天，討論的內容就遠遠超出稻草人的能力範圍，他只好退下來，滿足於說想出這個案子的簡稱是他的功勞。

稻草人跟女王合作過，女王是個可怕的對手，她更深入參與巴西這個案子後，稻草人幾乎消失得無影無蹤，巴西這個案子比稻草人所碰到過的任何東西都更接近火箭科學，他每次開口幾乎都會遭到羞辱，而他很不喜歡這種感覺。女王卻渴望完成巴西這筆交易，輕輕鬆鬆就從稻草人手中，奪走了控制權。

稻草人對這個案子的主要貢獻極為不堪。衍產部經常依賴交易廳其他部門的業務員，推展新產品時更是如此。為了推廣巴西指數化美元證券，稻草人邀請十多位大牌業務員吃了一頓拉丁美洲午餐，食物包括炸玉米餅、玉米片、玉米酥餅和顏色奇怪的酪梨醬。這些東西是墨西哥美食，不是巴西美食，但總之相去不遠。我們對每一個人說明巴西指數化美元證券交易的細節，稻草人還發表了一小篇鼓舞士氣的談話，業務員飽餐一頓。這頓午餐的影響要到很多個小時之後，才會顯現出來，卻足以確保稻草人再也不能插手這個案子。

隔天清早我醒來時，第一次感覺到這頓午餐的影響。從我的床邊到小套房另一邊的浴室距離不到四公尺，我卻幾乎來不及衝過去，顯然我食物中毒了。不幸的是，我不能打電話請病假，因為我必須詢問其他業務員，了解他們初步打給客戶的電話有什麼結果。對巴西這個案子來說，今天是大日子，因此我買了一些必舒胃錠。

我到辦公室時已經稍微遲到，稻草人卻還沒有來，我注意到交易廳空蕩蕩的，大家哪裡去了？肚子又一陣疼痛，我跑進洗手間。回到交易廳後，我問稻草人的祕書，他在什麼地方，她說不知道。我打電話到他家，沒有人接。十五分鐘後，我再打，他終於接了，聲音有氣無力。

「喂，你還活著嗎？到底怎麼回事？」我大聲叫道，我要讓他也受罪。

「我不知道。」他小聲答道。

「是食物出問題嗎？」我知道一定是，我想著自己吃下去的玉米片，眼睛估量跑到洗手間的距離。

「告訴他們，我很抱歉。」這是他唯一說得出口的話了。現在已經接近中午，我仍然沒有看到昨天一起吃飯的人到班，稻草人造成的食物中毒，殲滅了整個銷售大軍。我開始把這件事叫做「稻草人的復仇」。不久我又得跑廁所，卻發現所有的隔間都滿座，我絕望地等著，終於有一位業務員滿臉病容地走出來。

「如果我是你，一定不會用那個東西。」他一臉病容，卻透出怒火。

「非常感謝這頓中飯，你這個混蛋，」另一位業務員說：「整個他媽的交易檯全部完蛋大吉。」我捏著鼻子，想擠過他身邊，但是他動也不動：「你告訴稻草人那王八蛋，他死定了！」我點點頭，黯然走進廁所隔間。

稻草人這一餐幾乎終結了巴西這個案子。女王氣炸了，還好她不是沒有吃那頓中餐，就是有鐵胃。那天早上，她坐鎮在自己的桌上好幾小時，接收巴西指數化美元證券交易的全部控制權。從那天開始，我對女王負責，不再對稻草人負責。

我們花了一個多月的時間，跟美國和巴西的律師研究，訂定巴西指數化美元證券交易的結構。巴西於一九九三年下半年開始查禁一種容許投資人利用股票選擇權、鎖定固定報酬率的投資工具，於是這種「選擇權箱子」的策略變成非法，而且大部分的其他投資工具都面臨額外的限制，包括五％的期前稅（upfront tax），以及從巴西債券賺到的利潤得預先扣繳的一五%所得稅（withholding tax）。最後，我們在巴西《固定收益共同基金法》中找到一個漏洞，讓美國投資人可以買這種債券，同時仍然可以獲得還算不錯的稅後報酬率。

我們必須努力解決的主要問題是通膨失控的風險，巴西的債券和衍生商品市場很活絡，但是美國投資人發現這個市場太複雜，主因就是通貨膨脹。巴西不如其他國家，遲遲無法擺脫債務重整。通貨膨脹激升，扭曲金融市場，造成一團混亂。經歷多年超過百分之百的通膨後，巴西被迫用指數化的方式，把大部分物價跟通貨膨脹率掛鉤。現在商家每天至少改變價格一次，下午的香蕉或咖啡成本可能比早上高，跟通膨大致同步的利率也是這樣，巴西人一天賺到的利息，跟美國人一年賺到的利息可能一樣多，不過通膨會把大部分的利息吃掉。

我們很難說動美國投資人相信，巴西指數化美元證券不會讓他們曝險在跟巴西通膨有關的不必要風險中。理論上，巴西指數化美元證券的年報酬率應該是一二%，報酬率高得驚人。然而，我們不能保證報酬率正好是一二%，報酬率可能略高或略低，取決於跟通膨指數有關的各項變數，但是通膨指數卻每天變動。很多投資人都擔心報酬率低於一二%。

女王和我一起參加了很多場銷售說明會，解釋這些複雜特性。我也到波士頓去，跟美國一些頂尖基金經理人會晤，包括和世界兩家最大新興市場共同基金經理人見面，其中一位是富達投資公司基金經理人羅布·席通（Rob Citrone），一位是普特南投資管理公司（Putnam Investment Management）副總裁兼新興市場部門主管馬克・席格爾（Mark Siegel）。他們和另外幾十位基金經理人，都對巴西指數化美元證券大表反對，說這種交易太複雜，我們抽的佣金太多了。

巴西指數化美元證券案子最後以失敗收場，不過要是稻草人全程參與的話，結果可能更糟糕。一方面，我們總共只賣掉二千一百萬美元的證券，主因是無法激發美國投資人的興趣；另一方面，由於收取高額佣金，我們仍然賺到了五十萬美元的利潤。即使美國買家對這種證券興趣缺缺，我們還是能夠把大部分證券，賣給還在大肆狂歡、急於尋找投資標的大賭一場的墨西哥銀行。

辦完巴西指數化美元證券的案子後，我的座位從稻草人旁邊，移到女王的隔壁。這樣只是在交易廳中移動了幾英尺，卻等於進入王宮裡，稻草人留在外面。稻草人在年度運動飛靶大賽中，替大家付出一百二十五美元租借槍枝的費用，我是少數還沒還錢的人，他只敢用電子郵件要求我還錢，而不是走到我身邊討債。稻草人的景況不好，用華爾街的標準來看，他的獎金不算太優厚，他說他迫切需要這筆錢，支付他新租的Land Rovrer Discover休旅車的月租費。我希望他是在開玩笑，卻不能確定。

換了新位置後，我應該會想念稻草人，尤其是想念他的笑話。他在我換位置前，跟我說了一個道別冷笑話，笑話提到麥當勞廣告中，籃球明星麥可・喬丹和拉利・柏德

（Larry Bird）比賽難度愈來愈高的空心跳投時，每次出手都會喊一聲「空心球。」

問題：奧斯華[3]跟麥可．喬丹說了什麼話？

答案：在綠草如茵的小丘上，穿過書庫的窗戶，行家出手，只對準脖子。

稻草人不太崇拜甘迺迪總統，但我注意到他從沒拿雷根總統遇刺的事情開玩笑。

再戰墨西哥

在經歷巴西的折騰後，我們決定回到在墨西哥的主流業務。墨西哥銀行仍然在瘋狂賭博。幾個月前，衍產部完成了第二筆披索連結美元保證票券交易，這筆交易名叫披索連結美元保證票券二期（PLUS II），交易總值為三億一千萬美元，可以說是所有新PLUS型交易的典範。PLUS二期利用墨西哥披索短期國庫券，因此比第一期票券利用的可調整債券簡單多了。有了PLUS二期，再完成其他PLUS票券的案子，真正所需的工作只是找一家墨西哥銀行，創造一個動聽的名字，再把債券推銷出去。這並不會花很多時間，我相當輕鬆地完成自己的第一件PLUS票券交易。

我們首先找到一家通稱塞爾芬證券、全名叫塞爾芬金融集團（Groupo Financiero Serfin）的墨西哥銀行。這個集團的標誌是一隻金鳥包在一個圓形的徽章裡，像是核廢料的警告標誌。大家把很多高風險的衍生性金融商品，稱為核廢料，但是塞爾芬買進的衍生性金融商品特別適合貼這種標籤。

接著，我們需要一個名字，PLUS三期似乎沒有什麼創意，最後我們決定取名為「墨西哥美元證券」，簡稱MEXUS，可以寫成MEXU$，聽起來像豐田的豪華LEXUS，我們把這個案子定位成一流、豪華的墨西哥衍生性金融商品來行銷。

最後，我們必須向投資人銷售這個案子，我們把這個案子告訴國際銷售中心的業務員時，他們除了談論上次的「稻草人的復仇」慘劇外，拒絕討論任何事情，還為了衍生性金融商品的事情責怪我們，把墨西哥美元證券的公開說明書，叫做「墨西哥紙尿褲」，還表示永遠不會跟我們一起吃午餐。然而，交易就是交易，佣金就是佣金，他們說會設法銷售墨西哥美元證券債券，我們也很有信心，知道他們一定會努力。

我們也嘗試利用新的銷售管道：摩根士丹利私人客戶服務部PCS的業務員。這個部門簡稱私人客服部，設在不同樓層，屬於不同的世界，專門對富有的個人投資者和小型

3 行刺甘迺迪的槍手。下句是關於行刺現場，即德州達拉斯迪利廣場的綠草丘，奧斯華從教科書大樓的窗邊射擊。笑點極冷：「對準脖子」（nothing but neck）和上述廣告中「空心球」（nothing but net）音近。

機構銷售證券。在華爾街的術語中，私人客服部的意思是零售業務。不過在我們公司裡，零售代表高檔，你的身價必須超過一千萬美元，才可能變成我們私人客服部的潛在客戶，否則的話，想都別想。

除非你目睹過私人客服部的作法，否則你不可能了解「攻擊性」的真義。我們在公司裡常常引用的「為了一個基點，把你媽媽賣了」的話，就是經由他們得到的啟發。這句話甚至不足以形容一些私人客服部業務員的作風。我永遠也忘不了，我得知紐約著名投資銀行家謝爾比·戴維斯（Shelby C. Davis）過世消息那天，跟私人客服部一位業務員的談話，我跟他提到這件事，卻大吃一驚地發現他不但看過訃聞，還打過電話給遺產執行人，努力向他們推銷披索連結美元保證票券。

女王和我參加過私人客服部的一次晨會，試著推廣墨西哥美元證券。我們簡短地解釋這個案子，然後私人客服部的業務經理開始掌控會場。他先發表振奮人心的談話，告訴手下他們銷售墨西哥美元證券所能賺到的錢，會比過去任何案子還多。私人客服部的銷售人員很愛我們衍產部，因為我們的交易佣金最高。他們都十分興奮。有一位業務員對墨西哥美元證券的風險多少有點懷疑，問了一個相關的問題，業務經理卻攔住他，說這個問題完全無關緊要，披索連結美元保證票券有「百分之九十九·九九」的可能，會一如預期的還本付息。我覺得這樣說好像高了一點。

但是摩根士丹利似乎沒有人持反對意見，公司堅決支持墨西哥。我們又宣揚自己只花了幾星期的時間，就賣完十五億美元的拉丁美洲衍生性金融商品。而且公司的研究專家很樂觀，認為披索不會下跌。披索匯價對所有披索連結美元保證票券都很重要，如果披索貶值，這些衍生性金融商品的價值也會下跌。幸好公司的墨西哥研究分析師、外號奇普的恩尼斯特・布朗（Ernest "Chip" Brown）說，披索貶值的風險微乎其微。他甚至還在列入紀錄的發言中一再強調，披索的風險是升值而不是貶值。如果披索真的升值，那麼私人客服部經理就說對了——披索連結美元保證票券有百分之九十九・九九的機會，會一如預期的還本付息。有了這麼樂觀的推荐，加上這麼高的可能性，墨西哥美元證券自然成為搶手貨。

當然，墨西哥美元證券和大多數衍生性金融商品交易一樣，推動起來難免一波三折。在大部分額度都被認購之後，大家心情大好，開起玩笑，談到他們在一筆類似的交易中，到了最後一分鐘才發現忘了為這筆交易在百慕達登記一家公司。回想著當時引發的恐慌，大夥不由得哄堂大笑。我們這才驚覺，因為太專注於銷售墨西哥美元證券，我們竟也忘了公司註冊的事情。就像洋基前總教練尤基・貝拉（Yogi Berra）說得一樣：「又一次似曾相識」。我們立刻打電話給我們的百慕達律師，發現我們只剩勉強夠用的時間——前提是我們的律師團能夠找到百慕達財政部長，因為我們需要他在墨西哥美元證券的公司章程上簽字，才能開始組織公司。一小時後，律師回話說，他從百慕達國會的開會現場把部長拉出來簽字，我們可以及時辦理登記。

當我們推動墨西哥美元證券時，衍產部也正在跟墨西哥國民銀行談判，先前他們靠著第一期PLUS票券一戰成名，現在正要談另一件類似的案子。進行這種談判，目標通常是鎖定客戶簽署參與意向書，規定相關各方的責任、交易結構、時間，和最重要的費用。一旦參與意向書簽好，衍產部就會形勢大好。我們為了取得這份意向書，承受了龐大壓力。

跟墨西哥國民銀行的談判一直碰到問題，稻草人沒有參與，但是他聽說我們陷入苦戰時，建議我們帶一把烏茲衝鋒槍，提升一、兩場談判的氣氛。鑒於最近墨西哥的謀殺和綁架案層出不窮，談判又在惡化，我認為稻草人的想法很有道理。交易已經瀕臨完蛋的地步。這時沈恩聽說我們在墨西哥國民銀行遇到麻煩，就把我們叫進他的辦公室。他很火大。我們都知道，嚴格說來他仍然是紐約衍產部的最高主管，我們準備接受他定期發作的破口大罵。

女王的職級雖然比沈恩低很多，應付他時卻顯出大權在握的樣子，還設法安撫他說我們快要談成一筆交易了，只剩下兩個障礙：第一是票券的發行規模，第二是超額擔保的水準。我們希望推動金額至少有二億五千萬美元的交易，以便值回我們投入的時間和成本。我們也認為，投資人會要求至少一五%的超額擔保作為保障，就像最近大部分的這種交易一樣。

沈恩聽說這些障礙後氣炸了，氣得似乎隨時都會中風。最後，他拿起電話，吼著向總機索取墨西哥國民銀行的電話號碼，準備好好教訓那位戴著太陽眼鏡、號稱「刀鋒戰士」的瓦格斯。

瓦格斯拿起電話，說了一聲「哈囉」，沈恩沒有寒暄，劈頭就說：「你若不馬上接受二億五千萬美元發行量和一五％的超額擔保，就一切免談！」然後兩個人好久、好久都沒有說話。「刀鋒戰士」瓦格斯似乎對沈恩打電話來很驚訝，而且當然沒有預料到會碰到這種正面攻擊。他平靜地回答，說他一直與女王等人進行著談判，而且進展正常，他問沈恩是否跟我們當中的任何一個人談過進行中的談判。沈恩不理會這個問題，設法向瓦格斯施壓，要他同意這些條件，但是瓦格斯不肯讓步，最後兩個人都掛了對方電話。

沈恩怒火勃發，吼道：「去他媽的！」然後就衝出房間。女王這時也發火了，到目前為止，雖然碰到困難，她卻一直都很有成效地推動談判，而且她迫切渴望辦好這筆交易，墨西哥國民銀行是重要的客戶，也是未來生意的絕佳來源，沈恩卻惹毛了瓦格斯。她大聲喊著說：「如果我們丟掉這個交易，全都是他媽的他的錯！」說著，她也衝出門外，把我和沙蘭特留在辦公室裡，我們只好面面相覷，再聳聳肩，我們知道這個案子已經完了。

沈恩恢復他每天的例行事務，下棋之餘，也很享受世界盃足球賽期間的賭盤。在他研究有關好幾個足球隊的複雜賭局時，心情看來輕鬆。他說：「我熱愛這種遊戲，但是像墨西哥國民銀行一樣，賭局很可能不會成立，因為雙方都有混蛋從中作梗。」他把一些怒火發洩在稻草人身上，有一次，稻草人拿著一本拉丁美洲雜誌，走到他身邊，讓他看看上面列出的布雷迪債券選擇權一覽表。

「這張選擇權供應商的表很有意思。」稻草人顯然不曉得自己在講什麼。

沈恩語帶嘲諷，冷冷回答：「噢，是非常有意思，但有意思的地方在哪呢？」

稻草人聳聳肩，走回自己的位置。

沈恩得知墨西哥國民銀行拒絕簽署意向書時，變得很沮喪。他說：「我沒有什麼理由留在這裡了。」我為他難過，卻同意他的話。我們討論怎麼解決跟墨西哥國民銀行談判的問題，其中一種解決方法是由公司購買一種叫做「賣權價差」的交易，把超額擔保保障從一五%，提高為一八%，可是就連這個方法也失敗了。

最後在計算這筆墨西哥美元證券交易的利潤時，沈恩的士氣略微恢復，堅持說原本可以賺到更多錢，還吹噓說：「這個案子結束時，我會變成墨西哥市場之王。」他甚至揚言要戴墨西哥寬邊帽來上班。幾個月後，墨西哥披索崩潰，交易廳流傳一幅漫畫，畫的是一個乞丐伸出寬邊帽乞討，標題寫著「沈恩」。

雖然我們在墨西哥美元證券交易上賺了幾十萬美元，我的上司卻一點也不滿意。女王叫我把重心從墨西哥移開，說現在該轉向別的國家了。沙蘭特恭喜我在墨西哥美元證券上的成就，卻說這種交易「千篇一律」，我並沒有創造什麼新成就。他說，女王的小組需要創新，需要能夠創造百萬以上獲利的新點子。

轉戰菲律賓

我在同時研究幾個宏大的構想時，純屬偶然地發現了自己下一個重新包裝資產工具交易，它出自遙遠的菲律賓。這個點子跟我們部門過去的很多交易一樣，是不期而遇，並且源於別人的痛苦中生出來的。這種情形很常見：與其規劃一系列可能獲利的衍生性金融商品交易，往往不比觀察什麼人在什麼時候受害最深，然後開始在他們的領域裡，就地尋找新的衍生性金融商品交易來得有效。在我說的這個案例裡，受害者是我們公司的同事。

凡是去過菲律賓的人，難免會對當地特色「部分停電」（brownout）印象深刻。早在菲律賓前總統馬可仕藉著貪汙浪費摧殘這個國家前，菲律賓就以此聞名，首都馬尼拉尤其如此。電燈會暗下來，然後會再暗一點，卻通常不會完全停電，這樣一天要部分停電十幾次，每次最多達十小時。

罪魁禍首是有五十七年歷史的菲律賓國營國家電力公司。從二次大戰前開始，國家電力公司就經常停電，但是照菲律賓人的說法，貪汙橫行的國家電力公司成立前，菲律賓的停電問題並不大。反倒是二次大戰後，國家電力公司的權力提升，停電的頻率和時間反而增加。壟斷卻無能的國家電力公司因而成為很多辛酸笑話的箭靶，例如：

問：「菲律賓人點蠟燭之前用什麼照明？」

答：「電燈。」

多年來，甚至幾十年來，菲律賓很少蓋發電廠，也很少維修發電廠。在馬可仕的獨裁統治下，國家電力公司變得更貪腐，但是有一件事還值得安慰，就是馬可仕時代會安排定時停電，而且全天停電時間安排得還算準確，國家至少可以依據停電班表運作。然而，到了一九九四年，這種規律性連同馬可仕本人一樣，早已一去不返。對民主新政權下的大多數企業來說，無預警停電嚴重惡化了電力問題。部分停電還是一樣頻繁，民主制度的唯一影響是停電變得更難預測。

國家電力公司的名聲既然如此，在金融市場上難以募資就不足為奇了。有誰會借錢給這麼無能的公司？評等機構給予國家電力公司低於投資級的評等，因為其中有該公司無法從發電中賺到足夠現金以償還債務的風險。

世界銀行是國家電力公司最大的債權人，也是唯一的捐助人，曾經同意協助該公司推動民營化，還稱讚國家電力公司的民營化是開發中世界少數成功的民營化案例之一。世界銀行甚至同意為國家電力公司新發行的十五年債券提供償還本金的保證，有了這種保證，國家電力公司債券的買主幾乎可以確定十五年後，即使國家電力公司倒閉，自己也一定會收回本金，因為世界銀行承諾償還。

摩根士丹利跟世界銀行和菲律賓的關係很密切，公司投資銀行部的人為了維持這種關係，同意承銷國家電力公司新發行的一億美元債券。不幸的是，他們沒有先問衍產部。這批新債券雖然有世界銀行的保證，還是得不到投資人的歡心。大摩的垃圾債券交易檯負責銷售這批債券，即使他們精通於推銷評等差勁的債券，卻仍無法完銷國家電力公司的東西。

他們行銷這批債券時，客戶總以菲律賓可怕的停電傳說質問業務員。在民主化後的馬尼拉，這個問題已經變得極為常見，若干公司甚至開始利用停電行銷業務，私人發電機大受歡迎。傳到投資圈的故事包括一家有私人發電機的美容院宣傳「部分停電美容特價」（包括做臉和其他，停電時間照常服務），還有好幾家自行發電的餐廳打出「永不停電」的廣告。

國家電力公司債券的銷路一如預期，十分悽慘。大部分債券都留在垃圾債券交易員手裡，讓他們十分頭痛。為了在債券價值暴跌前出清，他們急忙跑來衍產部求援，低聲下氣地問我們能否幫忙，我們勢必得幫忙。

國家電力公司債券的根本問題是：債券本金的償付雖然得到世界銀行的保證，期間十五年的利息給付卻沒有人保證。評等機構認為，世界銀行的保證不足以讓他們賦予包括本金和利息在內的整個債券高評等。因此，整個債券得到的評等，就是其中最低級部分，也就是國家電力公司利息給付部分的評等。既然沒有高評等，很多潛在的買家因此不會購入這種債券。

這是我們熟悉的領域。我們銷售披索連結美元保證票券時，碰到過同樣的問題，當時我們設計了重新包裝資產工具，重新包裝這種債券，得到高評等。現在我們必須找出方法，說服評等機構，也賦予國家電力公司高評等。

我知道雷曼兄弟最近曾經說服標準普爾，把一種債券評為AAA級，因為這種債券的本金給付屬於AAA級，一小部分的利息給付也屬於AAA級，但大部分的利息給付卻不屬於AAA級。請記住，債券由利息和本金兩個部分構成，兩個部分的評等通常相同，因為承諾要還本付息的是同一家實體。然而，國家電力公司債券的利息屬於垃圾級（支付實體為國家電力公司），本金卻屬於黃金級（支付實體是世界銀行）。雷曼的案子所用的債券具有類似特性，我在第一波士頓新興市場交易檯時，就很清楚這件事，這種債券叫做「布雷迪債券」。

布雷迪債券本金的給付類似國家電力公司債券，由美國財政部AAA級的零息債券保證，利息給付的評等卻像國家電力公司債券一樣，是以墨西哥、巴西、奈及利亞等債券發行國的信用評等為基礎。換句話說，利息給付屬於垃圾級。雷曼發現，如果你把布雷迪債券放進一個信託裡，再在垃圾級的利息給付中，添加若干零息債券，就可以說服標準普爾，把整個信託評為AAA級。把這兩種東西拼湊在一起，就像在烤蛋糕後撒上糖霜，蛋糕是劣等貨，糖霜卻是貨真價實的巧克力，糖霜可以說服評等機構把劣等蛋糕叫做巧克力蛋糕。

這種信託撒上糖霜後，其實是由垃圾級利息、AAA級利息，和AAA級本金三大部分構成。標準普爾規定，你必須在文件邊緣的細小文字中，註明AAA級只適用於其中「貨真價實」的AAA級部分，不適用於垃圾級的利息給付。然而，對很多投資人來說，細小的文字規定根本不重要。例如法規規定：包括共同基金和保險公司在內的很多大型投資機構，不准投資布雷迪債券，投資這種信託單位卻沒有問題。

零息債券是衍生性金融商品的沃土，也是衍生性金融商品慘劇的沃土。零息債券也叫做零息券或分割債券，在大部分投資銀行中的交易都很熱絡，《華爾街日報》甚至每天都刊出報價。分割債券的名稱，起源於美國財政部容許投資銀行「分割或重組」政府公債的息票和本金的方案。政府公債包含很多次的定期給付，每一項給付都能拆分成一張分割債券，每一種分割債券都是零息債券——到期時單筆給付本金，卻不付息。我在第一波士頓時，曾經聽到大家極力讚揚分割債券交易員，謠傳他們一年賺五千萬美元。第一波士頓以分割債券巨擘而聞名，那一年稍早時，英格蘭銀行更曾委託第一波士頓研究如何分割英國政府公債。

我一直無法了解第一波士頓或任何地方的分割債券交易員，怎麼能賺這麼多錢，我覺得這簡直不可思議。分割債券市場流動性極高，利潤率通常很低，跟比較複雜的其他衍生性金融商品交易相比時，更是如此。要在這個市場上賺到巨額利潤似乎不太可能，除非這些傢伙是跟傻瓜在交易。因此，我假設五千萬美元利潤是假消息，或者至少是誇大其詞。

當時我不知道的是，這些傢伙的交易對象中，有一位名叫約瑟夫·傑特（Joseph Jett）的分割債券交易員。傑特是吉德皮巴第（Kidder Peabody）公司的首席分割債券交易員，在皮巴第小小的天地裡，傑特是超級巨星。根據皮巴第的會計制度，傑特賺到好幾億美元的交易利潤，因此皮巴第欣然發給傑特幾百萬美元的獎金，一九九三年還把他評選為年度模範員工。

傑特在皮巴第以外的廣大世界裡，名聲沒有這麼響亮。坦白說，一九九三年的時候不少交易員都認為傑特是華爾街上最糟糕的分割債券交易員。他出名是最近的事情。他轉投皮巴第前，先在我服務過的兩家公司工作過，表現並不出色。在第一波士頓任職時，他是低階儲訓人員，在摩根士丹利時，他是出名的怪胎，因為有一次別人發現他躲在交易廳旁邊的櫥櫃裡。他一直到投效皮巴第後才開始發光發熱，迅速升為總經理和交易檯總管。其他的交易員與傑特都賺到大錢，但他們覺得傑特顯赫的成就令人費解。

投資大師巴菲特說過，如果你不知道在場誰是傻瓜，那你就是那個傻瓜。皮巴第發給傑特九百萬美元獎金後不久，赫然發現他的巨額獲利純屬子虛烏有。他不但沒替皮巴第賺到幾億，反而害公司虧了大約三億五千萬美元。皮巴第立刻凍結他的獎金，還把他開除。這讓最近才買下皮巴第，準備在投資銀行業中大展身手的奇異公司不太高興，卻也不知道該歸咎於傑特，還是該怪皮巴第的會計制度。

後來的消息更糟。隨後幾個月裡，皮巴第會揭露另外的數百萬美元虧損。造成虧損的人包括：一位誤記交換交易部位的高級職員；一位誤報債券銷售佣金的副總裁；兩位因為持有未避險交易部位而造成虧損的政府公債交易員；還有一位天兵交易員科里佛・柯普蘭（Clifford Kaplan）。皮巴第發現二十八歲的債券衍生性金融商品副總裁柯普蘭，不但使公司虧了一大筆錢，任職期間還同時在艾德蒙洛希爾（Edmond de Rothschild）銀行擔任受薪顧問。皮巴第開除了上述員工，但卻只有傑特一個人大出風頭，上了幾份雜誌的封面，還上了電視節目《六十分鐘》，幾個月後由於被告，還到曼哈頓的聯邦地方法院出庭。每次露面，他都否認自己做錯了任何事。

柯普蘭也出了一陣子風頭。他曾經在摩根士丹利服務，我聽說，他宣稱在歐洲有度假別墅，經常舉辦跟工作有關的豪華育樂活動。據說柯普蘭在皮巴第任職時，雖然出了舉世皆知的兩大問題，他卻仍然領到五十萬美元的獎金。第一個問題是柯普蘭跟別人聯手，在名叫「衍生強化資產連結證券」（Derivative-Enhanced asset-Linked-Securities）的一筆複雜義大利交易案中賠了一百七十萬美元；第二個問題是，在這筆交易行銷期間，皮巴第的員工發現，柯普蘭根本沒有必要的證券證照。根據《華爾街日報》報導，柯普蘭的上司交代他，先完成這筆交易，然後再去參加證照考試。

諷刺的是，皮巴第最後開除了柯普蘭，卻不是因為上述兩大問題，而是因為公司經營階層收到洛希爾銀行的信，要求皮巴第報銷柯普蘭信用卡消費中的款項，包括一件皮大衣，這才發現柯普蘭在外兼差。正是這件皮大衣讓柯普蘭出了一陣子風頭，經過一番騷動後，柯普蘭終於在一九九四年六月二日寫了一封信回應《華爾街日報》。信中否認他買過皮大衣，更不用說報銷過那件皮大衣。他還宣稱皮巴第自始至終，都知道他在洛希爾工作。

傑特遭到的指控就嚴重多了。他是如何賠掉三億五千萬美元的呢？皮巴第的會計制度存在漏洞，使交易員得以製造假獲利。方法是買進一筆分割債券，再以高得多的價格登錄賣出這筆分割債券。問題在於，分割債券的銷售價位跟源頭的原始債券面值有關。然而，因為分割債券只是原始債券的一部分，價值遠低於整個債券的價值。例如，假設一張債券價值一千美元，面值也是一千美元，你也許可以用二百美元，買到從這張債券分割出來的分割債券。分割債券的面值仍然是原始債券一千美元的面值，但是二百美元的價格卻遠低於其面值。還記得現值嗎？二百美元像是抓在手裡的小鳥。

基本上，皮巴第的會計制度容許你用某一個價格，購買一筆分割債券，然後立刻用高出很多的價格把這筆債券賣掉，從而創造一筆神奇的「利潤」。實際上，這筆分割債券的價值仍然只有二百美元，而不是一千美元，因此真正的獲利是零。我不知道傑特是不是這種會計小問題背後的主謀，也不知道是否有更高的經營階層清楚其中的假獲利。但是有兩個事實很清楚：第一，皮巴第的會計制度無法揭露分割債券交易的三億五千萬美元損失；第二，傑特遭到開除前，一直擔任皮巴第分割債券交易的總管。看來三億五千萬美元的損失中，有一部分轉移到第一波士頓去了，因為這些錢至少占第一波士頓五千萬美元分割債券交易獲利的一部分。

雖然皮巴第的問題曝了光，其他銀行很多分割債券交易員竄改帳目、浮報獲利的行徑卻仍不為人所知。然而，和皮巴第相比，別人的作法只是小巫見大巫。其他銀行最好的分割債券交易員，只能偶爾為一筆分割債券交易登錄比實際售價高的售價，使某一天的獲利超過實際。雖然這種「抬高獲利」的作法很常見，而且幾乎難以察覺，卻通常只能用一天而已。但即使只用一天，也是違法行為，只是沒有人在乎而已。事實上，這種作弊之所以不大流行，是因為大部分會計制度會立刻抓出這種虧損。第一波士頓的交易員絕不可能隱瞞高達三億五千萬美元的虧損，至少就我所知，不可能如此。

樂極生悲的分割債券之旅

我的名字就要躋身千載揚名的分割債券傳奇之列了。我知道雷曼有件案子相當成功，然而我覺得這個案子之所以會成功，主要得歸功於名字取得高明，它叫「大大」證券（BIGS），是「布雷迪收益政府證券」（Brady Income Government Securities）的簡稱，每個人都喜歡「大大」的東西，也因此雷曼的銷售總額超過一億美元。

我建議把「大大」布雷迪收益政府證券的概念，用在我們公司銷售失敗的國家電力公司案子上。國家電力公司債券就像布雷迪債券，擁有AAA級的本金償還保證，如果我們把國家電力公司債券放進一種信託裡，加上若干分割債券，我們或許也可以說服標準普爾，把新的信託單位註記為AAA級。至少這值得一試。

業務員起初嘲笑我說這是騙局。我百口莫辯，畢竟我們大多數衍生性金融商品的案子都是騙局。不管是不是騙局，我們部門的業務員明白這個構想可能真的行得通，都覺得興奮。如果我們能夠用這種怪異的評等招數，說服標準普爾把最高評等賦予這種高風險的菲律賓投資標的，我們就可以賣掉國家電力公司的債券。

要搶這個交易構想的功勞並不容易。然而，即使我受之有愧，即使更資深的員工爭相搶功，我還是想出了一種可以居功的好點子。每一件重新包裝資產工具中，包括我們要用在國家電力公司案子上的免洗信託公司，都必須有一個名字。我們用在披索連結美元保證票券上的百慕達公司，名叫「披索連結美元保證票券資本公司」；用在巴西指數化美元證券的公司，名叫「指數化國庫票券資本公司」（NTN Capital Company）。為了永遠留名在國家電力公司這件交易中，或者至少留名十五年，到這種債券到期為止，我說服上司用我的名字為這個信託命名。表面上，這筆交易叫做「菲律賓第一信託」（First Philippines Trust），但是，衍產部裡每一個人都知道，FP其實代表我的名字法蘭克·帕特諾伊

（Frank Partnoy）。

既然國家電力公司的案子用我的名字命名，我就必須確保這筆交易圓滿成功。我受命「主導」FP信託，要協助教育銷售人員，讓他們知道這筆交易的相關資訊，並注意有興趣買進的客戶，還要參加很多次銷售說明會。這筆交易很簡單，國家電力公司債券支付九．七五％的年息，我們直接加上另外〇．五％的美國國庫分割債券利息（垃圾蛋糕上的糖霜），使利息提高到一〇．二五％，就是這樣而已。本金的償還由世界銀行保證，這種債券——如果你閱讀上面的細小文字，至少是這種債券的一部分——獲得標準普爾AAA級的評等。我們向摩根士丹利將近一百位客戶推銷這種債券。

我參加了最初的銷售說明會，發現銷路不佳，大感失望。客戶一開始表示興趣，到了最後一分鐘卻反悔不買，或是表示對其他交易感興趣。我對一位銷售老手解釋這筆交易後，他安排我們去一家華爾街上的大型保險公司拜訪他們的總裁。我們出門前，我請他評估我們的成功機率，他在椅子上往後一靠，微微一笑，要我放輕鬆，然後用濃得幾乎化不開的波士頓腔鐵口直斷：「我告訴你一件事，法蘭克，我要說的是我們這一行最基本的原則，」為了獲得戲劇性效果，他停頓了一下才說，「如果一種債券不能用兩張曲棍球票和一瓶美酒推銷出去，這種債券就是賣不掉的東西。」

這可能是我在摩根士丹利所聽過最好的忠告。這位業務員從研究部門拉了一位美女出來充當門面，然後我們匆匆走出門，走過幾個街口，來到第八街這家公司的總部，在他們的一間大會議室跟他們的總裁和助理見面。

業務員解說了這個案子，總裁表示有興趣，卻說他還沒有買過菲律賓的債券，他一方面承受「國際化」的壓力，另一方面又面臨著購買非美國債券的法規限制。這筆交易似乎讓他覺得不安，經過一番討論後，他覺得菲律賓太遠了，他喜歡買離美國近一點的東西。我們既沒有帶美酒，也沒有帶曲棍球票，就算有帶，也幫不上忙。

這位業務員很失望，我知道他不見得關心菲律賓第一信託的銷售，只是希望賺取豐厚的交易佣金。我也知道許多離美國更近的案子，可以推荐給這位仁兄，雖然其他案子沒有掛我的名字，卻還是可以創造大筆佣金。許多年前，我曾經在麥當勞打工，受過嚴格的「暗示推銷」技巧訓練。如果顧客點了起司堡和炸薯條，我知道自己應該問：「你要配上一個蘋果派嗎？」這一套在摩根士丹利也適用，如果顧客點了一種簡單的國庫公債，你應該問：「你要配上一種槓桿化的衍生性金融商品嗎？」投資人經常會說好，或至少禮貌性地追問一下。

既然這家保險公司不想要菲律賓的東西，我們應該提供他們另一種口味。我問這位總裁對拉丁美洲有沒有興趣，他說他可能考慮投資阿根廷。幸虧我帶了阿根廷某個案子的行銷資料，就塞給他一份。他說這筆交易看起來有點意思，他會再給我們回音。我們說再見時，業務員對我眨眨眼。

不幸的是，我們仍然須要找到人買這種債券。但是展望很黯淡，好幾位客戶表示他們拒絕玩信評機構的遊戲。有一位業務員難過地描述他向一位客戶推銷的過程：這位業務員在會議室裡，先在黑板上寫下「最高機密」，然後說明衍產部的火箭科學家已說服標準普爾，把這筆交易評定為AAA級，最後他說：「快吧，你知道你對這筆交易興致勃勃。」這套帶有性暗示的曖昧話術，只換得客戶粗魯且直接地說他對這筆交易毫無興趣，而且他還有四種回答給這位業務員滾蛋時選擇：

一、這個主意是自尊自大的混蛋驢頭稻草人想出來的嗎？
二、媽的，想都別想，你們在這個案子上賺太多錢了。
三、滾你媽個蛋，我才不上你的當。
四、我要去保險監理機關舉報你。

雖然有超過六十位客戶表示有一點興趣或提供了意見，最終業務員卻只讓三位客戶買單。幸好，其中一位是美國教師退休基金會（TIAA）。TIAA是個備受尊敬的基金會，管理公立學校老師的退休基金，他們非常喜歡菲律賓第一信託，以至於同意購買一半以上的份額。為什麼一群公立學校的老師希望把自己的退休金給付，寄託在菲律賓國家電力公司的表現上，這我就不懂了。但是，一旦有了TIAA當領頭羊，另兩位投資人就欣然同意買下其餘的債券。

任何交易中，最讓人不安的日子是「訂價日」（Pricing Date），就連買進分割債券，再放進信託中的簡單交易也是這樣。摩根士丹利在這一天裡，要購買分割債券，再把菲律賓第一信託的精確成本回報給投資人，這一切都要在幾秒內靠著電話通知。可想而知，訂價日那天，我們需要準備很多線電話。

凡是在華爾街工作的人，都會有他最愛的電話慘劇故事，尤其是跟交易訂價有關的慘劇。我最愛的故事是，一位交易員叫年輕的儲訓人員在他上洗手間時注意他的電話，當這位交易員離開時電話響了，儲訓人員拿起話機答話，電話裡問道：「噢，我們的一億美元債券成交了嗎？」儲訓人員慌了起來，愚蠢地咕噥了一聲「是。」打電話來的人回答說：「好，成交。」然後掛上電話。那種債券的價格當然立刻暴跌，交易員回來時，發現手裡多了已經嚴重虧損的一億美元債券。不用說也知道交易員不喜歡你沒有得到授權就替他們買進一億美元的債券，尤其當這種債券的價值暴跌時更是如此。這位儲訓人員當場遭到開除。

這次事件後，大多數投資銀行都規定，新進員工必須使用沒有話筒的「訓練用話機」，這種話機像自行車上的輔助輪一樣，目的在於防止儲訓人員在頭幾個月裡傷到自己，這種話機的確有效。

我早已從這種訓練階段畢業，我的所有電話都有話筒，不過到了訂價日，我偶爾還真希望電話沒有話筒。負責新交易訂價的人通常只有一位，如果是你負責，你要監看好幾台電腦螢幕，講好幾支電話，同時，好幾位經理會站在你後面一、兩公尺瞪著你看。每隔幾分鐘，就會有一位經理叫出某一個數字的變化，或是問我們預估會賺多少錢，壓力十分龐大。年輕員工在完成第一次衍生性金融商品交易訂價後，淚水直流或崩潰的人不在少數。

我負責菲律賓第一信託的訂價，幸好一切順利。我們買進這種分割債券，再跟我們已經擁有的國家電力公司債券搭配在一起，轉賣給那家信託，收取我們應該收取的佣金。衍產部只對僅僅三位買家，賣出了總價四千八百四十萬美元的菲律賓第一信託，我欣喜若狂。

我負責計算確實的佣金金額，以一%的費率核算，金額就是四十八萬四千美元，我們的目標是賺到一百萬美元。我知道，對菲律賓第一信託這種規模和風險的交易來說，超過二%的佣金比率就算非常高了。為了確定總金額，我仔細地計算，果然沒錯，我完成了自己的第一筆百萬美元交易，佣金總額接近一百二十萬美元。

菲律賓第一信託案順利完成，唯一比衍產部經理還高興的人是垃圾債券交易員，他們持有幾千萬美元的國家電力公司債券，十分擔心必須賠錢賣掉，結果他們透過衍產部賣掉這筆債券，還可以賺上一筆。摩根士丹利的投資銀行家也很興奮，因為他們不但維護了自己跟世界銀行和菲律賓的關係，還賺到承銷國家電力公司債券的幾十萬美元佣金。每一個人都很高興，我們轉危為安，賺了一百多萬美元，誰還管幾年後那些公立學校老師的「電燈」會不會熄滅呢？

隔了很久我才得知一個壞消息，標準普爾來電通知說，他們要修訂摩根士丹利好幾件衍生性金融商品案子的評等，菲律賓第一信託也包括在內。這些案子還是會保留AAA級評等，但是標準普爾會在AAA級的下方，加上一個小小的R字標記（R代表限制性），現在菲律賓第一信託會改註記為「AAA_R」級。這個消息真的很糟糕，我認為我們應該要預見這種變化。一年多以前，標準普爾宣布過，要針對混合證券，也就是結合衍生性金融商品和傳統債務證券的評等，進行檢討。當時標準普爾的一位董事建議過，要在某些評等加上一種標記，顯示標準普爾只評估發行人的償債「能力」，而不是評估發行人實際全額償還的「可能性」。寶鹼公司的龐大虧損公布後，衍生性金融商品已變成眾所矚目的問題，而標準普爾正在打壓衍生性金融商品。

我震驚之至。我的驕傲和歡樂，以及我未來創造的衍生性金融商品，永遠都會加上限制級的R字標記，我們完成交易的壓克力紀念牌也須要修改，補上限制級的小標記R，限制級已成了衍生性金融商品的紅字禁忌。更糟糕的是，我必須把這件事告訴每一個人，有一位愚蠢的業務員問道：「如果這是長期評等，他們怎麼能夠說改就改呢？」垃圾債券交易總監氣急敗壞，他的反應包括「他們真是狗娘養的」，以及「他們應該叫男人來處理這件事」。我告訴他，在這個案子裡，跟我打交道的每一個標準普爾員工都是女性，實際為這個案子評等的人也是女性，他大吃一驚，說道：「不管怎麼樣，他們真的都是狗娘養的。」

我想沈恩應該會生氣，但是第二天早上，他衝進來參加衍產部晨會時，只是大叫我們的日報表太長了。會議結束後，他向我走來，喃喃地說：「這個部門的人手臂都中了病毒了，我們必須進化。」搞得我完全不知道該怎麼回答，只是點點頭就走開了。幾星期後，另外幾位投資人投資衍生性金融商品虧損的消息宣布後，沈恩站在交易廳中間大叫：「要是再刊出一篇跟衍生性金融商品有關的報導，我就去死！」看來我的上司也受到最近的衍生性金融商品慘劇影響，變得有點精神失常了。連平常正常的沙蘭特，行為都變得怪異起來，他莫名擔心起前總統尼克森的去世「真的會搞砸我們的業務」。

女王是衍產部經理人當中，唯一能夠牢牢掌握現實的人。我告訴她這個消息時，她把拳頭握得緊緊的，伸到我脖子旁，要我清楚說明為什麼標準普爾會把我們的菲律賓第一信託評等加上限制字樣。我們在這些一系列談判中，最後為什麼會失利？說真的，我不知道——不過我認為，原因之一是標準普爾的作法很正確：這些債券的確不是AAA級的貨色。好幾位業務員在聽我們說話，想知道我是不是有答案。我不想說謊，卻也不打算說出無力的藉口，況且我也沒有什麼絕妙回答，因此我相當誠實地說：「我不知道。」

女王一聽暴跳如雷，當時我不知道交易廳的基本原則是：你萬萬不能說「我不知道」。我話才一出口，女王就開始在我面前厲聲尖叫。「我不知道」在此是絕對不能接受的答案，一群人圍過來看我的好戲。

我說，我不知道不可以說「我不知道」。這再度突顯我的無知，你在交易廳裡可以說任何髒話、說任何噁心或惡毒的話，但是「我不知道」就是讓人反感、厭惡，就算輕聲細語地說，都可能被人把頭砍下來。

女王叫了另一位經理來，告訴他我剛剛說了什麼話。他失望地搖搖頭，我猜他們打算用香皂把我的嘴巴洗乾淨。事後回想，我打算替自己辯護的作法相當可悲。

「如果我真的不知道，我該怎麼說？我說『我不知道』，是因為我真的不知道。」

「我才不管你知不知道。」

「但是如果我不知道答案，我該怎麼說？」

「編點故事，你說什麼不重要，只是永遠、永遠不要再說『我不知道。』」

「但我就是不知道啊。」

「該死！永遠不准再說那幾個字！」

我學到的痛苦教訓是：衍生性金融商品是一種你絕對不能犯錯的遊戲，連一次都不行。雖然衍產部在菲律賓第一信託上賺了一百多萬美元，女王卻會忘掉這個案子的所有好處，只記得我對一個問題回答「我不知道」，還有這個案子的評等是限制級。我本來很高興這筆交易用我的名字命名，現在卻希望把案子的名稱，從我的透明壓克力交易紀念牌上刮掉。這個名稱印在行銷文件和公開說明書上，在公司和幾十位客戶手中流傳，我跟我們的第一筆限制級案子的關係永遠難解難分了。我掉進深不見底的坑裡了！

最重要的是佣金！

我急於自救，當時我一定是一時糊塗了，竟然回頭去跟稻草人求助。我要怎麼辦才能翻身呢？

稻草人建議我，設法模仿雷曼利用布雷迪債券操作「大大」證券的構想，如果他們能夠完成「大大」布雷迪收益政府證券的案子，我們應該也可以。我從來沒有嘗試完全抄襲別家投資銀行的案子，這樣應該是惡兆。我們極度欠缺有創意的點子，以至於淪落到須要剽竊雷曼公司老案子的創意。總之，我們抄襲失敗，還浪費掉整整一個月。

我們依樣畫葫蘆，試圖模仿布雷迪收益政府證券的作法：首先找到布雷迪債券，再加上額外的利息給付作為糖霜，然後改名，稻草人決定的新名字是「信用強化存續票券」（Credit Enhanced Duration Notes）。這個名字真的很難聽，CEDN的簡稱一點也不響亮。但是從另一方面來說，這是稻草人建議名字中最好的一個，其他建議包括「布雷迪重新包裝AAA級證券信託」（Brady Repackaged AAA Securities Trust，縮寫BREAST意思是乳房）、「布雷迪重新包裝資產證券」（Brady Repackaged Asset Securities，縮寫BRAS意思是胸罩）和「拉丁美洲證券衍生性金融商品」（Latin American Securities Derivatives，縮寫LSD的意思是迷幻藥）。稻草人開玩笑說，客戶購買BREASTS和BRAS時，應該會「硬起來」，他的話可能有點道理，但CEDN可絕不會撩起人一絲性慾。

好幾位客戶當場拒絕了這個案子，說他們不會為評等混淆視聽的東西支付一%的佣金。保險公司的憂慮相當中肯，他們擔心美國保險監理官協會雖然把雷曼的案子評為最高評等的NAIC 1級，卻可能在了解這種債券並非真正的AAA級時調低評等。人人都為限制級的評等擔心不已。

女王聽到這種反應後氣炸了，不過她發怒的原因卻出乎意料，她不是氣客戶在意評等而不買，而是氣我們暗示自己願意為了區區一%的佣金推動這案子，她吼著說：「你們為什麼告訴客戶佣金只有一%，告訴他們要二%！」

我因為一直找不到美國客戶，就把眼光轉移到海外，我聽說東京有人對AAA級的東西有興趣，問題是怎麼把美元票面的布雷迪債券，變成日圓票面的衍生性金融商品。市場上已經有日圓票面的布雷迪債券，但規模不足以讓推案有利可圖。如果改用美元債券，把美元換成日圓，要價不菲。因為布雷迪債券平均到期日為二十五到三十年，因此我們無法利用到期日頂多二十年的日本政府公債，為這種交換交易避險。我估計如果這樣做，把清償從美元換成日圓，交換交易的成本至少會另外增加十個基點，等於幾乎會吃掉所有利潤。這種交易可行卻很複雜，我還至少必須去一趟東京，我想我還沒準備好。

評等機構的遊戲規則

同時，我們倫敦分公司衍產部的同事，正忙於複製一筆他們自己的交易，好多家倫敦銀行已經根據類似的評等花招，完成義大利衍生性金融商品交易，獲利頗豐。報導指出，摩根信託銀行和高盛都完成了這種交易，據我們所知，這些交易都是普通的重新包裝資產工具，是以義大利政府公債為基礎。這種案子要分三階段進行，首先，把里拉計價的義大利債券放進一家特殊公司；然後，這家公司跟一家銀行訂定支付里拉、收受美元的換匯交易合約；最後，這家公司發行美元票面的債券。這三階段過程有一個很重要的結果：債券的評等會變成AAA級。這一來脈絡就很清楚了，評等公司似乎是大多數衍生性金融商品合約獲利與否的關鍵。

這種交易能夠在義大利有效進行，原因和披索連結美元保證票券在墨西哥能夠有效推動一樣，以里拉計價的義大利債券評等為AAA級，以美元計價的義大利債券卻不是AAA級，把里拉債券放進特殊公司，再跟AAA級的銀行簽訂換匯合約，就可以像披索連結美元保證票券一樣變魔術，變出美元票面的AAA級義大利債券。

我知道各類別的債券獲得AAA級評等的過程有很多變數。包括花旗集團、摩根銀行在內，有好幾家銀行最近都設立了所謂的套利工具利用這種變數。阿爾發金融（Alpha Finance）、貝他金融（Beta Finance）、亞果（ARGO）和戈帝安之類的公司，早就利用一種簡單的策略大賺其錢。他們買進最便宜的AAA級債券，再發行比較昂貴的AAA級債券對客戶銷售，然後用銷售所得的錢，支付買進最便宜AAA級債券的價款。這種策略好比提款機，也是大家努力維護的祕密。你可以說服標準普爾，把你自己的債券評定為AAA級，因為你可以證明你只購買AAA級的債券。但怪異之處在於，你買進的債券價值低於你自己再發行的債務，一點點財務魔術，加上古怪的AAA級評等，就可以創造出永不停歇的印鈔機。

如果摩根士丹利複製這種義大利式交易，在取得必要文件後，會碰到兩個問題。首先是取個適當的公司名稱，這個問題很常見，倫敦衍產部業務員所設立的很多特殊公司，都是在盧森堡或荷蘭之類的國家註冊，這些國家規定你必須在公司登記前，提出一張公司名稱表等待核准。名稱表提出後，你通常在五個營業日內會收到哪個名稱可以用的通知——如果有的話。倫敦的業務員在某一個案子裡，提出大約三十個名稱，結果全軍覆沒，最後一刻補提的名稱表中，業務員半開玩笑似地把「高佛」（Gopher）的名字列進去，高佛是電視影集《愛之船》中的一個角色。最後可能是運氣作弄人，他們所提的名字中，只有高佛獲准使用。一位日本買家問這個名字是什麼意思，發現高佛是一種老鼠時嚇壞了，因為日本人把鼠類當成惡兆，結果這位迷信的買主最後決定不買這批債券。業務員在推動義大利的銷售案時，運氣比較好，只選了十幾個名字，就獲准使用「老鷹碼頭」（Eagle Pier）的名稱，這個名字是倫敦一位資深經理提的，是加勒比海一個度假區的名字，似乎較不會讓人反感。

第二個問題出在標準普爾。顯然沒有人出錢為義大利里拉政府公債評等過，雖然義大利是歐洲國家中經濟比較弱的國家，義大利里拉卻仍然可能擁有AAA級的評等。對大多數國家來說，如果他們的外幣債券像義大利一樣，擁有AA級以上的評等，那麼，他們的本國貨幣債券應該有資格獲得AAA級的評等。這時，訂價貨幣很重要，因為義大利比較容易印製里拉，來清償里拉債務，比較難以創造強勢貨幣，來償還美元債務。標準普爾接受的邏輯是：如果某種貨幣的債券得到AAA級評等，銀行把這種債券換為另一種貨幣，也會得到AAA級的評等，這一來，新的債券就可以獲得AAA級的待遇。這種邏輯使義大利的案子可行，唯一的麻煩是除非有人出錢請標準普爾評等，否則他們不會說義大利里拉債券屬於AAA級。

為了「老鷹碼頭」，我們的倫敦同事需要有人去找美國的標準普爾溝通。因此，就由我打電話給標準普爾的一位分析師，討論義大利的評等。他非常謹慎，說他「不能證實、也不能否認義大利里拉屬於AAA級」。他說他無權公開他對該國貨幣評等的看法，因為沒有人出錢替義大利進行評等。如果摩根士丹利推動的案子涉及義大利政府公債，除非我們出評等的錢，否則這種公債不會得到AAA級的評等。與出錢為整個國家的債務評等相比，為一筆金額不大的案子進行評等費用少多了。我們肯定不會出錢請他們為整個義大利評等。

幸好標準普爾願意妥協，我們為這個案子打廣告時，不必宣揚這個案子用的是義大利債券，可以說這個案子使用的是歐洲七個國家中的一個，而且其中六國已經得到AAA級評等。每個人當然都知道我們用的債券是義大利的，但是從七國中選擇一國的不確定性，已經足以讓標準普爾滿意。他們可以把我們債券評為AAA級，卻不要求我們支付為整個義大利評等的費用。因為他們相信，沒有人可以拿老鷹碼頭為例證，證明標準普爾把義大利評定為AAA級。要是有人想質疑，標準普爾可以說，這個案子所用的債券，其實是另外六國中的某一國所發行，這些國家都付過費用，得到了AAA級的評等。老鷹碼頭的案子像是左輪槍，槍膛裡只有一顆子彈，只要老鷹碼頭維持這種俄羅斯輪盤式的結構，支付所需的費用，標準普爾就會評為AAA級，他們甚至知道，摩根士丹利啟動這個案子時，只會發射其中的義大利子彈。

瘋狂交易內幕何時爆？

我不敢相信某些重新包裝資產工具已經變得如此複雜。這種瘋狂的交易有人知情嗎？如果《華爾街日報》發現其中的真相，會怎樣呢？我認為《華爾街日報》還沒發現，否則我們應該看到他們的報導了。我希望了解《華爾街日報》對我們這一行到底有什麼想法。《華爾街日報》即將主辦一場大型的衍生性金融商品研討會，我有幸收到了邀請函。

很多評論家用最嚴厲的語調，批評最近的衍生性金融商品慘劇，他們會參加，主要投資銀行也會參加。主持人是《華爾街日報》金融市場的主編道格拉斯・席斯（Douglas Sease），《華爾街日報》的其他專欄作家包括芭芭拉・葛蘭尼託（Barbara D. Granito）、蘿拉・傑瑞斯基（Laura Jereski）、史帝夫・李品恩（Steve Lipin）和傑福瑞・泰勒

（Jeffrey Taylor），這些人都是資深記者，每天撰寫各種金融問題的報導，包括金融監理、銀行、避險基金、高科技金融和衍生性金融商品。他們是世界上消息最靈通的財經記者。還有幾位華爾街的專家會參加研討會，例如大通銀行衍生性金融商品行銷總管福瑞德・查庇（Fred Chapey）、紐約商品期貨交易所（NYMEX）總裁派翠克・湯普森（Patrick Thompson），和資本市場風險顧問公司的合夥人李斯利・勞爾（Leslie Rahl），他為多位衍生性金融商品慘劇的受害者和元凶都提供過諮詢服務。我心想一定會有人提到我們銷售過的各種衍生性金融商品。記者會問什麼問題？若銀行家答「我不知道」，會被接受嗎？

然而，我失望了，問題和答案都平淡無味，甚至沒人提起與我們最近交易相關的衍生性金融商品。記者顯然不知道它們的存在，而如果與會的銀行家知道，他們當然守口如瓶。有一段時間，討論主題一度轉到最近的衍生性金融商品交易是否適合一般投資人。會場上流傳的幾個故事中，投資人同意接受「奇異式交換」（exotic swaps）交易，其給付涉及利率指數，例如，倫敦銀行同業拆款利率的三次方——把利率自乘三次。這種交易顯然是純粹的投機，投資人並沒有倫敦銀行同業拆款利率三次方的債務，也沒有用倫敦銀行同業拆款利率三次方的換利交易避險的需求。然而業界代表寧死也不願承認這種交易對某些買家來說，確實是不當投機行為。有人問：「倫敦銀行同業拆款利率三次方換利交易可能是怎樣的避險對沖？」大通銀行的查庇半開玩笑地回答：「就是倫敦銀行同業拆款利率三次方的避險。」他的回答引來一陣神經兮兮的笑聲。研討會上一位法學教授作結論時說，唯一完美的避險（hedge英文亦有籬笆之意）只存在於日本花園裡。

在我看來，這個研討會上水準甚低的辯論，顯示外人永遠不可能發現我們這一行的真相。究竟要等到出什麼樣的重大亂子，才會引起人們的注意呢？

第七章

阿根廷，別為我哭泣

我們的案子似乎抬高了阿根廷的借貸成本。在我們看來，阿根廷是活該如此。阿根廷冷落了我們以前的方案，現在這情勢是我們甜蜜的復仇。

阿根廷的醜陋債券

已故阿根廷總統裴隆（Juan Domingo Peron）的夫人艾薇塔（Evita），她在一九五二年，以三十三歲的年華香消玉殞四十年後，阿根廷發行了有史以來最醜陋的債券。如果號稱深具文化品味的裴隆夫人還活著，即使只看這種債券一眼，一定會氣急攻心，因此辭世。

這筆債券規模龐大，金額高達五十五億美元，名叫社會保障債務綜合公債，通稱綜合公債（BOCONs），由阿根廷中央銀行於一九九二年九月一日發行。債券配合法律規定，整合國家積欠各省政府、供應商、退撫人員和訴訟當事人的雜項債務，分期發行。其中的「第四期綜合公債」（BOCON Pre4s），是有史以來最醜陋的債券。

第四期綜合公債會這麼醜陋，原因有好幾個。第一，這種公債從期初到發行後六年以內都不付息，不付息對阿根廷中央銀行當然很好，卻對每月沒有收入、可能活不下去的退撫人員不好。願意持有這種零息債券的投資人很少，除非債券是由信用可靠的機構發行，阿根廷的信用卻不好。第二，這種債券的本金金額每個月會提高，根據好幾種複雜的月息平均值調整，因此你根本無從得知自己持有的債券真正價值是多少。一開始，你可能持有價值一〇〇美元的第四期綜合公債，第二個月卻可能持有一〇〇・四三美元，第三個月可能持有一〇〇．七九美元……光是注意自己持有的債券價值就是噩夢一場。第三，你最後開始收取利息時，原本持續提高六年的本金金額卻開始減少，你的本金分四十八期償還時，根據現有本金金額計算的利息，也以同樣無法預測的方式開始減少。你至少在頭六年裡，知道自己沒有利息可收，但六年後，你卻不知道未來四十八期的給付會有多少錢，只知道不管本金是多少，每個月會收到本金的二．〇八％，第四十八個月會收到二．二四％，加上根據複雜公式和本金餘額計算的浮動月息。怎麼會這麼複雜？艾薇塔看了一定不高興。

如果你持有第四期綜合公債，卻幾乎無法判定這些債券值多少錢——投資人厭惡這種債券。彷彿這還不夠麻煩，投資人還得擔心六年後阿根廷政府可能不付債息。這種可能性是真實存在的，投資人大都認為這種債券的違約風險非常高，因此評等很低。此外，這種債券還有一點不討喜，就是縱使能夠還本付息，給付的金額還要課稅，稅額卻不確定，而且央行隨時可以贖回，卻不必提供任何補償。第四期綜合公債的唯一好處是以美元計價，這點卻不太重要，因為阿根廷披索最近已經以一比一的匯率釘住美元。

當上司命令我研究阿根廷的衍生性金融商品時，第四期綜合公債不是我的首選，這種債券太複雜了。不過，隨著這一年即將結束，我們須要找一支「全壘打」確保我們的獎金。我們還在尋找我們的「年度最佳交易」，我們試過墨西哥、巴西和菲律賓，現在該試試阿根廷了。

因為披索連結美元保證票券的模式屢試不爽，我們決定根據這個模式做起，把墨西哥債券換成阿根廷債券，試著把一種遠勝第四期綜合公債的阿根廷浮動利率債券，放進重新包裝資產工具中，再把重新包裝資產工具的一部分，賣給美國買主。然而，我們卻無法為我們要銷售的票券，取得有利的信用評等，因而無法賣給美國很多大買家。私人客服部的業務員積極進取，設法向富有的個人買主推銷，卻也失敗了。

其次，我們試著利用阿根廷布雷迪債券，這種債券也比第四期綜合公債好多了，我們把各種風險從這種債券分離開來，形成衍生性金融商品。我們把這種債券分為三部分：短期利息給付、長期利息給付和本金償還，銷售給不同的投資人，其中也包括阿根廷政府，協助他們的重整債務策略，但是投資人對這個案子不理不睬。而且即使我們設法安排了跟阿根廷官員會面，結果卻很糟糕——高級官員根本懶得出席，低階官員遲到好幾小時，卻立刻拒絕我們的提議。我們氣極了。豈有此理？阿根廷政府居然冷落摩根士丹利！

我們的第三項嘗試比較激進，是要依據美國十年前的方式重整阿根廷的整個房貸體系。阿根廷房貸銀行（Banco Hipotecario）似乎最迫切需要重整，因為房貸銀行大約需要集資四億美元，融通初期房貸所需的資金，房貸銀行最後會像美國業者一樣，把這些房貸匯集在一起。房貸銀行的很多房貸都已經變成呆帳，出於政治施惠因素貸放的低利房貸更是如此，阿根廷新任經濟部長多明哥・卡瓦洛（Domingo Cavallo）也已經命令房貸銀行自行清理門戶。我們聘請一家阿根廷銀行幫忙我們提出申請，此外也花了幾星期擬定計畫，但是阿根廷政府否絕了我們的方案。一位官員的答覆是：「廚師太多，牛肉不夠。」

三次失利還不足以使我們打退堂鼓，我們繼續尋找阿根廷的衍生性金融商品案子。我們聽一位客戶說，高盛最近完成了一筆巨額的阿根廷衍生性金融商品交易，衍產部的一位業務員迅速找到高盛交易的公開說明書。看來高盛似乎採用了一些綜合公債，利用衍生性金融商品將其簡化，再把新混合體賣給美國投資人。他們把購買綜合公債變得輕而易舉，所以美國投資人買了一億美元以上的債券。我們估計，高盛在這個案子上賺了好幾百萬美元。

愈醜陋的東西愈有商機

我們開始厚顏無恥地抄襲高盛的案子。他們的構想很簡單，卻有一些結構問題，我們需要略加修改。高盛用的第二期綜合公債類似第四期綜合公債，卻略微更具吸引力。對我們來說，愈醜陋的東西愈有商機，第四期綜合公債是最醜陋的阿根廷公債，因此也是最便宜的公債。對投資人來說，經過簡化的第四期綜合公債，魅力勝過簡化的第二期綜合公債，所以我們選擇前者。

基本上，我們分三個簡單的階段，建構我們的第四期綜合公債。首先，我們把第四期綜合公債，放進一個信託工具裡，這次是放在開曼群島的一個信託裡。第四期綜合公債的任何給付，都會付給這個信託，直到二〇〇二年九月債券到期為止。第二，我們為這個信託和摩根士丹利簽訂協議，讓大摩接受第四期綜合公債的所有給付，而且大摩會付給這個信託一四・七五%的平均一年利率。由於第四期綜合公債到目前為止還沒有付息過，所以相當於大摩借給這個信託一四・七五%的資金——至少最初是這樣的。大摩把錢借給開曼群島這家信託，當然會有風險，因為大摩必須借錢來付錢，如果第四期綜合公債違約，大摩可能得不到清償。最後，這個信託會以和大摩簽訂的協議為保證，發行信託單位，對這個信託付息。

這種信託單位很簡單，支付的利息高達一四・七五%，還有摩根士丹利的部分擔保。對潛在投資人來說，這種信託單位和第四期綜合公債相比，是極為驚人的改進，不但立即付息，本金金額也不會浮動，而且預期的收入自始至終都很清楚。和第四期綜合公債相比，這種信託單位相當有吸引力。

雖然我們沒有想出某個動聽的名字，投資人卻愛極了這案子，因此我們賣得很輕鬆。我們最後選定的名字是「重新包裝阿根廷國內證券信託一期」（Repackaged Argentina

Domestic Securities Trust I, RADS），可以簡稱為「RADS」，但是我們通常把這個案子稱為第四期信託（Pre4 Trust），名字雖然毫無新意，投資人卻樂意購買。

第四期信託符合我們過去一年銷售的重新包裝資產工具模式。首先，我們在國外找到具有重大投資障礙或限制的債券：以巴西指數化美元證券的障礙是監理問題；披索連結美元保證票券和菲律賓第一信託的障礙是信用評等；第四期綜合公債的障礙是其合約醜陋不堪。然後，我們千方百計地讓國外的投資人規避障礙，購買債券。這套標準作業流程創造了不少佣金可觀的案子。

我們的交易通常有一個帶頭的買家，叫做領頭羊，很多重新包裝資產工具交易案中，領頭羊經常都是美國中西部不太精明的保險公司。第四期信託也不例外，領頭羊是美國中西部的一家保險公司。第四期信託的其他買主比較精明，其中包括標誌像核廢料的墨西哥塞爾芬銀行，這家銀行仍然飢渴難耐；幾個美國大型共同基金，以及私人客服部若干積極進取的客戶。然而，就連最精明的投資人，顯然也不了解這筆交易的機制。要把糟糕的還本付息換成簡單的給付方式，牽涉到的計算複雜到不可思議。我們創造了一個精密的電腦模型負責計算，我不相信有買主有能力製作類似的模型。假使他們能，他們可能就不會同意多支付給摩根士丹利好幾百萬美元，這超額的錢就是我們的佣金。

第四期信託和菲律賓第一信託不同，失敗的業務拜訪次數少得令人驚訝。但是，其中一次拜訪特別令人難忘。有一位年輕高大的資淺金髮業務員，要向一家保險公司的私募和信用部門總監推銷這個案子，請我陪同他。我同意了，部分是因為我想了解他對客戶的看法。

會晤進行順利。我解釋何謂第四期信託，而那位總監——一位非常漂亮的女性——似乎很有興趣。她問了幾個細節問題，我們也討論她的公司最近購買的一些交易。我們的金髮業務員在整個會晤中，幾乎沒有發言，始終緊盯著這位美女。她離開後，他把我拉到一旁，告訴我他慎重思考過了，還下了一個決心。

他繼續熱切說道：「我絕對、絕對不會誆她。」我聽了相當驚訝，看著他，等他哈哈大笑或起碼微笑一下，他卻一臉嚴肅。他在會議上既沒有考慮案子的細節，也沒思考客戶的提問，只是全心在想自己絕對不會欺騙這位女總監這麼高尚的事。附帶一提，最後她沒買第四期信託。

年度模範交易

有些投資人擔心大摩最後會以不公平的價格買回這些債券。很多買主不希望心驚膽跳地持有這種商品太多年，因為這種債券太不尋常了，除了摩根士丹利之外，他們可能找不到半個買主。他們擔心在這樣的困境中，大摩會扒了他們的皮。

他們的擔心很有道理，舊金山有一位基金經理人拒買的原因是：第四期信託很像大摩曾經賣給他的瑞典克朗和瑞士法郎本金匯率連結證券。那個證券幾乎在一夜之間，從一百美元跌到七十五美元。我們向他保證第四期信託完全不像本金匯率連結證券，卻不能保證第四期信託不會跌價。這個問題很嚴重，大摩必須承諾買回債券，卻不願意承諾以公平價格買回，連我們都無法預測金融市場，尤其是阿根廷的金融市場。

雖然有這些疑慮，債券還是順利銷售，十多位投資人對交易的條件很滿意，同意購買。最後，我們總共賣出了一億二千三百萬美元的第四期信託。

複雜衍生性金融商品交易常見的利潤率是一～二%。然而，第四期信託極為複雜，投資人壓根沒法知道他們的買進價格遠高於合理價值，因此第四期信託的利潤高達四百萬美元，遠超過一九九四年摩根士丹利賣出的任何衍生性金融商品案子。第四期信託是我們的年度模範交易，是直截了當的全壘打，也是我的第一隻「大象」，衍產部普天同慶。

但是，經理警告我不要高興得太早。雖然投資人已經下單，同意購買，我們卻還沒有收到他們的錢。第四期信託很複雜，商討文件條款、分發最終版公開說明書、完成交易的過程至少需要一星期的時間。這工作有個地方令我坐立難安，就是即使案子完銷，業務卻還沒有結束。在我們結案、收到錢之前，交易仍然隨時可能失敗。

那一週我的工作特別艱險，因為我似乎需要獨力完成這案子了。女王要到墨西哥跟銀行洽談其他生意，重新包裝資產工具小組的其他成員去度假，沙蘭特深信我可以完成任務。

我和阿根廷與美國的律師努力結案時，衍產部好幾位業務員試著告訴我，四百萬美元的佣金不算什麼。其中一位說，他在一筆槓桿交換交易中賺到過八百萬美元。還說他們在衍生性金融商品交易中收到過五％、甚至一〇％的佣金。連沈恩都來漏我的氣，告訴我四％的佣金「還可以，但也不算特別，我們收過高出這很多的，哪怕一〇％、二〇％都收過。」不管客戶多愚蠢，我都不相信衍產部在任何交易中收過二〇％的佣金。金融市場競爭激烈，佣金通常甚至遠低於一％，我對自己這筆交易很自豪，認為交易能收到百萬美元佣金是少有的事，而四百萬美元是我所見過最高的佣金了。我試著不理會他的評論。

結案進行順利，我必須注意阿根廷方面的結案事宜，包括跟阿根廷律師和阿根廷銀行磋商，阿根廷的銀行和企業似乎都用美國國歌〈星條旗永不落〉作為電話保留轉接音樂。我很高興能夠回頭辦理美國方面的結案事宜，聽點別的音樂。我們的法務顧問是作風積極的柯拉維史穆法律事務所（Cravath, Swaine & Moore），他們是衍產部喜歡合作的老牌法律事務所。

第四期信託有兩個潛在的災難。第一個是，我們是否應該叫做「衍生性金融商品」，根據我跟法律顧問談話的結果，我認定我們應該在第四期信託的公開說明書稍微增補，預先聲明我們銷售的信託是衍生性金融商品，具有投資衍生性金融商品相關的風險。我認為，如果大摩因為這個案子挨告，應該可以宣稱自己並未誤導投資人，曾表明這種信託單位是衍生性金融商品。

雖然當時這術語已經很普遍了，實際上這只是小事情，第四期信託是衍生性金融商品這點人盡皆知。不過我覺得，清楚說明這種信託是衍生性金融商品，應該會在未來的潛在訴訟中有利於公司。我們完成了若干細節的修改，加上「衍生性金融商品」字樣，再把公開說明書送去印製。

女王剛從墨西哥回來，我便交給她一本新印好的公開說明書，告訴她一切符合進度。好多箱公開說明書正在送往投資人手中，我留了一大箱，準備明天發給業務員。幾分鐘後，我聽到令人毛骨悚然的尖叫。女王看到「衍生性金融商品」字樣時大發雷霆，衝著我，運用她所能想到的髒話開始飆罵。

「去他媽的，這上面說這是衍生性金融商品！這不是衍生性金融商品！為什麼這上面說是衍生性金融商品？誰告訴你這些東西是衍生性金融商品的？」

我設法解釋，這些字將來在訴訟時，對我們可能有幫助，她不管什麼可能有幫助，也不管法律顧問說什麼。既然這個字眼已經染上如此負面的含意，她拒絕讓她的任何交易叫做衍生性金融商品，還下令我停止發送帶有這個髒字的任何公開說明書。我繼續爭辯著，女王追蹤到人在聖路易的沙蘭特，說服他令我刪掉這個邪惡的字眼。我又爭辯了幾分鐘——我們不是還叫做衍產部嗎？我們部門名稱不也還有「衍生金融產品」的字樣嗎？她能否認這麼複雜的交易是衍生金融產品嗎？面對女王，我怎麼爭論都是徒勞。

不行，她喝令道：「就是不准送出去，去把他媽的整箱都收起來。」這時有位業務員走過來討一本公開說明書，她厲聲大叫，「不行！」還把他手上的公開說明書撕掉。

我打給聯邦快遞，及時把公開說明書從他們的運輸機上撤下來。我也打電話到即將分發公開說明書的許多城市，找到我們公司的聯絡人，耳提面命告訴他們，如果聯邦快遞攔截失敗，他們必須把收到的公開說明書銷毀。我還需要打給法律事務所的律師，告訴他把「衍生性金融商品」這個骯髒字眼從公開說明書上刪除，然後重印。他必須在六十頁的文件上全面搜尋，確保任何地方都不出現這個字眼。

我氣極了，覺得自己才對，如果這筆交易不是衍生性金融商品，還有什麼是衍生性金融商品？我問女王，要不要留下舊的公開說明書當紀念。我不該去招惹她的，她大叫說：「我他媽的才不管你怎麼辦！要燒、要糊在你公寓牆壁——幹什麼都可以！把它拿走！別讓我再看到它！」

修正後的公開說明書分發出去，等待簽署的結案文件也準備好了，我們需要做的就是等最後的結案日。到了九月三十日星期五，一切都已就緒，案子將一如計畫在下星期一結案。那天晚上，每個人都下班過週末去了，我留下來加班，確保自己沒有漏掉什麼事情。我一個人留在空蕩蕩的交易廳裡，沒有交易員發火和業務員發瘋的喧鬧，交易廳裡安靜得讓人心慌。這時，電話響了，我即將面對第四期信託的第二個潛在的災難。

來電的是中西部的一家小保險公司，他們也是這個案子的領頭羊。他們的買單是招來其他訂單的重要因素，他們是整個交易的關鍵。這麼晚來電，我納悶他們有何意圖。

「法蘭克嗎？」

「是的。」

「我們決定不買第四期信託了。」

「什麼？」我呆住了。

「我們認為這個案子不適合我們，我希望這樣不會造成你的麻煩。」

「麻煩？你到底在說什麼？」我努力壓抑自己的驚慌。這下糟糕了，我努力推動第四期信託交易一個多月，現在領頭羊卻威脅要取消訂單，要是他們退出，結果會以慘劇收場。衍產部會失去今年最大一筆佣金，我可能丟掉工作。我看著成排空蕩蕩的座位，現在最重要的是說服投資人留下來。

我盡可能鎮定地回答：「你不能這樣做。我們星期一就要按照計畫，完成第四期信託的案子，我們靠你們帶動這個案子，也跟你們商量好幾個星期了，你們現在不能改變主意。」我又頓了一下，才說：「何況這裡甚至沒有半個人，看在上旁的份上，現在是星期五晚上七點多了啊。」

「噢，我這裡有一位律師在場，她說公開說明書裡有一些變動，而我們對這筆交易也有顧慮，因此我們不買了。」

公開說明書裡有一些變動？我的心糾結起來，怎麼可能有這種事？整個信任正在土崩瓦解。如果他們退出，所有其他買家都會質疑這個案子，案子就不可能完成了。我們今年最大筆的佣金就飛了，我工作的存亡就維繫於這四百萬美元，現在它危在旦夕。

我對那位律師解釋說，公開說明書沒有任何實質上的變動。可他們毫不動搖。我說貴公司有義務履約，他們就是不同意。最後我告訴他們別從電話旁走開，讓我找一位上司解釋現在退出交易是嚴重的違約行為。我警告他們，「無論如何，不要離開。」為了確保萬無一失，我先留了他們家裡的電話號碼才掛斷電話。

我環視四周，交易廳裡空無一人，現在已經晚上七點半了。我設法打電話到幾位總經理家裡，卻沒有人接聽，他們不是還在回家的路上，就是度假去了。女王也是到處都找不到，其他交易員也統統不在家，我留下緊急訊息給他們的配偶。我也嘗試打電話給公司的常駐法律顧問，他們卻也都出門去了。留了十多通留言後，我接通了柯拉維史穆法律事務所的合夥律師，他們事務所的律師隨時都在工作。

我不打算透露我們之間的談話，只能告訴你說，那位律師罵的「搞他媽的什麼鬼？」和「去他的！」次數，超過法律事務所合夥律師正常該有的次數。跟他說明概況後，我們一起打電話給那家保險公司。

他們的律師首先提出她對這筆交易的幾個疑問。我們客氣地問她是什麼問題。

「首先，」她說，「我們怎麼知道第四期綜合公債真的存在？」

雙方無語了好一會兒，就算對新出道的律師來說，這個問題似乎都過於低級，我應該嘲笑她嗎？或是對她大喊大叫？她的問題不但天真，而且毫不相關。太荒謬了，這是關於存在論的哲學問答嗎？居然還給我在這種時機提出來？我按捺著性子，不把情況搞得更糟，這通電話實在太重要了。我耐心等待柯拉維史穆法律事務所的律師回答，而他的回答堪稱完美。

「事實上，這些債券不存在。」他說。我幾乎可以聽到蒸汽從對方律師耳朵冒出來的聲音，「第四期綜合公債以信託的名義登錄在阿根廷花旗銀行裡，所以沒有實體的債券。」

對方律師不為所動，換了句話提出相同的質問。想必是有人指使她無論如何不擇手段都要讓這家保險公司脫身。她在將近一小時裡，提出無數反對意見。我們站穩立場，駁倒了她的每一種說詞。到最後爭論集中到一個小小的焦點上，他們堅持信託契約必須做一個修改，如果摩根士丹利今天晚上同意修改，他們就會照約定執行，否則就要退出。

可是摩根士丹利怎麼可能在當晚同意修改？摩根士丹利是一家大企業，只有授權代表有權簽訂這樣的修正條款。這種時候我怎麼可能找到一位公司的授權代表？頓時，我忽然想起沈恩曾經授權我在第四期信託上代表公司，我確實可以代表摩根士丹利，同意這項修改。不過，這樣表示我要承擔著重大的責任。我告訴他們我會回話，然後就掛斷電話。

我慎重地考慮修改條款的問題，這項修改實際上沒有傷害公司的利益。事實上，我很訝異先前沒人這樣要求過。然而，我能夠毫無顧慮地沒有經過任何人的批准，就獨自代表大摩簽署協議嗎？如果我覺得妥當，我可以這樣做，我得到授權，可以用自己的簽名，使全世界擁有一萬個員工的頂級大型投資銀行，去遵守第四期綜合公債信託的一套新承諾。我的一個舉動可能挽救今年最賺錢的案子，也可能害我遭到開除。這種事情真的會發生嗎？我絕對已經不是吳下阿蒙了，我該怎麼做？

我決定放手去做。我做了最後一番努力，想聯絡上主管，卻仍沒聯絡上半個人，我打電話給那家公司的職員，要他把建議的修改傳真過來，雙方律師同意合約文字後，他再把修正事項傳真給我簽名。

就在我獨自一個人，要用簽名代替摩根士丹利做出承諾的前幾分鐘，女王從家裡打電話來，我快速解釋了狀況，她同意了修改。我如釋重負，對她千恩萬謝，然後代表摩根士丹利簽署了修改協議，傳真回對方公司。經過幾分鐘後，收到對方簽名證實的文件，這時已經是九點多了，我讓這案子起死回生了！

我滿身大汗，神志不清，緊張得不成人形。現場沒有人跟我道賀。我希望我的上司會在這個案子上分我一點功勞。

修正協議既然簽好，第四期信託交易就一如計畫在十月三日星期一如期完成。我爽快地把顧問費匯給法律事務所，金額大約等於他們一位雇員的全年薪水。我也設法調整交換交易合約的給付辦法，重新分配日後的利潤，從中再擠出三十萬美元的利潤，把這筆錢加上去後，我們在這筆交易上賺到的錢，遠超過四百萬美元。

很多人恭喜我完成這個案子，包括整個重新包裝資產工具小組，和四人幫成員貝納迪特。貝納迪特說這筆交易是衍產部賴以生存的基本交易的典範。沈恩要我準備一份備忘錄，簡單歸結這案子，我遵命照辦。隔天，交易廳總管柯奇斯走來衍產部問道：「第四期綜合公債交易是誰做的？」沈恩答說是他。我心裡悶悶不快，希望為自己的努力攬下應當的功勞。然而，我了解公司的階級倫理。至少，若這個案子出問題，所有人應該都會怪他，而不是我。

沈恩現在似乎比較快樂了，他先前跟我溫和地辯論金融市場是不是效率市場，我主張比較常見的觀點，認為金融市場是效率市場。但現在他告訴我：「如果我再聽到你談效率市場，我會叫你到角落罰站。」我哈哈大笑。他說的有理，如果市場真的是有效率的，我們怎麼可能在這麼短的時間，幾乎零風險，輕輕鬆鬆就賺到四百萬美元？話說回來，對我而言，這筆交易其實不是那麼輕鬆。

第四期信託在公司裡備受注目，一位財務稽核告訴我，麥晉桁打斷公司內部董事會的週會，問了好幾個跟第四期信託有關的問題，包括這筆交易怎麼能夠賺這麼多錢。連麥小刀都動容，我深感自豪。

甜蜜的復仇

同時，阿根廷對我們這筆案子一無所知，正在設法完成一筆五年期全球債券的發行。乍看之下，阿根廷應該能夠在無風險的美國公債利率上，加碼二．五到二．七五%的利差發行公債而加以競爭。然而，現在這筆阿根廷債券的發行面臨其他案子的競爭，包括我們的第四期信託，阿根廷公債的需求因此受到壓制，利差升到三．五%。我們的案子似乎抬高了阿根廷的借貸成本。在我們看來，阿根廷是活該如此。阿根廷冷落了我們以前的方案，現在這情勢是我們甜蜜的復仇。

我們輕鬆地複製高盛公司的第二期綜合公債交易，其他銀行現在當然可以輕鬆抄襲我們的第四期綜合公債案子作為回敬。幾天後，墨西哥國民銀行聽說我們的第四期綜合公債案子很成功，表示有興趣買另一個類似的交易，我們估計這筆交易的規模，並假設他們會全部吃下。但不出多久，他們來電說已經找到另一家銀行進行同樣的交易了。他們不肯透露是哪家銀行，但我們推測是高盛把這項業務搶回去了。

之後，我的電話響起，是我在第一波士頓的同事打來的。他拿到一本我們的公開說明書——沒有衍生性金融商品髒字的那本，第一波士頓乾脆直接複製。這位業務員還沾沾自喜。我聽到背景中有人叫著「噓！」，猜測出聲的人是我以前的上司，他有個習慣，喜歡在自己扯謊遭拆穿時，用「噓！」替自己遮醜，表示他的話只是大概，不用過於計較。第一波士頓的這位業務員哈哈大笑，告訴我「這個月好像過年一樣」。

他還告訴我第一波士頓的新興市場部門現在換了新的經理，他希望跟我面談，挖我回去。顯然，第一波士頓對我所做的交易刮目相看。我應該繞個大圈回第一波士頓嗎？這是華爾街常見的職涯之路，我有好多朋友都藉著轉換工作，把薪水翻了好幾倍。當然行，有何不可呢？我同意跟他見面。

第四期綜合公債案子結束後幾星期，我們經歷了一次短暫的恐慌。十月二十五日那天，我們建立用來計算價格的模型開始出現奇怪的行為，告訴我們第四期信託的價格會大跌，可能嗎？這個電腦模式複雜得不可思議，我們安排了好幾位火箭科學家，設法計算這種交易的價格。但是出於某些原因，每個人得到的答案都不同。連我們自己都算不出債券的價格，我不知道買家怎麼可能了解這個交易。

阿根廷其他債券的價格開始下跌時，好幾位買主打電話來，想知道第四期信託下跌多少。有一位比較精明的新興市場共同基金經理人，顯然對他買的東西感到不安，決定測試我們，說他想要賣出。這是種警訊，因為我們現在相信自己評估的第四期信託價值不正確，為了安全起見，我們的一位衍生性金融商品交易員提出以九十五美元，買回他手中面值一百美元的一部分債券。交易員說他們不能把價格報得太低，否則買主可能發現我們在這個案子上賺了很多錢。最初把我們公司的佣金計算進去時，顯然沒有一位買主曉得他們以一百美元購買的債券，實際價值可能遠低於此。另一方面，最近幾星期阿根廷碰到問題，債券下跌了好幾點，九十五美元似乎是公道價。

一九九四年十月二十七日，這位經理人以九十五美元的價格，把面值一百美元，總值八百萬美元的第四期信託賣還摩根士丹利。這筆交易讓我們的交易員緊張兮兮，暗自祈禱賣壓就此結束。然而，這位投資人就如賣出債券一樣突然，又以九十五．五美元的價格買回了其中六百萬美元。成交這兩筆交易後，衍生性金融商品交易員以大約九十五美元的價格，為第四期信託的買賣造市成功。這種債券實際價值多少？即使用電腦模型計算，我也不再能夠確定了。為什麼投資人要賣出債券，然後以較高的價格，立刻買回？我不知道。也許對他們來說，知道我們願意為債券造市能使他安心，這值得用半點的損失來換取他內心的平靜。

雖然有人揣測，我卻從來不曾聽說交易員對客戶回報虛偽的價格。幸好我的角色並不實際進行債券交易，可以迴避這種模稜兩可的情況。

對於我們的電腦模型產生極為不穩定的報價，交易員們誠惶誠恐。但往好處想，這不也表示無論交易員報出什麼價格，都會落在有所依據的範圍裡嗎？反正衍產部的談話沒有錄音，外界幾乎不可能證明交易員的報價有誤。

但信孚銀行的交易員就不是這樣了。不幸的是，他們報出顯然不誠實的價格，報價時的對話還有錄音。在我們完成第四期信託案子的同時，證管會正嚴密調查其中一捲錄音，控告信孚銀行在處理吉普生賀卡公司的交易時涉及證券詐欺，雙方正著手協議和解。涉案的錄音談話是一九九四年二月二十三日錄的，包含信孚銀行某一位總經理的發言：

「我認為我們應該利用這種（行情波動）機會，我們應該……再多砍一點差距，我是說，以前我們告訴他八百二十萬美元時，真正數字是一千四百萬美元，因此現在真正數字是一千六百萬時，我們要告訴他一千一百萬。噢，就是這樣慢慢縮小實際價格和我們所說價格之間的差距。」

這些話的意思容我解釋。信孚銀行這位經理人討論的「差距」，就是對吉普生所做交易的真正價值，和信孚銀行的報價之間的不符之處，差距是五百八十萬美元（一千四百萬美元減去八百二十萬美元），其中包含了信孚銀行的佣金。例如，吉普生起初可能誤以為自己在這筆交換交易中只積欠八百二十萬美元，但實際上是積欠一千四百萬美元。信孚銀行不希望立刻告訴吉普生一千四百萬美元的真正數字，因為吉普生可能警覺到自己怎麼額外欠了信孚五百八十萬美元，因此信孚等待行情波動，然後拉近兩個數字，就像談話中所顯示的一樣，把差距縮小為五百萬美元（一千六百萬美元減去一千一百萬美元）。最後，信孚會弭平這兩個數字的缺口，吉普生永遠不會知道信孚相當於多抽了五百八十萬美元的佣金。

這只是信孚諸多談話中的一例，我想其他投資銀行大多也玩這招。如果客戶根本沒有能力算出一筆複雜的衍生性金融商品交易某一天的價值，投資銀行就可以浮報交易的預付價格，然後逐漸提高交易的價格，到最後神不知鬼不覺地從中盜走一大筆差額。我希望摩根士丹利的交易員沒有做這一類事情。

感恩節前夕，市場悄然安靜下來，我們有很多時間閒聊各種業務上的八卦。沈恩一如往常地沉迷線上西洋棋，忽然大呼：「我犧牲我的皇后，讓對方動彈不得。就像我希望阿根廷市場陷入泥淖一樣。」每個人都哈哈大笑。接著，沈恩開始評論今年的情勢多流年不利，跟去年相比更是慘不忍睹，衍生性金融商品聲名狼籍，顯然損害到我們的業績。我們大談過去一年衍生性金融商品市場的龐大虧損，都希望最差的情況已經過去，如果幸運的話，未來幾個月應該會更好。沈恩把心思拉回棋盤，贏棋後，他喜孜孜地說：「我的福杯滿溢。」

第八章

天生冤家

他們倆一個老派守舊，一個粗魯無禮，合兩人之力，
創造了美國史上最大的金融慘案：橘郡高達十七億美元的衍生性金融商品虧損。

無知當有趣

他們倆一個老派守舊，一個粗魯無禮，天差地別的程度幾乎就像劇作家尼爾．賽門筆下《天生冤家》中的怪異雙人組一樣天差地別。其中老的一位已經七十歲，婚姻已屆四十年，擔任相同的工作超過二十年，在加州橘郡住了一輩子；比較年輕的一位現年五十四歲，最近才離婚旋即又再婚，經常換工作，更常搬家，最近才搬到加州奧克蘭東邊──富庶莫拉加市的百萬美元豪宅。雖然兩人差異很大，多年來卻幾乎每天通電話，他們在一九七五年結識，二人之間交易了數十億美元的證券。比較老的那位是加州橘郡財務長席特龍，比較年輕那位是美林債券業務員麥克．史塔孟森（Mike Stamenson）。合兩人之力，創造了美國史上最大的金融慘案：橘郡高達十七億美元的衍生性金融商品虧損。

雖然身為民主黨員，席特龍在共和黨大本營橘郡卻如魚得水，毫不突兀。旅遊指南描述橘郡是「最像電影、最像故事、最像美夢的地方」。對席特龍而言，一九八〇和九〇年代也像是美夢一場：他成為全美國最著名市鎮的財務長，他的投資策略繼續產生高收益率。一九九〇年代初期，他的年報酬率接近九％。席特龍以驕傲頑固著稱，幾分神似約翰．韋恩（橘郡的機場正是以這位演員命名的），或是像在橘郡出生的前總統尼克森。

如同橘郡二百六十萬居民中的許多人，席特龍活在過去。他戴著超大的印第安風格綠松石飾品、俗豔的領帶，身著聚酯纖維材質西裝、淡雅的寬鬆便褲和白色的漆皮鞋。他熱心支持自己的母校南加州大學，他的汽車喇叭播放南加大特洛伊人隊的戰歌，桌上放著南加大的吉祥物——一匹叫Traveler的馬。在財務處的晚餐聚會中，席特龍召集同事，圍著鋼琴，歡唱一九四〇年代的經典老歌。他把投資紀錄寫在索引卡片、分類帳，甚至牆上的日曆上。他會到聖塔安娜的駝鹿俱樂部或西部燒烤餐廳，坐在塑膠餐桌前吃中飯。他對科技的掌握只限於用手錶的計算機把午餐帳單算得分文不差。他拒絕拜訪華爾街，一生只到過紐約四次。他工作勤奮，從不去外地休假，寧可留在聖塔安娜那牧場風格的樸素家中陪著太太。

要了解席特龍，關鍵在於美林一位業務員說的話：「他真正知道的事情，只占他以為知道的三成。」例如，雖然他看來像是南加大忠誠的校友，他在學時卻有很多科目不及格，而且根本沒有畢業。席特龍不吝在公眾面前顯示自己的無知。有一次他接受電視專訪，他向記者炫耀他怎麼用一排按色彩編列、每一具都接通不同營業員的電話機，當他說著：「我現在跟美林講話……現在跟所羅門兄弟講話」，過程中卻不小心買進他無意要買的債券，只好再回電給營業員，反手賣出。他的口條是出名的雜亂無章和令人費解，橘郡的監事會最後只好強迫他把自己的想法寫下來，不過事實證明這方法也無效。一九九四年九月二十六日他在一則報導中的談話就是顯例：「我們沒有通膨性的薪資增長、失控的房地產——不論是住宅、商業大樓或高大的玻璃帷幕辦公大樓……就算有，也只有高聳的辦公大樓正在興建中。」橘郡中也幾乎沒有雇員理解席特龍對高樓大廈的憂慮。還有，他似乎也不了解「買低賣高」的觀念，他居然吹噓在最高的價位買進證券。

人厚臉皮天下無敵

對年輕又精明的史塔孟森來說，席特龍簡直是他夢寐以求的客戶。史塔孟森身形矮小，是個積極又技巧高超的業務員，在各郡財務長中很吃得開。曾經在多次聚會中發表專題演講。席特龍很快就變成史塔孟森最好的客戶。橘郡總共付給美林將近一億美元的佣金，其中有好幾百萬直接進了史塔孟森的口袋。

史塔孟森出身寒微，父親是希臘移民，媽媽來自奧克拉荷馬州。他在加州中部谷地一個名叫李文斯頓的農村小鎮長大。他在史塔克頓上了聖華金三角洲學院（San Joaquin Delta College）兩年後，進入加州州立大學富勒頓分校（CSUF），之後到美國海軍陸戰隊服役。於一九七〇年下半年，進入美林新港灘分公司服務，後來調到舊金山，成為頂尖業務員。

史塔孟森脾氣火爆，常跟人爭吵和衝突，並以摔電話大聲咒罵聞名。換句話說，他就像大多數在交易廳工作的人一樣。據說，他最愛的口頭禪是傳神的「我才不鳥你」。區域債券業者蘇特羅（Sutro & Company）資深副總裁伯納・米克爾（Bernard Mikell）舉了一件往事，具體說明了史塔孟森的脾氣有多火爆。據他說，一九八八年在聖馬刁舉行的財務長市政研討會上，他支持了汽車抵押貸款的市政投資工具，但那不屬於美林的銷售業務。史塔孟森嚴詞抨擊這項工具，與眾人爭辯幾分鐘後，他開始咆哮。等到研討會結束，史塔孟森在走廊上攔住米克爾說：「我們現在就來做個了斷」。隨後俯身衝刺，給米克爾當胸一記頭槌，把米克爾遠遠撞到走廊另一邊，自己滿臉是血地走開。

一九八〇年代，史塔孟森是美林對聖荷西銷售債券的先鋒。照聖荷西一位檢察官的說法，美林曾聲稱聖荷西後來的某些投資「絕對安全」、「不可能虧錢」。一九八四年，聖荷西投資虧損六千萬美元，並開除其財務長（此事也成為醜聞的一部分）。該市控告美林詐欺和瀆職，美林支付聖荷西七十五萬美元達成和解，與後來西維吉尼亞州的訴訟相同，皆以金錢賠償和解。在兩件訴訟中，史塔孟森都沒有遭到懲處。

史塔孟森以粗魯對待客戶聞名，只有對待席特龍例外。時任舊金山的投資長丹尼爾・戴利（Daniel Patrick Daly）說，有一天他在餐廳裡吃飯，史塔孟森衝進來，極力說服他拋售幾天前他剛買進的一筆投資。史塔孟森說，舊金山可以迅速賺到一萬七千美元，因此戴利同意賣出。但是戴利後來發現自己只賺到一萬二千美元，史塔孟森努力開脫，解釋其中的差額是他「算錯了」。戴利堅持美林應補足差額，否則舊金山再也不會跟美林打交道。結果美林沒有補償，舊金山市府從此跟史塔孟森拒絕往來。

不過，史塔孟森仍然是美林舊金山分公司的頭號業務員，因此他也口袋滿滿。他有極大比率的佣金來自加州橘郡。美林承認，光是一九九三和一九九四兩年內，美林為橘郡買賣金融商品共賺走六千二百四十萬美元的酬勞，不過橘郡堅稱金額比這更大。美林也承認，史塔孟森在這兩年裡，賺了四百三十萬美元。

史塔孟森累積財富之際，席特龍這邊的局面卻嚴重惡化——一九九四年利率開始快速上升後，席特龍動用巨資向史塔孟森和其他人購買的槓桿結構型票券便開始虧錢。雖然報紙後來把橘郡的投機描述得很複雜，其實卻相當簡單，和我銷售過的衍生性金融商品相比更是簡單多了。

席特龍是這樣做的，他利用橘郡七十四億美元的投資資金，向多家證券公司借貸大約一百三十億美元，再購買到期日很短、報酬率跟利率變化掛勾的高評等債券。這種結構型票券我太了解了，其中很多是所謂的「逆向浮動利率債券」（Inverse Floaters）——利率上升時，債券價值會快速下降。逆向浮動利率債券的息票利率通常是以很高的利率——例如一三%——減去倫敦銀行同業拆款利率之類的浮動利率。只要倫敦銀行同業拆款利率維持低檔，逆向浮動利率債券就很有價值。例如，如果倫敦銀行同業拆款利率維持在三%，這種債券就要付一〇%的息票利率（一三%減三%）。然而，如果倫敦銀行同業拆款利率開始上升，息票價值就會縮水。倫敦銀行同業拆款利率升得愈多，債券虧損愈大。

另一種結構型票券叫做「觸發票券」（Trigger Note），觸發票券給付的利率高於正常的息票利率——但是為期只有幾個月而已，且前提是利率在特定日期（稱觸發日），低於特定利率（稱觸發利率）。然而，如果利率高於觸發利率，觸發票券的到期日就會延長好幾年，使投資人陷入持有低利率息票的窘境。

逆向浮動利率債券廣為人知，觸發票券卻不然。讓我舉橘郡所購買的一種觸發票券為例。這個票券看來可能有點瘋狂，實際上卻還是比較保守的結構型票券（雖然席特龍的結構型票券大都向史塔孟森購買，他卻也向其他業者購買價值好幾億美元的衍生性金融商品，其中包括摩根士丹利。這種票券只是其中一種。幸好我沒有涉入買賣）。

一九九四年一月六日，摩根士丹利賣給橘郡一億美元的結構型票券，發行人是AAA級的波士頓聯邦住宅貸款銀行，這間銀行的票券受到美國財政部的間接擔保。因此，這種債券的風險似乎非常低。

債券的觸發日為一九九四年六月三十日，剩下的時間不到半年。如果觸發日當天，三個月期倫敦銀行同業拆款利率低於或等於四．二五%，債券就會到期。對橘郡來說，這表示利率維持低落，席特龍必須尋找其他投資標的。但是一九九四年上半年，他有好幾個月都會賺到高於行情的息票利率，聽起來不賴。

然而，如果觸發日當天，三個月期倫敦銀行同業拆款利率高於四．二五％，債券的到期日會展延三年，息票利率卻仍然維持四％低檔。因此，這種債券的風險在於如果利率上升——即使只上升一點點，到期日就會展延，你只能繼續收取低落的息票利率。到期日展延糟透了，因為它恰好在你根本不希望發生的時候：利率上升。換句話說，即使利率上升幾個百分點，席特龍一樣會困在未來三年利率只有四％的債券。視利率上升的幅度而定，這種債券不僅報酬率會相應地受損，且因這債券已變成燙手山芋，在到期日之前賣出只會讓你蒙受重大虧損。

評估觸發票券很難，以席特龍的投資知識水準而言更難。你無法簡單地算出現值，因為你不知道利率會有什麼變化。最終你究竟是持有五個月期高息票的債券，或是三年半期的低息票債券？你始終無法確知。要計算這種票券的價值，你需要建立電腦模型，模擬不同的利率情境。投資銀行聘請數學和資訊科學博士設計這種系統，但席特龍用的是索引卡和分類帳，顯然不能正確評估這種債券。因此，把這種票券賣給席特龍的銀行，名正言順地向他收取了巨額的佣金。從他臉皮被人剝下來的次數來看，我說席特龍一定有很多張臉。摩根士丹利光是從我剛才說的一筆觸發票券上，就賺了二十多萬美元。

賭徒的毀滅

一九九四年，不斷有人警告橘郡注意買進的不尋常結構型票券所潛藏的風險。一九九四年三月，業界一份雜誌把席特龍的投資策略稱作「死亡螺旋」。美林宣稱至少警告過席特龍八次，要他重新考慮自己的高風險作法。有一次甚至明確警告說：利率每升高一%，橘郡的某些投資就會虧損二億七千萬美元。美林說，他們大約從一九九二年就開始警告席特龍，甚至建議買回自己賣給橘郡的衍生性金融商品。

席特龍完全不理會這些警告，還冷落所有批評他的人。當享譽業界的高盛批評席特龍的投資作法時，他寫了一封信給高盛，直指他們不懂橘郡所用的投資策略，建議高盛再也別找橘郡談生意。有人問他，他怎麼知道一九九三年後利率不會上升，他回答說：「我是美國最大的投資人之一，我知道這種事情。」

一九九四年四月，利率開始上升，衍生性金融商品開始下跌。洛杉磯的證管會致電席特龍，問他一些跟橘郡投資相關的問題。他們開了三小時的會議，席特龍在會中極為緊張，幾乎沒有開口。橘郡在外部律師單位的建議下，把證管會索取的文件延後一個月交出，席特龍正面臨改選，希望把這些問題延到選戰結束。

競選連任之戰壓力龐大，差距比預期接近多了。隨著利率繼續上升，席特龍的對手——

科斯塔梅沙市內部稽核師出身的約翰・莫爾拉克（John Moorlach），針對橘郡投資組合的風險遭到多次警告的事，緊咬著席特龍不放。一九九四年五月，莫爾拉克預測橘郡會賠掉十二億美元（事後證明這項猜測相當準確）。儘管歷經一場骯髒、下流的選戰，席特龍仍在六月份再度當選。

然而，選戰害席特龍筋疲力盡，他開始表現出各種怪異行為，包括遲到早退、一緊張就從牙縫間吹氣。更奇怪的是，他開始找靈媒為他提供投資建議，讓靈媒和星象專家預測利率變化。他的靈媒顧問預測席特龍十一月起會有金錢糾紛，但是麻煩會在十一月底解決。事後證明，靈媒的預測錯誤，反倒是競選對手莫爾拉克的預測才正確無誤。

席特龍已經無法掌控自己的生活。他會倒在桌上睡覺、失神地瞪視虛空、錯過約會，一位神經心理學家發現他推理、處理資訊和辨別相關細節的能力有缺損。席特龍的律師在審前聽證會上，主張席特龍患有癡呆症，因此「智能有限」。橘郡的律師宣稱美林利用席特龍，把他當成「傻瓜」一樣玩弄於股掌間。

一九九四年十一月，助理財務員馬休・拉伯（Matthew Raabe）向郡府官員警告說橘郡的投資組合有危機，官員終於聘請外部顧問評估風險。一九九四年十一月八日，郡府官員收到「死亡天使」的通知，顧問具體說明投資組合可能的最糟下場，等到官員們終於領會真相時，已經於事無補。橘郡已虧損超過十億美元。

史上最大的地方政府破產案

一九九四年十二月一日星期四下午三時四十五分，我在摩根士丹利就得知橘郡虧損這件事，投資大眾則要到下午五點，橘郡舉行記者會時才會知道。而世界大多數人要到隔天消息見報後，才會知道橘郡的賠累超過十億美元。

摩根士丹利對橘郡的虧損沒有別人那麼驚訝，我的上司顯然清楚這種虧損的可能性。把結構型票券賣給橘郡的業務員，根據曾交易的債券，也一定對橘郡的財務狀況略有所知。

事實上，一個多月以來，摩根士丹利一直在準備面對更多衍生性金融商品虧損的衝擊，不管是來自橘郡還是其他投資人的虧損。利率升高已經使額外的虧損難以避免。一九九四年十月二十五日，橘郡已經虧損數百萬美元，在橘郡還沒概念這坑洞到底多深的時候，摩根士丹利的首席律師群就召集了一次規模龐大的衍生性金融商品法律遵循會議，由五、六位律師和十幾位衍產部的人，擠在大會議室裡聽相關警訊。寶鹼和吉普生賀卡的事情沒有牽連到我們，讓大夥稍微放心。然而我們心知肚明，實際上還有好幾百個類似的案例，可能把摩根士丹利拖下水。

橘郡不是第一個利用投資銀行賭博而虧掉大錢的公家機關。幾年前，西維吉尼亞州虧損將近二億美元，因此怒對八家投資銀行提告，希望收回部分損失。只有摩根士丹利拒絕和解，出庭應訊。在跟投資銀行相關的爭議中，這種作法相當罕見。

證據對摩根士丹利很不利，包括選擇權經理人在一通電話中，問曾任祕書的西維吉尼亞州投資主管，需不需要針對他們前一週才完成的交易「逐步解釋」，她回答說：「你問我需不需要解釋？你這不是明知故問嗎？」這個案子害西維吉尼亞州和摩根士丹利都顏面盡失，法官罵我們公司裡有一堆哈佛出身的衣冠禽獸。西維吉尼亞州說，他們在一九八六和一九八七年裡，賠了一億九千萬美元。最後判決是摩根士丹利敗訴，要賠償四千八百萬美元。

既然有這樣的判例在先，我們的法遵會議變得凝重而激烈，每一個人都緊張兮兮。之後我們討論我們怎麼變成了坐以待斃的目標，同意我們應該對自己銷售的商品和業務格外小心。我重申我的論點，說結構型票券設計時，原意就是讓不准賭博的人賭上一場。好幾個人表示贊同。最近很多衍生性金融商品問題源自於結構型票券，我很感謝自己賣的大部分是重新包裝資產工具，不是那種危險的票券。幾個月以來，沈恩一直埋怨衍產部賣的結構型票券不夠多，現在卻俏皮地說：「好消息是，我們的市占率太差了，要像他們那麼慘也很難。」

橘郡宣布虧損隔天是十二月二日星期五，我們發現摩根士丹利其實可能碰到很多問題。摩根士丹利似乎賣給橘郡六億到七億美元的結構型票券，大約占他們整體購買量的一〇%。我們不是罪魁禍首，卻絕對是禍害之一。我們賣的票券跟美林賣的東西相似，基本上賭利率不會上升，這筆交易從一九九二年持續到一九九四年。摩根士丹利藉由賣這種票券給橘郡賺了不少錢，那筆觸發票券的二十萬美元佣金便是典型的例子。有些新聞報導談到摩根士丹利的角色，董事長狄克・費雪因此在電視上簡短談論橘郡的虧損。幸好公眾的注意力大都集中在史塔孟森和美林。

但是摩根士丹利另有麻煩，公司似乎貸給橘郡十六億美元，而現在面臨債權可能無法回收的風險。橘郡用所購買的結構型票券作為擔保品，向多家投資銀行借了約一百三十億美元，這種貸款叫做「附賣回交易」，或叫做「逆回購協議」。幸好摩根士丹利承作這些貸款的部門是回購小組，不是衍產部。回購小組大禍臨頭，現在迫切需要我們的幫助，尤其是在計算貸款擔保品價值方面。主要問題是：橘郡有沒有足夠的擔保品以確保我們公司得到清償？

衍生性金融商品經理人迅速在橘郡、多位律師和顧問之間，安排一場視訊會議。公司這邊只有總經理級的人參加，而我沒有。這些總經理開完會後，開始發號施令：取消午餐！拿這筆資料給我！把這個傳真出去！有一位總經理警告我們，接下來的一個禮拜，橘郡事件會如消防演習般忙亂。因為橘郡官員，甚至連他們的顧問「屁都不知道」。

交易廳忙翻了，「消防演習」包括衍產部的每一個人，就連固定收益總監柯奇斯也每隔幾分鐘就來了解進展。記者開始打電話來，我們則已被下了封口令。有人以各種假冒身分，包括假裝是哈佛大學租稅課的學生，不斷打電話給女王索取結構型票券的公開說明書。公認是公司未來領袖的柯奇斯，忙於展示他的風範，全面控制住大局，是參與者中最保持理智、謹慎周到的人。有一位業務員問柯奇斯，他該不該把所有文件銷毀，柯奇斯鎮定地回答「不」。柯奇斯還要求了解橘郡交易細節的人組成小組討論對策。幸好我沒有被捲進去。

十二月五日星期一，席特龍的臉孔橫跨《紐約時報》財經新聞的頭版，沈恩嘲笑席特龍說：「看看這個人的臉，你能相信嗎？他戴著綠松石珠寶，你能相信他會買入再回購結構型票券嗎？」沒有人會相信。前一天，橘郡官員帶著簡短的辭呈，來到席特龍家門，席特龍在上面簽了字。根據報導，就算到了這一刻，席特龍仍然語無倫次，拒絕承認虧損。橘郡極為擔心席特龍的精神狀態，甚至替他找了心理諮商師。

同樣在十二月五日，橘郡聲請歷史上最大的地方政府破產案。橘郡的資金支應將近兩百所中小學、城市和特區。虧損額相當於全郡的每一位大人小孩都賠了將近一千美元。包括結構型票券在內的橘郡所有投資，價值暴跌了二七%，郡府因此表示無法再償還債務。

破產聲請使得評等機構顏面無光。只不過是幾個月前的一九九四年八月，穆迪還授予橘郡的債券Aa1等級，是加州所有郡級政府中最高的。評等證書的備忘錄上，還印著「橘郡真是模範」的大字。到了十二月七日，難堪不已的穆迪宣布，橘郡的債券打入「垃圾級」——而穆迪一向被公認是最嚴謹的評等機構。包括標準普爾在內的其他評等機構，也都沒能預測到這樁破產事件，他們不久就會因此面臨訴訟。

一九九五年一月十七日星期二，加州參議院地方政府投資特別委員會開會，傳喚席特龍和史塔孟森出席作證。在長達一整天的聽證會中，兩人發表事先準備好的聲明。結果這場聽證變成了乞憐表演。席特龍把奇裝異服留在家裡，穿著暗淡的灰西裝，戴著雙光眼鏡上陣。他向大家道歉，同時為自己的無知辯解：「事後回想，我希望自己在複雜的政府證券方面，能得到更多的教育訓練。」席特龍結結巴巴、低聲下氣，表現得好像受害者一樣，試圖為自己的一生辯解：他因為氣喘，沒有服兵役；因為財務問題，沒有從南加大畢業；他是沒有經驗的投資人，甚至不曾持有過一股股票。整個表演相當可悲。

史塔孟森也說他很抱歉，還強調這場災難讓他痛苦萬分。他拚命裝無辜，稱席特龍是極為高明的投資人，他從他身上「學到很多」。史塔孟森的說法荒謬之至，足以媲美席特龍的可悲程度。史塔孟森聲稱自己並未身兼橘郡的財務顧問時，橘郡選出的共和黨加州參議員威廉·克拉文（William A. Craven）再也受不了，大罵史塔孟森是騙子。史塔孟森最後坦承經常跟席特龍談話（席特龍的證詞則說是每天），但依然堅稱自己不是顧問。這時克拉文再度火冒三丈，問道：「那麼，你跟這個人到底每天談什麼？談天氣嗎？」席特龍的律師大衛·魏契特（David W. Wiechert）同樣氣急敗壞地說：「美林想從這場危機脫身，簡直跟埃克森石油想從阿拉斯加港灣漏油事件脫身一樣，難上加難。」

史塔孟森的目標顯然是止血，他在美林的地位一向穩固。橘郡控告美林，求償二十億美元。美林自然擔心史塔孟森亂說話，但他一直是循規蹈矩的員工。一位記者在美林位於舊金山金融區中心的粉紅色大理石大樓——若有人希望查證，地址是加里福尼亞街一〇一號十四樓——找到史塔孟森時，他拒絕回答問題，還說：「你知道該怎麼做，就是快快從你進來的門滾出去。」

席特龍幾乎在一夜之間，從橘郡史上最受歡迎的公眾人物，變成橘郡的頭號公敵。破產消息宣布後，加州一位納稅人在郡政府辦公室裡看到席特龍的照片，威脅說要回去抄把槍，把照片轟下來。

席特龍不只遭到世人棄如敝屣，他還確確實實是個罪犯——後來法院發現他違反加州多種投資法規。法院的審訊顯示他不但被大學退學，其數學技巧還只有國中一年級的程度。心理學家根據一項標準化測驗，把他的思考和推理能力歸類在人口中最低的五%當中。法院裡的一位心理學家告訴席特龍的承審法官：「席特龍就像海洋中隨波逐流的空瓶子。」

席特龍寫了一封信給承審法官，乞求法官寬大處理。他說辭職後，曾經想過自殺，還承認他買過一些雖然不叫衍生性金融商品，但實際上卻是衍生性金融商品的東西。席特龍談到結婚四十一年的妻子，說他們一見鍾情，婚後只有六個晚上分隔兩地。他說因為年紀和身體有毛病的緣故，他在監獄裡很難活下去。最後，他只被判刑一年，還獲准用社區服務作抵。

違法？減少公司損失就對了

回頭談摩根士丹利，回購交易員仍然難以判定對橘郡貸款的風險高低。回購交易小組沒辦法每天計算擔保品的價格變化，原因之一是他們不知道如何精確計算結構型票券的價值，因此只能每個月把擔保品「按市值計價」一次。有人警告一位交易員，說擔保品的價值每天都在快速下跌時，這位交易員說：「靠！我最好注意這一點。」

回購小組從來不是投資銀行中最精明的部門，我在第一波士頓當儲訓人員時，曾經在回購小組和相關的短期債券銷售領域待過一陣子。短期債券業務員銷售低風險、低利潤、到期日很短的簡單債券。如果說公司是一支美式足球隊，短期債券業務員差不多像是攻擊前鋒的後備選手。事實上，很多業務員看起來像足球隊員，甚至真的當過前鋒。跟我坐在一起的傢伙塊頭超大，頭跟大尺寸電腦螢幕一樣大。他的工作內容簡單，讓他空下很多時間吃東西和談話，他也樂於如此。我們只討論職業足球和麥當勞兩個話題，他似乎對我在這兩方面的豐富知識相當敬佩，對我所知道的美聯球隊和麥當勞餐單大小事，更是動容。我們鉅細靡遺地討論麥當勞的餐單，比較和對照各種雞肉品項，慶祝「麥克無脂漢堡」和「麥克生菜蕃茄漢堡」從菜單上被淘汰，還表達我們對烤汁豬排堡的共同憤慨。我們交換吃東西的故事，但是，碰到他巨大無比的胃，連我最自豪的成就——吃四個溫蒂的三層牛肉堡和三磅肉而贏得二百五十美元的打賭——都要相形見絀。他似乎特別喜歡我中學時在麥當勞打工的故事。總之他是我認識的人當中，最像史坦貝克筆下魁梧壯漢雷尼[1]的人，不同的地方是他一年賺幾十萬美元，而且他的朋友是我，而不是一隻老鼠。

不幸的是，摩根士丹利的回購交易員比雷尼聰明不了多少。現在犯任何錯誤，都可能會有悲慘的後果。一九九四年十二月，橘郡官員凍結了旗下投資資金，摩根士丹利或其他人若出售擔保品，都會引起很大爭議，甚至根本是違法的。一九九四年十二月八日，我聽說摩根士丹利借給橘郡十六億美元附買回交易貸款中，擔保品大約有一半是高評等的美國政府機構債券，一半是結構型票券。摩根士丹利和其他銀行正在協調，要清算這些結構型票券。如果他們能夠按部就班地賣掉這些票券，各家銀行甚至會從拍賣中賺到一點錢。

一旦債務人聲請破產後，債權人通常不能出售貸款的擔保品，必須走完破產程序。然而，摩根士丹利和其他銀行判定，雖然橘郡聲請破產，自己還是有權出售結構型票券。理由是他們認為，《美國破產法》第九章關於「市政債務」的規定中，提及附買回貸款享有豁免權。公司高層決定立刻出售結構型票券以減少損失，而不等破產程序。即使後來證明於法無據，他們也不管了。

在摩根士丹利律師群的同意下，一場事先安排好的結構型票券標售會從下午一點開始，主持人拿著麥克風，在交易廳旁邊、接近衍產部的二號會議室標售。這是公司史上最重要的拍賣，每個人都到場了，包括總裁麥晉桁、剛從倫敦飛來的固定收益總監柯奇斯，與剛從香港飛來，即將升官接任柯奇斯位置的肯尼士·迪雷格特（Kenneth M. deRegt）。衍生性金融商品交易員已經不眠不休了兩天，計算著這些結構型票券的價格，只偶爾稍微停下來吃東西和上洗手間而已。其中一位埋怨說，評等機構員工居然授予橘郡那麼高的評等，真應該關進牢裡。交易檯傳出的謠言指出，我們可能損失高達五千萬美元。結構型票券的賤價標售震撼了整個債券市場，消息宣布後，機構交易市場全盤下跌。

我沒有參加標售會，反而獲派跟另外幾位同事，協助分發重要文件給參與標售會的每家銀行。這個任務太重要了，不能交給信差做。我獲派將文件送往高盛，計程車在市內跑時，我緊緊抱著文件袋，極力遏制想把緊封的文件袋拆開來看的渴望，最後我沒拆。

1 小說《人鼠之間》的角色，雷尼是個身高兩公尺的巨人，力大無窮，但心智卻像個小孩。

交完文件後，我決定放鬆散個步，從高盛走到華爾街上的紐約證券交易所大樓。回想多年前，我尚未進入第一波士頓時，有一位朋友特地安排，讓我在交易所大廳裡晃晃。那裡的喧囂、炫目燈光、電話鈴聲亂響的經驗讓人十分興奮。那時，我以為股票交易所是金融天地的中心。真是大錯特錯。對現代投資銀行來說，那棟建築——其實是整個紐約證券交易所——幾乎已經變得無足輕重。實際上，最重要的業務是在密室的祕密會議中進行，而且經常是在美國以外的地方進行。

我回到公司後，回購小組宣稱，只小小虧了一點錢。不過後來他們又虧了幾十萬美元，因為有一位員工把一些不正確的資料輸進了電腦系統。我們部門在賣出結構型票券時，反而還賺錢，每一個人都如釋重負。

如釋重負的不包括橘郡官員和他們的律師。十二月八日下午一點五十四分，摩根士丹利和其他銀行完成結構型票券的標售。下午兩點三十六分，橘郡宣布要控告參與標售的所有經紀商。雖然最後橘郡控告參加標售的野村控股，我卻從來沒有聽說橘郡曾經告過摩根士丹利。

基金經理人的殺頭交易

在面臨金融慘劇的南加州各郡中，橘郡是最受人關注的一個郡，卻不是唯一的受害者。一九九四年九月，衍產部聽說聖地牙哥郡要重組七億美元的衍生性金融商品投資組合，以延後揭露虧損，我們的部門遞出類似的重組建議給聖地牙哥郡，但是他們決定採用另一家投資銀行的方案。他們擁有的衍生性金融商品叫做息票匯率連結證券（CERLS），跟本金匯率連結證券有關，只是其中的公式用在債券的息票上，不是用在本金上（因此名字從本金改為息票）。摩根士丹利遞交重組建議時，我提出聖地牙哥官員可能試圖把認列虧損延到下次選舉後，我甚至打電話給聖地牙哥郡選務委員會，了解下次選舉什麼時候舉行。果然不錯，重組的票券到期日和虧損的認列日期，正好在下次選舉之後，這些事情足以讓你變成陰謀論者。

號稱「領袖州」的加州其他公家機關也操作衍生性金融商品，摩根士丹利曾經把結構型票券，賣給索諾瑪郡、聖地牙哥郡、聖伯納迪諾郡和橘郡。擁有七百四十億美元資產的加州公務員退休系統，也利用價值好多億美元的衍生性金融商品理財。面臨衍生性金融商品虧損的其他州包括佛羅里達州、路易斯安那州、俄亥俄州、威斯康辛州和懷俄明州——當然還有西維吉尼亞州。連興建搖滾名人堂的克里夫蘭公家機關，都購買衍生性金融商品，為自己銷售的三千八百萬美元的浮動利率債券避險。

威斯康辛州投資局是最積極購買衍生性金融商品的單位，該局擁有三百二十億美元的資產，由基金經理人史吉普・吉普生（Skip Gibson）領導，吉普生備受華爾街衍生性金融商品業務員歡迎。威斯康辛州甚至還買了本金匯率連結證券，一九九四年八月，威斯康辛州的一筆本金匯率連結證券交易出問題後，摩根士丹利重組這筆交易，像聖地牙哥郡的交易一樣，把到期日延後好幾年，可能同時也把虧損隱藏和延後好幾年。不管這筆交易的目的是什麼，我們的部門顯然海削了威斯康辛州一筆——在金額相當小的三千五百萬美元交易中，我們收取將近一百萬美元的佣金。然而，威斯康辛州似乎並不在乎，繼續從事高風險投資，甚至在橘郡「消防演習」的危機高潮上，還表示有興趣購買一些奇怪的零息日圓買權票券。幾個月後，威斯康辛州官員終於發現，很多筆虧損出自這些奇怪的交易，因而開除了吉普生。

這些基金的經理人似乎樂於冒險，買進高風險的衍生性金融商品，即使可能遭到開除，也在所不惜。這些人就像電視節目《Let’s Make a Deal》的參賽者，要選擇一號門或二號門：一號門後面是略高於市場行情的報酬率；二號門後面則是金融定時炸彈。

想像你負責管理普通老百姓的退休金基金。如果你替大家賺到六％的報酬率，而不是只賺五．五％——他們會對你很滿意，你的上司會很高興，你會變成明星——這就是你選擇一號門的結果。對基金經理人來說，光是多出幾個基點的報酬率，就會讓你變成頂尖經理人了，額外半個百分點的報酬率根本就如純金。如果投資標的似乎是低風險、高評等的票券，那更是江湖傳說中輕而易舉、穩賺不賠的投資。即使投資銀行為此收取巨額佣金，你也一定要買這種衍生性金融商品。

現在想像一下，當老百姓知道自己的積蓄遭人海削後，會是什麼樣的表情？他們發現你不是買低風險的短期債券，而是買名叫「殖利率強化浮動利率票券」這種利息給付變化極大的衍生性金融商品時，會有什麼反應？計算這種債券的利息，要根據三個月期倫敦銀行同業拆款利率的變化來計算。知道這項內情後，他們還會為半個百分點的額外報酬率歡欣鼓舞嗎？他們會樂於突然曝險在波動激烈的三個月期倫敦銀行同業拆款利率中嗎？他們會細細查證倫敦時間每天上午十一點，根據不同銀行美元利率平均值議定，再由英國銀行公會在美聯社發布的三個月期倫敦銀行同業拆款利率嗎？（有興趣查證的人，請查三千七百五十頁）大概不會吧。如果你選錯了門，那該怎麼辦？

雖然有這些憂慮，身為基金經理人的你會冒這種風險嗎？絕對會。因為你非常可能選對門——一般人永遠不可能知道其中的差別——你的上司會認為你是天才，你會得到豐厚獎金；如果你運氣不好，選錯了門，三個月期倫敦銀行同業拆款利率急劇上升，你的基金可能崩潰、當局可能賠上一大筆錢、民眾可能告你。但即使你遭到解雇，你還是可以找到待遇更好的新工作，積極型基金經理人的就業需求很大。

投資銀行業的迷離幻境

橘郡和很多地方政府購買的票券中，有很多比殖利率強化浮動利率票券更奇怪的東西，而且當中涉及許多美國以外的複雜投機。威斯康辛州賭的貨幣中，就包括日圓、加幣和義大利里拉。很多政府機關購買幾乎依賴任何國家匯率的本金匯率連結證券。

我有個有趣的發現，國家政府、州政府投資局和市政府投資基金，都對英國情有獨鍾。一九九〇年代初期，「英鎊反向浮動利率債券」——就是以英國利率為基礎的反向浮動利率債券，特別受歡迎。這些政府機關買這種英鎊交易時，好像健力士啤酒以每品脫十便士廉售一樣。一九九二年，新發售的這種英鎊票券金額大約十億美元；一九九三年的某一週，新發行票券的金額就高達八億一千三百萬美元。

我發現其中一種叫做「三年期保障匯率英鎊反向浮動利率債券」特別有意思，因為這種票券是「反向浮動利率」票券——票券的給付跟投資條件表中所列公式中的參考利率走勢正好相反。因此，利率上升時，票券的給付金額會減少。

然而，這種票券的參考利率不只是常見的倫敦銀行同業拆款利率而已。在上述例子裡，參考利率叫做「二年期持續到期英鎊交換交易利率」。這種二年期交換交易利率是一種固定利率，基於如果你同意支付單一倫敦銀行同業拆款利率的浮動利率時，所提供的交換交易利率。在這個例子裡，利率以英鎊訂價，因此每隔六個月，你們必須決定這種利率。你收到的息票是固定利率減去二年期交換交易利率的乘數。基本上，買進這種票券就是賭英國利率會下降。只是這種作法跟其他票券直接賭英國利率下降的作法不同，是間接用最迂迴又最複雜到令人不敢相信的方法，賭英國利率下降。

這種結構型票券有個好處，就是有效蒙蔽公眾，掩飾票券本身是衍生性金融商品的事實。如果你是基金經理人，你買了英鎊結構型票券，你不必告訴上司或主管機關，「喂，老兄，看看我剛剛買的東西——三年期保障匯率英鎊反向浮動利率債券。」包裝掩飾了一切。這種票券看來傷不了人，頗像被評等為AAA級的美國聯邦住宅抵押貸款公司（房地美）所發行的三年期債券。買主像是未成年小孩，出錢請流浪漢替他買酒，然後把酒倒進可口可樂罐子，為了不讓父母發現一樣。只是在這個例子裡，本地流浪漢是投資銀行，還收了遠不只一點小錢。

房地美的總部設在維吉尼亞州的麥克林區，這個名流與要員雲集的高級區域是個完美的安全包裝。房地美是為住宅貸款提供擔保的政府機構，他們從一九九三年初開始，也發行複雜的衍生性金融商品。他們簡單地利用投資銀行創造的衍生性金融商品，以略微低一點的成本借貸到資金。投資銀行負責把發行的票券進行結構化的包裝，把風險轉移出去，由房地美提供信用保證。因此，別擔心息票支付一六．〇五%減去兩倍的二年期英鎊交換交易利率，利息每半年以美元支付，一共支付三年。老天爺啊，這可是安全可靠至極的房地美，是由美國財政部間接擔保的AAA級債券呢。誰來買都沒問題！

想像你住處所在的投資局買了這種票券。他們在每個月的月會上，批准了新的都市計畫，聽取了社區巡守新計畫有關的申訴。之後，你能想像他們在票券付息前兩天，會打開電腦的交易螢幕，焦急地等待著查看在美聯社資訊第四二二七九頁上，由《國際金融評論》發布的二年期供應方英鎊交換交易利率嗎？

我發現這種交易時，進入了投資銀行業的迷離幻境。各式各樣的投資人，都在這種難以理解又複雜的反向浮動利率衍生性金融商品上虧錢，其中包括現在聲名狼藉的橘郡、佛羅里達州的艾斯康比亞郡和聖彼得堡市、桑達斯基郡在內的許多俄亥俄州市鎮、德州的敖德薩專科學校，甚至還包括美國浸禮宣教協進會。

為什麼不精明的州政府和地方政府，要賭英國的二年期交換交易利率會下降？這些買家離密西西比河好幾百英里遠、離泰晤士河好幾千英里遠。為什麼大西洋這一邊的社區大學主管或市政府，認為英國的交換交易利率會下降？

噢，原因之一是銀行的研究人員說，這種利率會下降。你猜猜看，這些公正不阿的研究人員會推荐你買哪種衍生性金融商品交易，好利用預期會下降的利率呢？研究人員建議說，英國通膨正在下降，應該會導致利率走低，同時英鎊殖利率曲線非常陡峭，表示「經過放大的」遠期曲線甚至還會更高、更陡峭，預測了利率會走高。現在似乎是跟遠期曲線對賭的大好良機，你怎麼能夠放棄機會？

投資銀行的研究人員極為高明，善於提出恰恰背離遠期曲線走勢的預測，他們一提出預測，行裡的衍產部就會創造由一種有研究支持的衍生性金融商品。不過，他們也可能逆向操作這種程序。

美國的衍生性金融商品虧損會增添國際風味，是因為有不少美國公家機關的結構型票券是由歐洲銀行發行的，如荷蘭合作銀行、北歐投資銀行、瑞典商業銀行、德意志銀行和艾比國民銀行。

美國公家機關的衍生性金融商品問題蔓延很廣，遠遠超出國界。漢默史密斯—富勒姆倫敦自治市在多項交換交易中虧損巨額資金，結果英國法院裁定，該市有權把這些交易作廢。理由是該市是公家機關，無權簽訂這種衍生性金融商品交易，因此這些合約無效，該市無須償還。這項裁決引發英國法院裡的數百件訴訟，大部分案件都和解了事。美國的訴訟當事人都密切注意英國的這些案子，在眾多跟橘郡有關的訴訟正進行的此刻，更是如此。

歐洲發行人的介入似乎理所當然。第一個活躍的衍生性金融商品市場就誕生於一六八八年的歐洲，當時阿姆斯特丹股票交易所就開始承作衍生性金融商品合約。美國的衍生性金融商品業務經過數年的發展後，大部分業務已經移轉到國外。衍生性金融商品正在衣錦榮歸。

金融市場的全球化無可避免，而且不限於衍生性金融商品，連摩根士丹利最近都在討論跟歐洲一家銀行合併，以善用業務移轉到倫敦和歐洲的趨勢。跟華寶銀行（S. G. Warburg）的合併案會失敗，原因之一是兩方在商議合併後的集團名稱時相持不下。稻草人建議新公司叫做摩華銀行，新口號是「放眼英國，思想猶太」。當然這只是笑話而已，摩根士丹利真心推動全球擴張時，才不可能危及自己神聖不可侵犯的名字。

第九章

龍舌蘭效應

很多專家認為，要是拉丁美洲有一個國家崩盤，會影響到所有拉丁美洲國家。我們仿照幾十年前骨牌效應的說法，把虧損可能蔓延的現象叫做「龍舌蘭效應」。

大摩不犯錯

摩根士丹利積極推動全球化新策略之際，總是為最壞的情況做打算。經營階層準備好面對每一次的重大金融慘劇：如果股市崩盤，該怎麼辦？如果好幾家大型金融機構倒閉，該怎麼辦？如果墨西哥……該怎麼辦？摩根士丹利為了保護公司不受金融災難傷害，所採用的特定機制在投資圈裡非常有名。好幾年前，《機構投資人》還撰文大肆宣揚過，這種機制叫做「藍皮書」。

當然，摩根士丹利的藍皮書，跟你在學校參加考試用的藍色封皮筆記本是兩回事，裡面詳盡說明了金融市場各種最糟糕的情況發生時，公司會面臨什麼後果。大摩定期召集業界老手集思廣益，檢討藍皮書中關於不同風險部位所造成影響的報告。高級職員不見得喜歡這種會議，埋怨經常得撰寫一些愚蠢的文章，還說這樣就像學校的期末報告。然而，每一個人都同意，這種一絲不苟的作法利大於弊，公司通常不犯大錯。大摩公開上市後的六年內，靠著避開重大災難，創造了平均二五％的股東權益報酬率，在美國公開上市證券公司中高居第一。藍皮書證明公司雖然以漸進的方式，打進風險較高的業務，卻至少還保持一部分原有的精英與保守風範。而且，這種作法的確有效。

一九九四年底接近時，墨西哥繼續狂歡作樂，但藍皮書中描繪的種種景象卻顯現不祥徵兆。公司一位新興市場交易員承擔的風險已經高達當利率每變動一個基點，就要承擔二百萬美元虧損的程度，曝險程度十分驚人。然而我們仍繼續發揮「創意」，銷售跟墨西哥有關的衍生性金融商品。公司有些經理人看到若干跡象，擔心墨西哥經濟可能過熱。很多專家認為，要是拉丁美洲有一個國家崩盤，會影響到所有拉丁美洲國家。我們仿照幾十年前骨牌效應的說法，把虧損可能蔓延的現象叫做「龍舌蘭效應」。我的上司認為這種理論可能有理，卻不認為虧損迫在眉睫。

我相信我的市場會繼續茁壯，決定去享受我迫切需要的假期，然後在十二月一日回來上班，剛好趕上墨西哥新總統柴迪洛（Ernesto Zedillo）的就職典禮。柴迪洛並不是領先的候選人，領先的人在選戰中遭到射殺，但市場信心並沒有動搖，柴迪洛取而代之，輕鬆贏得選舉。暗殺事件發生後，摩根士丹利內部流傳著一份簡短的備忘錄，宣稱「我們預期，墨西哥的暗殺事件對市場會有負面影響。」市場卻快速復原，沈恩因此開玩笑說：「每次我想在墨西哥做一筆生意，就會有人遭到射殺。」這點跟事實相去不遠，不過大家對墨西哥的情勢仍然很樂觀。

十二月初，阿根廷第四期信託的一位買主希望加購一些同樣的商品，導致衍產部開始焦慮。兩個月前，我們告訴這位買主，第四期信託的價格大約是九十五美元。隨後價格走跌，我們努力計算這種債券的新價格時，有一位衍生性金融商品交易員走過來，希望知道最新的資訊，他急於知道我們是否願意以公平價格，買回這種債券。他擔心如果我們報價過低，投資人可能發現大摩在這種交易中賺了很多錢。他憂心忡忡地問我：「橘郡那邊的情況如何？」

我放下工作，瞪著他問：「橘郡嗎？你在說什麼？」

他笑一笑，然後修正說：「噢，佛洛伊德口誤[1]，我是說，第四期信託的情況如何？」我告訴他。然後我們開玩笑說公司今年真是狗屎運，避掉了所有的慘劇。另一位經理插話進來，抱怨公司律師攔阻他，不讓他承作一些可能被視為非法的交易。他開起可能入獄的玩笑，想像他女兒看到他穿監獄的條紋制服時，應該會說：「媽咪，看看爹地的新衣服，他換工作了嗎？」這種景象似乎很不真實。

狗、罪犯、業務員

雖然橘郡的慘劇當頭，整個十二月初，衍產部還是充滿節慶氣氛，我們感受到年底常見的緊張和歡樂交織情緒。我們討論即將發放的年終獎金，猜測同事的私人生活，交換跟上司有關的八卦，幾乎沒有在做業務。聖誕節晚會即將來臨，現在正是反省的時候。晚會那天下午，市場交投清淡，好幾位業務員聚在一起回憶今年，談論我們部門一些衍生商品業務的合法性問題，有個人說：「只有罪犯才能精通我們這一行。」幾乎每個人都表示同意。很多位業務員考慮離開衍產部，有一位考慮回印度去，加入自己的家族事業，另外幾位考慮其他公司的挖角，還有幾位想調到公司的其他部門，沒有人那麼熱中於繼續銷售衍生性金融商品。總是滿腦子好主意的稻草人，建議我們應該把衍產部（Derivative Products Group）的名稱，改為異常部（Deviant Products Group），好吸引別人的注意。

我們笑談公司其他比較不賺錢的部門，和一些出奇糟糕的業務員，無能的業務員到年底時會承受極大的壓力。公司裡有個故事是關於一位神經質又性格火爆的業務經理，就十足掌握了表現平平的業務員年底會有的壓力。

故事說，這位經理努力對一位業務員解釋一筆相當簡單的交易，但是那個傢伙就是聽不懂，經理愈說愈氣，最後一次解釋這筆交易，卻還是沒有用。最後，經理問了個最重要的問題：

「你為什麼就是學不會這工作？」

業務員不回答。

「你到底是有多笨？這工作很簡單，誰都會做，你打電話給客戶，把債券賣給他，他

1 佛洛伊德口誤（Freudian slip），佛洛伊德認為平時不經意間出現的口誤不是無意義的，而是透露其潛意識的想法。

們喜歡債券，為什麼你就是不會做？」

還是沒有回答，經理氣急攻心，開始怒吼。

「媽的，誰都會做這種事！十二歲小孩就會做！事實上，他媽的，連狗都會做！」經理瞪著業務員，突然想到一個好主意，就大聲叫道：「什麼人去找一隻狗來！找一隻狗給我！」

沒有人動，經理繼續嘶喊。

「我說真的！趕走這個業務員！我要讓狗來取代他！誰替我找隻狗來！我要一隻狗！現在就要！媽的，替我找一隻狗來！」一群人圍了過來，這位經理繼續吶喊。

幾位業務助理跑出去，看看是否能在這麼短的時間裡在曼哈頓中城找到一隻狗。那位業務員繼續坐著，沉默不語，顏面無光，只看著顯然沒什麼心情過聖誕節的經理，後者繼續喊著：「媽的，找一隻狗給我！」

從此以後，這個故事就在華爾街流傳，大家常會聽到資深業務員或交易員對比較資淺的員工表示失望時，會叫人用狗來取代這位員工。

我認為，狗不可能取代我們當中的任何一個人。

我一面跟業務員開玩笑，一面離開交易廳，向麥迪遜大道上時髦的美心餐廳走去，那裡是今年忘年晚會的場地。

一派豪華景象——兩座鋪了紅地毯的樓梯蜿蜒向上，通到巨大的鏡廳酒吧，旁邊的龐大餐廳擺滿高級餐桌，酒香四溢。我跟稻草人站在酒吧旁，喝了幾杯威士忌，然後看到交易廳主管柯奇斯。如果麥晉桁退休，論資排輩，他很可能就是下一個領導摩根士丹利的人。我在工作上，只跟他短短談過幾次話，那天我有點醉，決定借酒壯膽走過去，我問候完，握著他的手，告訴他我在衍產部工作。他說他認識我，我們討論了今年一些比較受人矚目的衍生性金融商品交易，他談到，明年要在衍生性金融商品上賺錢，應該會非常困難。我請他不要開除我時，他哈哈大笑。我們笑談跟衍生性金融商品、橘郡和信孚銀行有關的負面消息。我們像老朋友一樣——我希望能夠為他工作，而不是為女王或稻草人工作。

忘年會順利進行，沒有暴力行為，就投資銀行的聚會來說，這種情形相當罕見。我有一位舊同事曾經在公司的聚會上，跟政府公債首席交易員打架，被大家趕出會場，後來還要求他辭職。我見過很多業務員酒醉鬧事，其中一位還被人用破裂的啤酒瓶砸破頭。相形之下，這場忘年會很平和，會中有幻燈片秀、短劇、跳舞和各種酒，但是沒有打架。

恢復上班後，因為塞爾芬銀行，就是公司標誌像核廢料的墨西哥銀行，到下午還沒有償還積欠摩根士丹利的一筆六千五百萬美元外匯交易債務，在公司引起一陣緊張。幸好結果是虛驚一場，是聯儲的匯款服務小小延誤。那天稍晚，那筆錢安然匯到衍產部的帳戶。

這場驚嚇雖然沒有傷害我們部門的財務，卻引發大家對墨西哥與墨西哥銀行的些許擔憂，尤其擔心我六月承作的披索連結美元保證票券中的墨西哥美元證券交易。墨西哥美元證券只是六個月期的交易，十二月二十日星期二馬上就會到期，塞爾芬銀行擁有墨西哥美元證券的次順位票券，這種票券的價值大致要看前一個星期五的披索收盤價而定。墨西哥傳來跟恰帕斯州（Chiapas）叛亂有關的一些壞消息，墨西哥市場也有一點不安。但是幸好星期五披索收盤時，收在墨西哥中央銀行用來管理匯率的「披索波動帶」之內，墨西哥美元證券案子似乎會順利地清償。

然而，我們仍然擔心墨西哥。墨西哥央行的外匯存底迅速流失，貿易逆差增至將近一百七十億美元，墨西哥債券買主最大風險所在的墨西哥披索，出現沉重的下跌壓力。除了墨西哥美元證券之外，另一筆披索連結美元保證票券交易要在一月十五日到期，包括摩根士丹利在內的很多大型投資人，都撤出墨西哥。近幾個星期內，美元飛速從墨西哥撤退，有時候是整箱、整箱地運走。接下來的幾個星期肯定會很緊張。

還有其他潛在問題存在，對某些投資人來說，披索連結美元保證票券風險太高；對投資經理人來說，卻是近乎完美的交易；對墨西哥銀行來說，風險卻遠遠不足，他們渴望擁有風險，披索連結美元保證票券只是刺激了他們的胃口。從他們的觀點來看，披索連結美元保證票券其實是賣出而不是買進。到一九九四年，墨西哥銀行渴望買進，而不是賣出，他們希望買進更多上檔利潤比披索連結美元保證票券更高的東西，他們渴望賭博。他們需要、甚至要求提供「槓桿」，好讓他們能夠借錢，承擔更大的風險。就像墨西哥國民銀行魅力十足的瓦格斯，喜歡拿下暗色的太陽眼鏡，用走調的英文宣稱「我愛槓桿」一樣。

我們決定推出槓桿極高的衍生性金融商品大餐——「總報酬交換」，來滿足墨西哥銀行。我從第一波士頓辭職前不久，還跟著前任上司做過一筆總報酬交換交易。整個一九九四年裡，摩根士丹利做了很多總報酬交換交易，這種交易就像利用融資買進證券一樣，只是你借的錢可能超過投資總額的一半。

我第一次聽說總報酬交換時，是跟一位衍生性金融商品交易員在酒吧裡，設法說服他解釋一種叫做「權益交換」的東西。我聽說很多有錢的富人利用權益交換避稅，結果我發現，權益交換是總報酬交換的一種，只是當時我並不知道。

我知道「交換交易」只是在某段時間裡交換收益的合約，我認為簽訂交換交易有很多好原因，例如，最基本的交換交易是換利合約，這種交易可能防止了美國的儲貸業危機。假設現在是一九八〇年代，儲蓄貸款機構以固定利率，貸款給買房子的人，因為貸款戶繳交固定利率的利息給儲貸業，儲蓄貸款機構因此擁有固定利率資產。然而，因為儲貸業支付浮動利率利息給存戶，必須付給存戶浮動利率的日息，因此擁有浮動利率負債。儲貸業擁有固定利率資產和浮動利率負債時，會碰到問題：如果短期利率上升，儲貸業的浮動利率負債會增加，固定利率資產卻不會增加。儲貸業像一九八〇年代的很多同業一樣，若處在這種困境可能會倒閉。

脫離這種困境的方法之一是換利合約：儲貸業找一家投資銀行，雙方同意一個「名目金額」（例如，一千萬美元）和一個到期日（例如五年），然後儲貸業繳交固定利率利息給投資銀行（就是占名目金額的固定比率），到到期日為止，投資銀行付給儲貸業浮動利率利息。現在儲貸業的資產和負債就搭配好了，儲貸業收到貸款戶繳交的固定利率收益時，就繳交固定利率換利收益給投資銀行，儲貸業從投資銀行收到浮動利率換利收益時，就支付浮動利率存款的利息。我認為，這一點似乎是利用交換交易的好理由，也應該是一九八〇年代儲貸業利用這種交易的好理由。

但是我卻發現，交換交易是金融市場的化身博士，也可能用來達成不是太好的目標。權益交換和換利合約都是出自相同的觀念，卻用在大不相同的目的上。權益交換是一種合約，通常用在個人和銀行之間，個人同意把若干股票的長期報酬率，繳交給銀行，銀行同意把現金支付（通常是提前支付）給個人。權益交換不是證券，而且一直到最近，權益交換都完全不受監督，不需要向包括國稅局在內的任何人申報。

例如，一位希望逃避股票不能出售規定的富人——我們把他叫做巴先生，實際上可以藉著簽訂權益交換的方式，把股票賣掉。投資銀行會付給巴先生現金，巴先生會在很長的期間裡，把股息和股價上漲的總報酬繳交給銀行。巴先生會像賣掉股票一樣，得到現金，但是嚴格地說，他並沒有賣股票。

希望把漲價的股票賣掉，卻不認列資本利得、繳交資本利得稅的人，都可以利用權益交換。權益交換不會被人視為賣股，因為個人仍然擁有標的股票，因此可以實現股價上漲的利得，卻不必繳稅。富有的股東再也不必遊說政客廢除資本利得稅，只要出點錢，投資銀行就會提供絕對機密、個人自行廢除資本利得稅的方法。近年來，美國從富有個人收到的資本利得稅接近零，主要就是託權益交換的福。

投資銀行在權益交換上，完全不會碰到半點市場風險，因為他們可以靠著「放空」，規避暴露在向投資人收取股票收益上的風險。如果股價下跌，銀行從投資人手中收到的收益會減少，但是放空股票的負債也會相對減少。對投資銀行來說，權益交換當然是毫無風險的搖錢樹。

後來曝光的權益交換不只一樁，監理機構已經努力設法阻止這種交易。例如，一九九四年三月二十九日，著名的樂透彩和賭博設備供應商奧多多公司（Autotote）董事長兼執行長羅恩．魏爾（Lorne Weil），跟信孚銀行簽署了一樁廣受注目的權益交換，魏爾實質出售自己的奧多多公司股票，卻沒有繳納資本利得稅，也沒有放棄股票所賦予的投票權。信孚同意為魏爾的五十萬股奧多多股票，付給魏爾一千三百四十萬美元，加上一千三百四十萬美元的浮動利率利息；魏爾則同意把股票每季的股息繳交給信孚。五年後，如果股價下跌，魏爾會收到額外的收益，如果股價上漲，魏爾會繳交額外的金額。從經濟的角度來看，魏爾實際上不再持有這筆股票，但嚴格說來，他仍然擁有這些股票。

我記得我看過跟這筆交易有關的文章，不敢相信這類交易如此常見，這種權益交換是不折不扣的稅務騙局。我問一位業務員，銀行提供權益交換是不是賺很多錢，他慘叫一聲，翻著白眼，喃喃說道：「老天爺，你是在開我玩笑嗎？賺好多點啦！」一點等於交易名目金額的百分之一，也就是股票現值的一%。「賺好多點！」表示銀行賺了一大筆手續費。假設巴先生擁有一億美元的股票，如果他把股票賣掉，他要繳交一千萬美元的稅，以一億美元的權益交換來說，投資銀行無須承擔風險，不需要做什麼工作，就可以賺到超過一百萬美元的手續費。巴先生仍然會省下幾百萬美元的稅，而衍生性金融商品業務員會賺到巨額佣金，人人皆大歡喜，只有美國財政部例外。對了，納稅人也例外。

墨西哥金融市場的紅色警戒

權益交換是美國企業基本上不繳半點資本利得稅的原因之一，這種交換交易已經存在好多年，華爾街很快就把這種觀念，推廣到包括墨西哥在內的其他市場上。摩根士丹利比較常見的交換交易，是我前面提過的總報酬交換，這種交易的運作方式如下：

假設墨西哥有一家銀行，想跟衍產部做一筆總報酬交換，這家銀行和衍產部只要簽訂一項合約，規定：一、這家墨西哥銀行同意繳息給衍產部；二、衍產部會把事先選定的證券的「總報酬率」，支付給墨西哥這家銀行。對大部分墨西哥銀行來說，事先選定的證券通常都是以披索訂價，名叫墨西哥國庫券的短期墨西哥政府公債。我們提供的合約叫做「墨西哥國庫券交換交易」，更常見的名稱叫「披索交換交易」。例如，墨西哥一家銀行可能同意就一億美元的金額，繳給衍產部八%的利息，為期六個月，交換我們的衍產部同意在六個月內，把一億美元墨西哥國庫券六個月的報酬率，付給該行。如果披索不對美元貶值，這筆墨西哥國庫券的報酬率可能達到一六%。這些規定是披索交換交易中常見的條件，從墨西哥銀行的角度來看，披索交換交易是對墨西哥的槓桿式投資，銀行向摩根士丹利借錢，收到一筆墨西哥公債的報酬。

為什麼墨西哥銀行這麼熱中購買披索交換交易？原因之一是他們對墨西哥很樂觀，希望大肆投機相當高的本地利率，因為他們相信墨西哥披索會繼續強勁，墨西哥債券會有優異的表現。如果墨西哥國庫券到期時完全清償，披索又沒有貶值，墨西哥銀行在墨西哥國庫券上，就會賺到一六%的報酬率，向摩根士丹利借的錢，卻只需要繳納八%的利息。如果利率一六%的披索沒有對八%的美元貶值，他們會賺到八%的利差，因為披索交換交易金額龐大，這八%將是一筆大錢。

更重要的是，披索交換交易讓墨西哥銀行增加這種投機的規模，卻沒有任何不利的後果，也不會曝光。在理想的情況下，墨西哥銀行希望盡其所能的多借錢，盡其所能的多買墨西哥債券。披索交換交易基本上跟借美元、買墨西哥債券一樣，但是如果銀行直接購買，就會碰到墨西哥主管機關的信用和監理限制。

銀行借錢買債券時，這些部位會在銀行的資產負債表上出現，形成成本——借款是負債，債券是資產。國際銀行監理法規規定，銀行必須根據本身的資產和負債，維持某種最低的資本水準。如果資產和負債增加，銀行必須要有更多的資本，對抗損失。這種規定意在確保銀行總是擁有適足的資本來消化任何損失，以免倒閉，碰到市場崩盤時，更是如此。

根據墨西哥的銀行監理法規，到一九九四年時，墨西哥銀行的資產負債表已經「滿載」，他們已經盡情操作槓桿，大肆投機墨西哥披索。在資本適足率居高不下，金融監理又更嚴格的情形下，害他們不能再增加借款，也不能再購買任何資產。然而披索交換交易讓他們可以增加投機，卻規避這種成本和法規。銀行熱愛交換交易，是因為交換交易不像貸款或其他形式的借貸，不會出現在資產負債表上，因此不受資本適足率或其他法規限制。換句話說，從資產負債表的角度來看，披索交換交易是免費的交易。

墨西哥不是唯一實施自由、有利交換交易法規的國家。多年來，國際交換交易員協會代表全世界一百五十家交換交易自營商，一直努力遊說政府說：「值得強調的是，交換交易活動一直沒有受到詐欺、強制或其他非法行為汙染。」希望把交換交易從金融監理中排除在外。一九九二年十月，美國國會授權商品期貨交易委員會，豁免對交換交易的監理。交換交易自營商在老布希政府時代更努力遊說，希望商品期貨交易委員會執行這項授權。最後，商品期貨交易委員會終於在一九九三年一月，柯林頓宣誓就任美國總統前，在主委溫蒂．葛蘭姆（Wendy Gramm，共和黨總統候選人菲爾．葛蘭姆 Phil Gramm 的妻子）的領導下，批准了豁免監理的作法。大家宣稱，這是共和黨對交換交易商的「告別禮物」。

披索交換交易是墨西哥銀行祕密借貸美元來購買墨西哥政府公債。墨西哥金融監理機構照理應該能抓到試圖借貸，再增購債券的墨西哥銀行，因為這種作法是透明的。但是實際情形正好相反，墨西哥主管機關幾乎抓不到銀行祕密談判而不申報的交易。

墨西哥銀行的狂歡毫無止境，很快地，有利可圖的披索大宴就發展到駭人聽聞的程度——而且只要披索不崩盤，墨西哥主管機關就絕對不會知道。然而，墨西哥銀行因為祕密吃進這麼大量的披索交換交易，在財務上，得到嚴重的健康問題。鑒於墨西哥簽署《北美自由貿易協定》後，經濟體質有變，他們應該遵循健康的飲食之道才對。結果，他們反而先大吃大喝披索連結美元保證票券，現在又大量吃進披索交換交易，吃進這麼多東西，體重卻沒有增加，就表示大事不妙了。

摩根士丹利推動這些交易的方法健全多了。我們在披索交換交易中，站在跟墨西哥銀行對立的一面，我們這一面的下注方式跟墨西哥銀行一樣複雜，而且風險一樣高，我們同意依據特定的匯率，接受美元，付出墨西哥披索。如果我們不避險的話，有三種情況出現都可以讓我們賺錢：美國利率下降，墨西哥利率上升，或墨西哥披索對美元貶值。

然而，我們卻無意暴露在這種風險中，因為我們「作多」美元、「作空」披索（你作多買進的東西，作空賣出的東西），公司因此希望把其中的若干風險，分攤給其他投資人。我們不希望獲利取決於美國與墨西哥利率與匯率的波動，我們只希望收到我們的佣金。

我們利用避險消除大部分的風險，作法很簡單，就是買進和持有墨西哥國庫券——跟我們拿來支付披索交換交易收益的基準相同。一旦我們買了墨西哥國庫券，不管利率和匯率怎麼變動，我們都會得到保障。如果墨西哥國庫券價值提高，我們根據披索交換交易，付給墨西哥銀行的收益增加的數量應該完全相同，反之亦然。因為墨西哥銀行付給我們比較高的美元利率，通常比美國國庫券利率高出兩百個基點（即二%），我們可以用較低的利差，也就是大約二十五個基點的利差借錢。我們藉著買進墨西哥國庫券的作法，變成了中介，賺取借貸之間的利差。視我們承作的披索交換交易金額而定，這種利差可能代表金額驚人的獲利。

不幸的是，持有墨西哥國庫券會造成額外的問題，摩根士丹利的借貸成本比墨西哥銀行低，卻不喜歡把借貸能力用在這種交易中。摩根士丹利的資產負債表太寶貴了，不能用來持有墨西哥國庫券，連持有幾個月都不予考慮。幸好，我們可以把墨西哥國庫券的部位「分出去」——把國庫券部位，借給另一家資產負債表比較沒有那麼寶貴的銀行，到披索交換交易到期為止。這種交易現在已經變得相當常見，名叫「承租別家銀行的資產負債表」。另一家銀行——通常是富國銀行——會「買進」我們的墨西哥債券，我們會同意在幾個月後「買回」，並且付給富國銀行一筆費用，作為在這段期間借用他們資產負債表的報酬。即使我們要付把墨西哥國庫券分出去的費用，披索交換交易裡還是有很多利頭，而且投資銀行在這種交易中，通常要賺一%的手續費，以價值十億美元的披索交換交易來說，一%的手續費就是一千萬美元。

墨西哥國庫券還會帶給摩根士丹利另一個問題：如果墨西哥違約倒債，摩根士丹利該怎麼辦？如果墨西哥倒債，我們會慘遭屠殺（用我上司的話來說，我們會被徹底摧毀）。

為什麼？因為如果墨西哥違約，我們的披索交換交易債務會蒸發，因此不必付給墨西哥銀行半毛錢，但是我們也不會從墨西哥銀行那裡收到半毛錢，因而仍然背負著我們借錢購買墨西哥國庫券、作為披索交換交易避險工具的債務。這種債務有多大？跟我們的披索交換交易一樣大。然而，大多數新興市場業務員都認為，墨西哥或墨西哥銀行都不會違約。

墨西哥銀行說，他們準備做交換交易「直到他們倒地為止」。我們沒有讓他們失望，衍產部最後賣出幾十筆披索交換交易，價值超過十億美元。我建立了一個電腦模型，追蹤不同交換交易的風險，也追蹤公司對不同墨西哥銀行的曝險程度。公司的曝險金額讓我嚇呆了，基本上，摩根士丹利幾乎是一夜之間，決定借給墨西哥銀行超過十億美元的貸款，大約等於一九八〇年代拉丁美洲債務危機前，一家大型商業銀行對墨西哥的曝險金額。但是很少人知道風險這麼大，連摩根士丹利內部也很少人知道。

大摩光是對塞爾芬銀行，就貸出幾千萬美元，然而，該行卻是風險最高的墨西哥銀行之一。光是我們在塞爾芬銀行交換交易中的曝險，就應該讓我們公司的經營階層有所警覺。藍皮書中的情境令人害怕，如果墨西哥違約，我們仍然負有披索交換交易部位的債務，公司將徹底毀滅。

衍生性金融商品使這種變化突如其來，又讓人不知不覺。摩根士丹利在幾個星期裡，貸給墨西哥銀行的貸款，就超過很多商業銀行好多年的貸款，這就是政客和監理機關經常警告的「熱錢」，這種資金會非常快速地流入某個國家，卻也可能同樣快速地流出去。如果摩根士丹利察覺到墨西哥即將爆發危機，一定會在瞬息之間，撤出資金。這種交易幾乎不可能追蹤，商業銀行的貸款要受墨西哥和美國的法規限制，披索交換交易卻不受上述兩者的規範。此外，墨西哥銀行不必把這種交易中的任何一筆，紀錄在帳簿上，因為按照分類，披索交換交易屬於「資產負債表以外」的交易。摩根士丹利也不必揭露這些交易，因為披索交換交易不是證券，又豁免於美國若干監理法規的規範——一切拜一九九三年一月共和黨的「告別禮物」之賜。金融機構利用衍生性金融商品，能快速、輕鬆、徹底地重新配置投資部位，因此墨西哥的金融體系基本面，可以在一夕之間改頭換面。

我很擔心這種改變的影響，伴隨著墨西哥若干變數而來的風險，我對呈現在我的電腦試算表上的分析結果不很樂觀。墨西哥的外匯存底持續減少，央行拚命維持披索的匯價。要維持披索匯率於不墜，墨西哥必須動用辛苦積聚的寶貴美元購買披索。因此，支持披索變成了代價高昂的作法。

如果災難來襲，速度一定快如閃電，在這種緊急情況下，墨西哥銀行一定得不到既有監理體系的支持——銀行或墨西哥政府可能違約。我對墨西哥的破產法庭有信心嗎？完全沒有。

我們的衍生性金融商品交易，包括披索連結美元保證票券在內，都跟披索價值連結在一起。如果披索崩盤，我們的投資人一定會大賠，非常可能會控告我們，這時，跟衍生性金融商品有關的惡劣名聲，都可能產生致命的影響。然而，我對同事表示這種憂慮時，卻發現自己明顯居於少數。

我認為，問題在於墨西哥披索是所謂的管理貨幣。墨西哥央行畫設了一個價格區間，讓披索在區間裡交易，這個區間設定了最低和最高價，投資人可以在上下限中買賣披索。如果你想買賣披索，市場上卻沒有人提供合理的價格，你總是可以依賴央行公布的價格。

央行價格區間的「最高價」是披索匯價的上限。披索不會漲破上限，原因之一是央行承諾會以上限價格賣出披索，買進美元。然而，價格區間的上限通常無關緊要，因為披索的大部分壓力是下行壓力，總是有很多人願意以最高價賣披索、買美元。市場上賣美元、買披索的交易比較稀少，一九九四年下半年更是如此。投資人比較可能藉著把披索換成美元，從墨西哥「撤資」，不是反其道而行。

相反地，價格區間的「底部」則是披索匯價的支撐，因為央行承諾要以這種最低價買進披索、賣出美元——至少每一個人似乎都這樣認為。披索碰到龐大的跌價壓力時，央行會動用外匯準備，買進披索，賣出美元，滿足披索的賣方。墨西哥市場的參與者似乎認為，價格區間的底部神聖不可侵犯，央行會不計一切，保護披索。

墨西哥央行近年穩穩把守價格區間的上限，但是容許下限價格每天微微下跌，好讓披索緩緩貶值。大家也期望披索略微貶值——事實上也有這種必要——因為墨西哥利率高於美國利率。一般說來，兩國之間家中利率較高的匯價會走貶，長期而言，經濟學這條基本法則幾乎總是正確無誤。

但是墨西哥似乎還不了解長期狀況，預期的披索下跌還沒有出現，反而長久維持在接近上限價格的地方，這種穩定狀況造成墨西哥銀行大力投機。如果披索維持在價格上限附近，墨西哥銀行可以藉著繼續借美元、買披索債券，輕鬆地賺錢。這種策略當然只能在短期內有效，披索不可能永遠維持在上限價格附近，久而久之，經濟學基本法則一定會造成披索下跌。

問題是長久之後，這些銀行是死是活？雖然我的「相信長期」信念，曾讓我在二十一點牌桌上有過痛苦的經驗，卻仍然主張應該注意這些基本經濟法則。我堅稱經濟理論一定會獲得最後勝利，披索一定會崩盤。我極為相信自己的立場，以至於跟一位同事激辯披索的問題時，跟他賭十美元，說披索一定會在一年內跌破價格區間。在交易廳裡，賭一百美元、甚至賭一萬美元都毫無意義，這麼大的賭注只是錢而已。然而，你賭十美元時，卻有完全不同的意義。我看壞披索的十美元賭注，不只跟錢有關，更事關我的尊嚴。

機關算盡

同時，一九九四年十二月，摩根士丹利和墨西哥銀行繼續計算利潤。披索安然守在價格區間裡，但是摩根士丹利還有一個問題要處理——如果墨西哥的披索債務不違約，反而決定用披索清償債券，並禁止債券持有人把債券轉換成美元時，摩根士丹利該怎麼辦？就像我前面說的一樣，對墨西哥來說，印製披索比創造美元資產容易多了。

我們把困在披索中的風險叫做「兌換風險」（convertibility risk），這種風險相當實際。墨西哥政府曾經以禁止外匯交易的方式，暫時中斷本國貨幣的兌換。如果墨西哥現在這樣做，摩根士丹利就會抱著一大堆墨西哥披索，而不是抱著美元。我們要怎麼排除這種風險呢？

我們把兌換風險轉移給別人的方法既新鮮又有趣，我們只需創造一種新債券，這種債券看來一切正常，只有在墨西哥停止披索的兌換時，債券的償付貨幣是披索而不是美元。如果我們能夠賣出這種債券，就可以有效地把我們的兌換風險，全都轉移到債券持有人身上。

誰會買這種債券？你可能認為是不在意擁有很多披索的人——我們考慮過這種可能性。是精明的避險基金嗎？墨西哥企業嗎？新興市場共同基金嗎？不是，都不是這種買家，你盡量去想最不精明、最昏昏沉沉的投資人就對了。摩根士丹利把墨西哥披索的兌換風險，轉移給中西部的小型保險公司。

衍產部為了銷售這些債券，必須找來公司裡最積極進取的業務員。因為某些我不了解的原因，公司裡最積極進取的業務員都在舊金山分公司服務，不過他們的客戶不見得都在舊金山。以橘郡事件聞名的史塔孟森就是舊金山分公司的典型員工，或許如果你必須每天早上四點就上班[2]，你自然會變得積極進取。不管是什麼原因，摩根士丹利的這位業務員是適當人選，他立刻打電話給一家中西部小型保險公司的客戶，你可以想像他會像下面這樣展開推銷攻勢：

「喂，老兄，最近還好嗎？不壞嗎？噢，我有一種一年期的債券要讓你瞧瞧，發行人是高評等銀行——紐約共和銀行或德意志銀行，隨便你選。這種債券的報酬率比倫敦銀行同業拆款利率多出五十個基點，就是多出半個百分點，五十點喔，五十個基點喔，大致上就是得來全不費功夫，不買白不買。有什麼問題嗎？完全沒有問題。噢，順便要說的是，如果墨西哥政府限制外匯市場，你可能拿到墨西哥披索，而不是美元。覺得怎麼樣？」

「你剛剛說什麼墨西哥？」

---

2 加州與紐約有三小時時差，紐約證交所早上七點開始盤前交易。

「對，墨西哥，你看怎麼樣？」
「是墨西哥披索嗎？」
「對，你要多少債券？」
「噢，如果能夠額外賺到五十個基點，我想我先買個四千萬美元好了。」
就這樣，這家中西部小型保險公司就向我們公司買了新的高科技披索可轉換票券。
你可以試著想像這筆買單可能碰到的後果：中西部一位可憐的老祖母突然變成了寡婦，她把丈夫過世的消息通知保險公司，然後聽到一些好消息，也聽到一些壞消息。好消息是她很快會收到保險金給付；壞消息是她退休後必須到墨西哥阿卡普爾科去住，才能花這筆錢。我實在想不出比這更不適宜的投資人和投資標的組合了。這些債券一年後就會到期，這家保險公司只能祈禱我輸掉十美元的賭注，墨西哥平安度過一九九五年。衍生性金融商品再度讓人投機，然後再隱瞞真相。保險公司似乎在買一種簡單的高評等銀行票券，但債券可能用墨西哥披索贖回的規定，掩埋在微小的文字裡。如果沒有爆發金融慘劇，保戶永遠不會知道這種風險。
看來這些在墨西哥投資的人即將大禍臨頭，若干警訊確實已經出現：墨西哥的外匯存底暴跌，墨西哥央行必須動用寶貴的外匯準備，維持披索目前的交易水準，因應外國投資人大量撤出披索的局面。同時，國內政治情勢日趨緊張，幾乎每天都會傳出武裝起義的謠言。

怪異的是，雖然傳出這些警訊，摩根士丹利的墨西哥分析師奇普・布朗（Chip Brown）卻繼續說好話，摩根士丹利資產管理公司的新興市場大師畢格斯也不斷發表看好新興市場的報告。摩根士丹利裡最樂觀的人是研究分析師小羅伯・裴洛斯基（Robert J. Pelosky Jr.），他在十二月的報告中寫到最近一次的荒野度假之旅，讓他深信墨西哥「令人動容」，是他「最愛的市場」。他預測披索會繼續維持目前的交易區間。

我不知道這些話到底是言不由衷還是天真，總之摩根士丹利裡一定有某個人在提防墨西哥崩潰。備受尊敬的麻省理工學院教授魯迪・多恩布希（Rudi Dornbusch）指控很多分析師，嘴上大談墨西哥多好歸多好，他們的公司卻「從後門一聲不吭溜走」。我知道摩根士丹利不理會公司裡墨西哥分析師的話，正在降低對墨西哥的曝險。不論這些分析師的話是有意還是無心，他們很快就會自打嘴巴。

血流成河的華爾街

一九九四年十二月二十日星期二，墨西哥披索崩盤，墨西哥央行披索匯率立刻貶值一二・七%，嚇壞了金融市場。披索失去央行的支持後暴跌，跌破交易區間，在兩分鐘之內，從三．四六披索兌一美元，跌到三．九二披索兌一美元。墨西哥股市跟著匯率一起崩盤，墨西哥利率激升。披索崩盤後，跌勢不止，一再下探，幾天內大約慘跌四〇％。

我們打電話給多家墨西哥銀行客戶，但是很多人被嚇得甚至說不出話來，有一位失聲嗚咽。披索下跌把痴肥的墨西哥銀行推下懸崖，摔個粉身碎骨。凡是認為墨西哥銀行是「現金禮物罐」而期待撞破領獎的人，都會失望地發現裡面空無一物。因為匯率下跌的關係，墨西哥銀行的資產負債表空空如也，這點表示，如果有銀行違約的話，摩根士丹利可能也要痛哭一場。雖然衍產部已經減碼披索交換交易部位，剩下的交換交易卻仍然有幾千萬美元，我們不知道別人會不會還錢。

我的第一個念頭是我跟同事之間更為重要的十美元打賭。我預測披索會跌破價格區間，現在我賺到了十美元，證明我預測正確。

隔天，披索匯率跌破四披索兌一美元大關，直抵五披索兌一美元。墨西哥央行召開視訊會議，告訴投資人一切都會安然無恙，卻沒有人相信。墨西哥和美國政府官員現身電視節目安撫投資人，同樣沒有人理會，披索直線下跌。有一陣子，我們的各種披索交換交易的擔保品跌勢慘重，以至於我們對墨西哥銀行的淨曝險高達數億美元，引起經營階層的關切。四人幫加上柯奇斯和迪雷格特緊張地再度在交易廳來回踱步，最糟糕的情況出現了。

幸好，墨西哥美元證券債券就在十二月二十日披索崩盤前幾小時清償，驚險躲過幾千萬美元的損失。我的交易在最後幾分鐘得救了，但其他投資人可就沒有這種好運。一向主張陰謀論的稻草人認為，塞爾芬銀行、可能還包括墨西哥其他銀行跟墨西哥政府串通，決定披索貶值的時機。披索在塞爾芬銀行的墨西哥美元證券到期後才貶值，純粹是巧合嗎？這些票券的發行額度高達一億美元，披索貶值時，塞爾芬一定首當其衝，虧損慘重。此外，塞爾芬在披索交換交易上應該也會大失血慘賠，同時承受美元債務升值、披索債權貶值之苦，兩面挨刮。

稻草人說，塞爾芬擁有良好的政治關係，但是財務狀況十分惡劣，迫切需要收回墨西哥美元證券交易中的全部金額。這種想法有幾分牽強附會？塞爾芬是墨西哥第三大銀行，經理人與政府關係的確很好，然而，這種陰謀論卻缺乏直接證據。塞爾芬申報一九九四年第四季財報，說他們因為外匯交易而獲得財務淨獲利時，的確讓不少人驚訝。塞爾芬的會計標準若非寬鬆到不可思議（該行於本季確實有虧損），就是政治關係讓他們在披索崩盤前賣出。我認為前者比較可能。塞爾芬雖然有「獲利」，卻顯然身受其害，它宣布要把紐約分行的員工裁掉三分之一。

投資圈得知很多公司和共同基金大筆押注墨西哥後，深感訝異。例如，花旗銀行過去在墨西哥幾乎推不動大來卡，現在卻承認一九九四年的三十二億美元獲利中，有四〇％來自新興市場業務。化學銀行（Chemical Bank）宣布，在墨西哥披索交易上虧損七千萬美元，是所謂「未經授權」的交易造成的。富達集團的旗艦基金「Asset Manager」——世界最大基金之一——也有二〇%的資產投資在拉丁美洲債券上。光是一九九四年裡，就有六十檔新興市場基金成立，你很有可能持有其中一檔。《華爾街日報》報導，摩根士丹利是這些基金所購買墨西哥衍生性金融商品最大的賣家，從行銷觀點來看，這則消息的確不是很好的宣傳，我們也為最惡劣的狀況做好準備。某家避險基金的常務董事告訴新聞界，說現在「華爾街上血流成河」。

評等機構匆匆調降他們所能找到的每一檔墨西哥債券。標準普爾降低了很多債券的評級，其中包括一月十五日到期的披索連結美元保證票券。摩根士丹利的分析師突然變臉，宣稱墨西哥進入「經濟緊急狀態」，對墨西哥的看法大轉變。畢格斯告訴《華爾街日報》新興市場過去在投資銀行圈中多麼熱門時感嘆說：「很多只是中學時修過西班牙語的聰明年輕小夥子，受雇擔任拉丁美洲分析師，拿四十萬美元的年薪。」至少我知道他不是說我，我從來沒有修過西班牙文。

墨西哥的苦難迅速波及拉丁美洲其他國家，影響十分劇烈，這就是我們過去所擔心的「龍舌蘭效應」。阿根廷股市下跌八%，巴西股市下跌六%，每一個發行過布雷迪債券的新興市場國家都兵敗如山倒，包括阿根廷、巴西、奈及利亞和波蘭。而包括中國在內的其他國家也遭到波及，投資人困惑不已，不知道為什麼墨西哥貨幣貶值會引發地球另一邊毫不相關的市場崩盤。原因之一是新興市場基金受益人開始贖回時，基金經理人必須變賣股票以應對贖回，因此首先賣出下跌幅度最小的資產，這種下跌壓力擴散幾萬里遠。龍舌蘭效應也像摩根士丹利一樣，已經全球化了。

阿根廷的第四期信託也是受害者，在幾星期內，就虧了五千萬美元。投資人氣瘋了，一直打電話來要求解釋，或要求提供最新報價。交易員不再擔心公平價格是九十美元，還是九十五美元，現在，連六十美元看來都是相當好的價格。有一位交易員說，我們應該準備挨告。

第四期信託甚至不是表現最差的衍生性金融商品。崩盤後的幾星期裡，大家互相交換戰情，我聽說很多衍生性金融商品跌幅超過五成。有一位第四期信託的買主是摩根士丹利旗下資產管理子公司的基金經理人，他說第四期信託只是他的投資標的中表現第二差的投資，另一家銀行賣給他的墨西哥披索結構型票券在一天之內，從一百美元跌到二十七美元。我還聽說好幾種衍生性金融商品從一百美元，跌到一文不值呢！相形之下，第四期信託看來沒有這麼慘，菲律賓第一信託更是毫髮無損。

自己造業自己擔

進入一九九五年後，新年帶來新希望，更重要的是，五百多億美元的墨西哥紓困案出爐。投資人不相信紓困案能夠幫上什麼忙，披索繼續下跌，跌到將近六披索兌一美元的程度，大約是兩星期前匯價的一半。墨西哥銀行垂頭喪氣，我祝墨西哥國民銀行的「刀鋒戰士」新年快樂時，他回答說：「不對，不是新年快樂，是求新年會比去年好一些，我們只敢抱著這樣的希望而已。」墨西哥國民銀行召開法人說明會，討論自己的問題，說他們在一九九四年的外匯交易上，虧損五億零八百萬披索，依據當年的披索平均匯率計算，虧損超過一億美元。該行說，按照規定，他們不必公開承認這些虧損，因為其中很多虧損、包括我們賣給他們的披索交換交易，是「資產負債表外」的虧損。然而，墨西哥國民銀行還是宣布虧損，原因不見得是因為他們是誠實的企業公民，而是因為若干稅務因素。塞爾芬銀行的情況更慘，承受必須籌集現金的沉重壓力，不得不出售我們賣給他們的交易部位，包括巴西指數化美元證券和第四期信託。

摩根士丹利的狀況也好不到哪裡去。一位交易員預測，貶值至少會造成公司虧損三千萬美元。（他擔心這筆虧損會影響他明年二月的年終獎金，難過地說：「墨西哥為什麼不能再等一個月呢？」）我們的其他披索連結美元保證票券陷入嚴重險境，必須執行非常巨額的外匯交易，把披索換成美元。我們賣出披索時，披索又下跌了另外四分之一點，不過我們終於把所有披索都換回美元，還給投資人。

不幸之中，還是有一些結局令人滿意，巴西指數化美元證券因為跟複雜的通膨指數差異有關，清償的金額甚至比我們預期的還多。那家中西部小保險公司因為購買披索可兌換票券，收到了以美元付款而非以披索付款的報酬，因為墨西哥沒有停止外匯兌換。但這些只不過是少數例外。

業務員常說，他們是以某種價格買進特定交易的「大買家」。例如，他們可能說：「我是以九十九美元買進墨西哥美元證券的大買家。」隨著拉丁美洲市場繼續崩潰，第四期信託變成了受害最嚴重的案子，說明第四期信託價格的衍生性金融商品業務員幾近崩潰。有一位客戶打電話來詢問價格時他說：「算五、六十塊吧？我根本懶得理會了，我們全都完了。」到一月中，衍產部提議用四十二元買進第四期信託，五十元賣出，八美元的買賣差價根本是聞所未聞，還可能更糟嗎？有一位業務員說，他是以零元買進第四期信託的大買家。

業務員和交易員跟面臨危機的人一樣，會設法用幽默來緩解困境。我聽說，華爾街的大部分幽默繞著電影《瘋狂高爾夫》（Caddyshack）的台詞打轉。例如，比爾．墨瑞（Bill Murray）當一位教士的桿弟時，這位教士打出生平最高的一回合成績，傾盆大雨開始落下，墨瑞說：「我認為更糟糕的還在後頭呢。」披索崩潰後的幾個星期裡，一再有人引用這句話。（順便要說的是，如果你打算在華爾街功成名就，你必須能夠得心應手地引述這部電影裡的話，深切了解《瘋狂高爾夫》比掌握所有跟金融有關的技巧都重要。這部電影滲透進投資銀行圈的每一個角落，不經意提到「長椿象」或「錳」等行內人才懂的笑點，常會是完成一筆交易的關鍵。安撫心急如焚的客戶時，有時候最好的方法是塞給他一張二十美元的鈔票，跟他輕聲說：「君子之爭，放個水嘛。」情勢真的十分惡劣時，每個人都會欣賞墨瑞說的那句話。曼哈頓一家與電影同名的酒吧開幕，一再在多台螢幕上播放這部電影，只見投資銀行家像喝醉的地鼠一樣，紛紛擠進裡面。）

一月十九日，摩根士丹利宣布第四季純益會比預期大幅減少。同一天裡，西維吉尼亞州最高法院聽取一件跟大摩有關案件的辯論，大家愈來愈擔心很快就可能有其他訴訟案出現。大摩董事長費雪告訴彭博社的記者，說去年雇用這麼多員工，造成公司付出昂貴的代價，吃掉公司四%的年度股東權益報酬率。突然間，人人都陷入可能遭到裁員的風險中。

到一月底，固定收益部總監柯奇斯對旗下員工發表「交易廳情勢咨文」。我喜歡聽華爾街高級經理人演講，他們的演講總是率直而歡樂。我希望柯奇斯能夠在當前這種市場環境中，創造一些迫切需要的笑聲。

柯奇斯直指最近的問題，卻沒有說出讓人覺得有趣的事情。他說，一九九四年的情況很差勁，但是我們全都知道，這一行是景氣循環產業。他說，我們「自己造的業要自行承擔」，所以應該做好準備，幾星期後的獎金將大幅減少。他設法在工作保障方面安撫我們，卻只能說不會有「大規模裁員」。這句話是什麼意思？

那天稍晚，沙蘭特發表「衍產部情勢咨文」。結果內容更為悲慘，沙蘭特強調公司正在緊縮開支，衍產部已經實施撙節計畫，要降低非薪資方面的支出，尤其是較低階層員工支出的費用。他指責員工濫用報銷制度，說我們把衍產部二十五美元的晚餐費用上限當成目標，而不是限額。今後，衍產部經理會慎重查核我們的餐費和計程車開銷。

衍產部也準備推動大規模的員工整頓計畫：好多位員工要離職，還有很多位員工要調任公司內部新職。有人看到稻草人去面談衍產部以外的資產管理工作，我認為他準備離開。沙蘭特告訴我，衍產部經營階層考慮調我到新職位上。他們認為，一九九五年內，這個部門不能靠著銷售奇異的新興市場衍生性金融商品，創造出多少營收。沙蘭特說：「我們不再是有著渦輪增壓的新產品事業了，我們知道現在沒有人要買這種爛貨了。」他認為我應該擔任比較直接的職務，銷售簡單的衍生性金融商品，而不是創造複雜的衍生性金融商品。他說，公司對我的評估非常有利，我應該把調動看成機會，而不是看成問題——但是我可沒有這麼確定。

有些人考慮離開公司，到「買方」公司去。摩根士丹利和其他投資銀行叫做「賣方公司」，因為我們銷售債券給投資人；共同基金、避險基金和其他資產管理業者叫做「買方」，因為他們向我們買債券。有一位業務員用下面的話，向我解釋其中的差異：

「你知道買方和賣方的差別嗎？」

「不知道，什麼差別？」

「買方說去你媽的，然後掛斷電話；賣方掛斷電話後，才說去你媽的。」

買方中的避險基金特別熱門，全美一共有六千多家。「避險基金」的名稱顯然是個錯誤，因為避險基金通常都不避險，而是由追求風險的境外投資經理人操盤，在債券市場上投入一些最大的賭注。大部分避險基金都不受主管機關監督，避開美國證券法規的管轄，因為他們都是以私人投資合夥的形式組成。投資人限制在九十九位以下，又設在美國境外，不受美國證券法規的管轄，因此比較積極進取，經常融資到投資人原始出資的二十倍。

我的朋友表示有意投效避險基金之際，我想到避險基金員工和向他們推銷的投資銀行員工間的差別，忍不住大笑起來。我想起很久以前，跟第一波士頓一位名叫「公司醉鬼」的同事一起度過的早晨。他是個趾高氣揚的厲害業務員，負責幾家最積極進取的避險基金客戶。那天早上我七點半上工時，他已經喝得醉醺醺，他前一天夜裡（和那天早上）去了大西洋城，他不但吹噓自己贏了多少錢，還吹噓他吃了多少種起司牛排。

那天的談話我記得特別清楚，因為我幾乎當場吐在交易廳。他非常詳細地描述他吃的每一塊起司牛排，其中一塊是油滋滋的辣椒牛排，另一塊是吸滿波羅伏洛乳酪和濕軟焗洋蔥的牛排。我身懷鐵胃，又喜愛大西洋城的起司牛排，卻還是開始覺得噁心。他問我有沒有吃過大西洋城 DiFranco's 餐廳的東西，事實上，我吃過，他很高興聽到我這樣說。吃過 White House 餐廳嗎？有，他們的起司牛排也美味之至。

然後他問起我沒有聽過的一家餐廳，問我想不想去試試那裡的起司牛排，我以為他可能是建議我們去大西洋城一日遊。通常這種一天來回的行程很有趣，但是在他清楚描述肥滋滋的牛肉和起司後，我覺得倒盡胃口，根本不想去，何況太陽也才剛剛升上來，因此，我搖頭拒絕。他十分頑固地堅持要我試吃一塊，然後在他的桌子四周翻找，把一些文件移到一邊，再移到另一邊。

起初，我以為他在找折價券或廣告單，但是接著我驚恐地發現，他不是找這種東西。果然不錯，他又移動了一些東西，在一堆文件下面，找到了他要找的東西：一大塊黏乎乎、附有全部配菜、已經發霉的起司牛排。我不必說你也知道，最後是誰把牛排吃下去了。

我不知道是因為避險基金的狼性造成他淪落至此，還是避險基金是因為他的性格才看上他。總之，很清楚，如果你有得選擇，你一定希望自己變成索羅斯，而不是變成這個傢伙。

我們配合衍產部計畫中的整頓，開始檢討我們的客戶名單。有人要調動時，會開始打電話給不同的投資人，我們的名單已經過時，上面包括去年利用衍生性金融商品投機、落得「爆炸身亡」的很多投資人。橘郡的席特龍是名單上的一位，好幾位已經離職的基金經理人也在名單上。沙蘭特說，他在名單上沒有找到已經過世的人，但總是有這種可能；稻草人說O. J.辛普森也在名單上。所有名字都遭到刪除。

我們發現，多年來，衍產部一直誤發傳真給麥道公司（McDonnell Douglas），而不是發給麥當勞。原因顯然是一位祕書認為，麥當勞的名字一定是誤植，我們部門不可能找麥當勞推銷衍生性金融商品。她錯了。

發放年終獎金前幾週，發放獎金前的程序開始主導我同事的日子，所有的談話都和獎金有關。我不特別關心這一年的獎金，因為我是衍產部從其他公司挖角過來的少數員工之一，公司承諾我們，第一年會發放固定金額的獎金。然而，其他同事顯然很擔心自己的獎金。

發放獎金的前一天，我再也受不了跟獎金有關的談話了，就蹺班到麥迪遜廣場花園去看西敏寺犬展。有一位同事在我家裡的電話上留話，說沈恩要求每一個人明天帶支票本去公司，因為公司不但不發獎金，還要求我們把已經領到的薪水，退一部分給公司。我希望這個留言只是開玩笑。

發獎金那天早上，大家都很忙，有一位同事送我一件T恤，上面印著被我修改過的摩根士丹利延續六十年歷史的信念「一流企業，二流作風」。我設法把這件T恤藏起來，以免上司看到，他們一定不會欣賞我的幽默。整個早上，獵人頭業者一再打電話來，詢問我們對獎金是否「滿意」。我沒有理會這種電話。

經理們逐一把衍產部的員工叫進房間，告訴他們各自的獎金數字。稻草人出來時，整個人嚇呆了，幾乎說不出話來。他說這肯定是華爾街有史以來最糟糕的一年。

那天他早早就離開，要去麻州看軍用頭盔展，他要增加自己已收藏的兩百多頂頭盔的數量，設法安慰自己。

另一位業務員說，他考慮設立艱困不動產基金，購買康乃狄克州格林尼治的昂貴豪宅。他說，發放微薄的年終獎金後，一定會有一棟又一棟的豪宅要賣。

有一位平常安靜的衍產部交易員宣稱，他為公司賺到了五千萬美元的利潤，公司發給他的金額被嚴重低估。他衝出獎金商談房間後，立刻命令助理打電話給所有遊輪公司，宣布他要離開好幾個星期。他對這個部門裡的每一個人都是一個謎團。他戴著厚厚的眼鏡，似乎是個性格謙虛、溫順的怪胎，有一陣子卻承受價值幾億美元的風險。經常有人看到他深夜還在交易廳裡，跟身高超過一百八十公分的金髮美女約會，我猜我應該再也見不到他了。

有一位以前跟沈恩很熟的業務員（他們甚至一起上瑜伽課），使盡吃奶的力氣狂吼：「老兄，這個數字我完全不能接受，除非你們發給我至少五十萬美元，否則我絕不離開這個房間！」

不過，男性在這種會議上的遭遇通常比女性好，有一位女性員工被告知：「這一行裡的女性分為狠角色和綿羊兩種，你是後者。」

換我進去時，沙蘭特無意中把另一位同事的金額當成我的而念了出來。他很快就知道自己犯錯了，改口說出起初承諾的金額，然後告誡我千萬別告訴那位同事我知道他領多少。我也同意了。

第一波士頓的情況更慘，好幾位跟我在那裡同時受訓的人不是辭職，就是遭到開除。其中一位現在在布朗克斯當老師，另一位還在找工作，也有好幾位已經離婚。我聽說一位業務老手沒有領到半毛獎金。他們公司的布雷迪債券首席交易員打電話給我，說他現在是前任首席交易員，這個消息加強了我不回第一波士頓的決心。我告訴他我深感遺憾，他想知道摩根士丹利是否有缺，我沒有心懷怨恨，又喜歡這個人，因此高興地通報了他的名字。我從來沒想過，不到兩年的時間裡，他會從命令我去拿他的麥當勞午餐，變成求我幫忙找工作。

我的同事都很生氣，我們的部門沒有理由不發大筆獎金給我們。前一年，我們大約賺了四億美元，但是很多位經理宣稱他們的獎金遭到巨幅刪減，砍了五〇%之多。有一位業務員最近才拒絕另一家銀行開出兩年一百六十萬美元的待遇，現在說自己做了一生中最愚蠢的決定。連中階經理的獎金大約都減少了三成，整個交易廳裡，都迴盪著大家對獵頭業者說「不滿意，他媽的我很不高興」的聲音。

憤世嫉俗的懷疑論者

同時，墨西哥市場繼續沉淪。二月十六日，披索跌到六．一披索兌一美元。我們賣出的另一筆墨西哥衍生性金融商品交易的殖利率，從不到一〇%上升到七一%。前面說過，債券殖利率上升時，價格就下跌。在這個例子裡，價格跌得很深，底部卻還看不到。

美國已經同意借給墨西哥二百億美元紓困，協助墨西哥支撐披索、償還其他債務。柯林頓政府這樣做，為華爾街省下了一大筆錢財，也確保了我們部門很多高風險部位的安全。然而，柯林頓政府卻難以對民眾說明墨西哥紓困案對華爾街以外的美國民眾有何助益，美國財政部長魯賓則難以說明，為什麼超過五〇%的利率對墨西哥有利。

我和部門裡的其他人一樣，也開始另外找工作。我原本計畫留在摩根士丹利，卻不希望被調到不受重視的崗位上，如果新興市場衍生性金融商品業務奄奄一息，我希望找到另一個熱門領域。我跟公司裡的垃圾債券中心洽談，看看他們有沒有缺。一位垃圾債券業務員聽說我有興趣投效他們，警告我說，他們單位前一年交易新興市場債券大約虧損了八千萬美元。我問其他人關於這個虧損，共識傳聞似乎接近五千萬美元。然而，這樣還是會引發很多問題。

如果我不去垃圾債券中心，那我要做什麼？諷刺的是，我雖然不會說西班牙語，對拉丁美洲也所知不多，卻變成了新興市場衍生性金融商品專家。或許我可以找到一些不同的東西，說服大家相信我也是那方面的專家。

因為士氣找續低落不振，我變成了部門常駐的憤世嫉俗懷疑論者，質疑我們在摩根士丹利交易廳裡共同打拚的願望，這個地方貪求無厭，令人厭惡不快。另一方面，雖然去年境況不好，我們還是領到了一筆小財，這樣值得嗎？我們真的那麼貪婪嗎？這是我們這個時代的迫切問題，一直到最近，答案顯然都是對！對！對！現在我卻沒有這麼確定了。

我問其他業務員，他們是否跟我一樣百感交集，卻驚訝地發現大部分人都是這樣。然而，他們都堅持金錢值得追求，認為愛錢根本不是罪惡的根源。我出於好奇，問每一個人，如果待遇相同，如果他們不做現在在摩根士丹利的工作，他們願意做什麼工作，得到的答案令我吃驚。

我問說，如果待遇一樣，你願意在長島鐵路當夏季的築路工人，還是願意在摩根士丹利工作？每一個人都毫無疑問地說，要在長島鐵路修路。如果待遇相同，你願意在麥當勞工作，還是願意在摩根士丹利工作？大家都毫無疑問地說麥當勞。願意割草，還是願意在摩根士丹利？當然是割草。願意鏟糞肥，還是願意在摩根士丹利，每一個人都覺得鏟糞肥相當不錯。賣淫呢？算我們一份吧。挖水溝呢？當然好。修理下水道呢？沒問題。

即使待遇相同，業務員唯一不願轉任的工作，是在紐約當公司法的執業律師。我在紐約的法律事務所工作過兩個暑假，因此深表同意。然而，我後悔自己問了這些問題，正視問題並不能提振士氣。況且，我恐怕也不可能靠著鏟糞賺到一百萬美元。

二月二十四日那天，重新包裝資產工具小組全都出城度假，只有我留在公司裡，考慮我的抉擇。或許春天會帶來比較好的機會。

第十章
MX交易

摩根士丹利的ＭＸ交易意在發揮快速、精準的一擊，要從紐約送出，旅行幾千英里到東京去，落在日本大型機構的資產負債表上。

英國金融史上最黑暗的一天

「衍生性金融商品思春症」最讓人心癢難熬，如果你住在東京，更是如此。日本債券業務員對賺大錢的衍生性金融商品交易的渴求，遠比美國少男對春假的渴望更強烈。幸好每年櫻花盛開時節，日本的衍生性金融商品業務也繁花似錦，業務員和客戶也跟著墜入愛河。

一九九五年最初的時候看來可能會變成例外。對東京的業務員來說，冬天一直很平靜，幾乎帶有清心寡慾的味道。他們在一、二月裡，努力用衍生性金融商品那一長串饒舌的固定說帖追求客戶，柔聲細語地說著絕佳交易的新構想央求客戶，客戶的反應卻有點流水無情。日本的會計年度在三月三十一日結束，客戶則通常會在二月間感染衍生性金融商品的思春病，急於創造最後一刻的獲利，以彌補這個會計年度發生的虧損。有些投資人乾脆大筆投機，希望一舉讓虧損消失。也有人利用會計手法，把前一年的虧損，挪移到下一年，好掩飾前一年欠佳的表現。年復一年，只有一件事可以確定：日本投資人在貸款和投資上的判斷一定會有驚人的失誤，一定有虧損必須掩飾。

但是，到目前為止，日本投資人的表現似乎都很好，我們沒有聽說什麼重大的投資慘劇。包括洛克菲勒中心在內的不動產炒作造成的虧損早已變成明日黃花；投資娛樂事業的失敗，包括索尼投資環球影業的失利，還在不久的將來。到一九九五年二月為止，日本人的投資其實還賺錢，這種情形雖然令人吃驚，卻是事實。只有這一次，他們沒有什麼需要掩飾的地方，因此可以對衍生性金融商品業務員的進擊不加以理會。

這種情形一直到二月二十七日星期一，就在那一天，霸菱銀行（Barings Bank）傳出破產倒閉的驚天消息。這家備受尊敬的英國女王御用銀行，曾參與路易斯安那地區的銷售，為英國著名企業、富豪和皇室服務了二百三十三年，超過倫敦所有銀行，就在一夕之間結束營業。這事乍看有點奇怪，霸菱銀行的垮台最終卻激起日本衍生性金融商品買家的興趣。我很快就會說明其中的關聯。

不過，首先我要說明為什麼霸菱銀行會垮。你可能還記得霸菱倒閉的故事，幾天之內，一位年僅二十八歲的交易員李森，在新加坡害霸菱蒙受大到無法償還的虧損。李森逃離新加坡，等到霸菱發現虧損時，事情已經無法收拾。

李森看來不像是銀行殺手，他從後台部門開始職業生涯，負責處理交易紀錄，這個部門是銀行中最注重趨吉避凶的地方。到一九九五年，李森晉升到霸菱新加坡分公司的期貨交易中心，負責利用低風險的「套利」策略，交易日本股票。李森不操作會上漲和下跌的股票，而是買賣日本的期貨合約，從不同股票交易所的期貨價差中套利。

請記住，期貨是在交易所交易，按規定在一定時間以一定價格買賣某種標的。李森買賣的標的包括日經指數期貨，就是根據未來特定時間和價格，買賣二百二十五檔大型股所構成日經指數的合約。李森發現，這種期貨合約在新加坡和大阪都有掛牌，如果新加坡的合約比大阪便宜，他可以在新加坡買進，同時在大阪賣出，鎖定無風險的套利利潤。買低賣高的策略很正確，如果同時買賣，這種策略的風險很小，甚至沒有風險。事實上，李森的保守交易創造了實實在在的低風險利潤，霸菱近期還嘉獎過李森的表現。

大概從一九九五年一月二十六日開始，李森放棄保守的策略，不再配對買賣，轉而開始賭日本股市的漲跌。要從事這種操作，李森只須繳納小額保證金，保證金占交易額很小的比例，例如，交易者可以只用幾百萬日圓的保證金，操作一億日圓的交易。

李森的交易直截了當，他首先賭日本股市會上漲。幾乎就在他這樣操作之後，日本股市立刻反轉下跌，然後他繼續加碼，股價卻更形下跌。李森一再加碼多單，到多單總金額高達七十億美元為止。接著，李森賭日本利率會上升，換句話說，這樣等於賭日本債券會下跌（請記住，利率和債券價格的走向相反）。李森的操作又一次立刻就賠錢，他再次繼續加碼，走勢也繼續跟他作對。最後，李森在債券空單上，一共押下二百二十億美元。

李森不過才積極交易幾星期而已，到二月底，他的保證金已經賠光，被迫退出交易。儘管李森可能還想繼續交易，但幸運的是他的虧損受到限制。在摩根士丹利我們經常諷刺說「下檔風險僅限於你最初投資金額」。在這個案子裡，李森的下檔風險只限於霸菱的資本額，李森的虧損不可能超過霸菱所擁有的資本。對李森和霸菱來說，有限的下檔風險可不是個笑話而已。雖然李森一九九五年二月的績效算不上出色，但還不算最壞的。他下了將近三百億美元的賭注，只不過賠了十億美元。

二月二十四日星期五，我正在考慮自己在摩根士丹利的前途之際，霸菱的經理人忙著計算李森豪賭的結果，當他們估計虧損至少有七億五千萬美元——超過霸菱銀行的淨值時，驚恐萬分。霸菱家族成員在英國金融圈中不以精明聞名，只是歷史最悠久而已。但是，就連他們都知道狀況不妙，他們立刻通知英格蘭銀行。

英格蘭銀行總裁艾迪．喬治（Eddie George）提前結束滑雪假期，回來處理霸菱危機，在倫敦市中心針線街上的英格蘭銀行總行，召開全天的會議。星期日早上，英國最資深的銀行家魚貫而行，走進針線街一個沒有標誌的門口——英格蘭銀行採取嚴密的保全措施。這次會議很嚴肅。

會議一直延續到晚上，英格蘭銀行拚命想拯救霸菱，關鍵在於說服什麼人，承受李森幾百億美元期貨合約造成的債務，這些合約和背後的債務風險極高。想像一下，如果你賭科爾維特跑車價格會下跌，簽訂了以每輛四萬美元的價格賣出一百萬輛的跑車，如果車價上漲到四萬一千美元，你會跟李森一樣，大約要虧損十億美元。這樣已經夠糟了，但是如果車價持續上漲呢？你可能很難以任何價格，了結這筆債務。

似乎沒有一家銀行願意承接這麼大的風險，不過確實有很多家銀行考慮過。據說甚至有人聯絡過摩根士丹利購買霸菱，但是摩根士丹利表示沒有興趣。英格蘭銀行努力說服幾家銀行，合力承接這筆債務，卻已經沒有足夠的時間，磋商多方承接合約的條件。最後只能靠英格蘭銀行獨力拯救霸菱，到了最後一刻，英格蘭銀行也縮手不幹。李森的衍生性金融商品豪賭太大、不確定性太高，以至於承接的風險難以計算。正如一位官員所言：「英格蘭銀行不能陷入簽發一張空白支票的困境。」會議談不出結果，氣氛慘澹，觀察家把這一天叫做「英國金融史上最黑暗的一天」、「就像小說情節一樣」。大家在那天夜裡，宣告霸菱死亡。

霸菱破產的連鎖反應

這時，李森流落何方？他住的新加坡公寓裡有很多他匆匆離去的跡象：報紙堆在門口，襯衫晾在陽台上。連李森的家人都不知道他和太太麗莎的去向。有謠言說，他們逃到吉隆坡去了；另有謠言說，他們坐著遊艇在太平洋上逍遙。

新加坡當局震怒萬分，他們的國家以整潔和安全著稱，李森的惡行讓新加坡的整個金融體系蒙羞，以後投資人對新加坡會做何感想？李森的虧損不但讓當局難堪，他逃之夭夭更讓當局七竅生煙，發誓抓到他後要重重懲罰。在新加坡，不守法的結果是自找麻煩，因為在那裡連嚼口香糖都算違法，為的是保持桌椅底下乾淨無瑕。李森在歐洲落網後，引渡回新加坡，被控金融詐欺罪。李森理所當然地認罪，法院判決他必須在新加坡服刑六年。

我為可憐的李森感到難過，可以理解他的感受。我記得自己到信孚面談時虧掉十億美元的感覺，也記得自己的拉斯維加斯算牌之旅——深信運氣站在自己這邊，卻一輸再輸的感受。李森的爸爸是泥水匠，李森歷盡艱辛，才從沒有家族支持的清寒背景，打進衍生性金融商品業務。他年齡跟我相仿，有些同事說他看起來甚至很像我。事實上，我在堪薩斯州的一位朋友看到「二十八歲青年玩垮二百年銀行」的標題和照片時，驚恐地打電話給我，確認我是不是逃亡在外。可憐的李森，連他寫的書都賣不好。

你還記得霸菱崩潰時，你在哪裡？正在做什麼嗎？如果你是衍生性金融商品業務員，你一定記得。對我們來說，這種時刻不只是霸菱戲劇性地破產，不只是全球出動搜捕李森而已，甚至也不是索羅斯跟李森對作，賺了幾億美元後得意揚揚的樣子。對你來說，霸菱和衍生性金融商品思春症之間的關係，可能沒有這麼清楚，但是對我們衍生性金融商品業務員來說，霸菱倒閉在我們的記憶中，留下了不可磨滅的印記和最重要的結論：今年將是東京衍生性金融商品業務十分美好的一年。

霸菱倒閉時，不是以銷售衍生性金融商品為生的人，或許無法立刻看出這件事和日本衍生性金融商品利潤的關係，因此我要大略說明我在二月二十七日星期一，聽到這個消息時的想法和情緒：第一，為女王的銀行短暫地流下一滴沒有誠意的眼淚；第二，我或許可以向破產後的霸菱推銷某種計畫；第三，關切摩根士丹利是否有人涉入李森的交易；第四，擔心即使摩根士丹利跟李森的交易沒有關係，卻有貸款給霸菱，會因為霸菱違約而蒙受損失；第五，得知誰貸款給霸菱時，我高興到極點。

是誰這麼不幸貸款給霸菱，現在要蒙受幾億美元的呆帳呢？當然是日本人，這點就跟衍生性金融商品思春症扯上關係了。

霸菱是愛神的箭，貫穿了衍生性金融商品業務員和日本投資人的胸膛，但是霸菱倒閉也引發了一種無法避免的連鎖反應。李森的交易平倉時，金額實在太大導致東京證券交易所再度崩盤，在會計年度即將結束時的三月，跌到十四個月以來的新低，持有日本股票的企業都面臨了驚人的虧損。更重要的是，日本機構——尤其是銀行，在霸菱倒閉後，無法指望收回貸款，勢必要面對數億美元的損失。貸款違約和股市崩盤，這正是衍生性金融商品業務員求之不得的狀況。

這種兩面遭到重擊的情況，就像一加侖的清酒，灌進日本機構。他們現在迫切需要購買衍生性金融商品，快速地彌補或掩飾虧損。只有衍生性金融商品，才能夠把差勁的一年，神奇地轉變為美好的一年。日本買家突然一百八十度大轉變，他們發現衍生性金融商品業務員充滿吸引力。這種突然的轉變是我所見過世界一體最有力的證據，就像一隻蝴蝶扇動翅膀，能夠造成萬里之外的暴雨一樣；一家備受尊敬的英國銀行倒閉，可能在東京造成金融大地震。遠在歐洲大陸的霸菱破產，產生了一系列短暫、狂暴的羅曼史，只有有限選擇的日本買家終於臣服。

摩根士丹利的難題是如何快速成就這突然到來的愛情……日本機構需要的是能夠在幾星期內創造幾億美元利潤的金融工具。我的上司經常告訴我：「我們熱愛絕望的客戶，他們讓人興奮，我們從絕望的客戶身上賺到最多錢。」這些日本買家很絕望，我們正好擁有適合他們的交易案，衍產部皇冠上的珠寶，摩根士丹利有史以來獲利最高的交易案。

投資銀行史上最大的騙局

我記得很清楚，第一次聽到這種特別交易的情形。我在紐約跟女王研究菲律賓第一信託的案子時，當時我問了她某些與東京衍生性金融商品業務有關的開放式問題。在那之前的幾個月，她不願跟我詳細討論這項神祕兮兮的東京業務。但是現在她一定認為我已經做好準備，才慢慢開始告訴我這種交易的一些花招（不過我是離開公司很久很久以後，才知道具體的細節）。果然沒錯，這種交易可以立刻創造虛假的獲利，也可以掩飾任何投資損失。

她解說這種遮蓋虧損的交易時，我大開眼界。到目前為止，在我的職業生涯中，見過一些可疑的交易，還公開批評過我們的某些案子。事實上，我甚至告訴好幾位上司，我認為他們銷售的很多交易簡直就是欺騙。本金匯率連結證券、披索連結美元保證票券和菲律賓第一信託並非純潔無瑕，但是和我現在所聽到的東西相比，上述這些交易實在可說是誠正善良。至少就我所知，摩根士丹利和客戶之間沒有違法的事情，現在卻聽說我們東京的客戶似乎正在幹壞事。

我知道這樣是嚴重的指控。摩根士丹利為了替自己辯護，可以穩當地指責日本人說「都是他們的錯」。我後來得知，衍產部很小心，會從每位客戶手中取得一份文件，聲明這筆交易不是假交易，而且大摩沒有從事任何非法行為。衍生性金融商品業務的十誡之一是「預防後患」，大摩忠實地遵循這條誡條，涉及衍生性金融商品時尤其如此。然而，這些交易涉及日本投資人士顯而易見的欺詐，如果大摩有朝一日為此上法院，不管有沒有卸責聲明，都會發現自己後防大開。

據女王說，這些可疑的交易是從一九九二年初開始的，正好就在多家日本客戶爆發重大虧損後，他們擔心即將結束的會計年度財報難看，於是請教摩根士丹利，怎麼才能創造一些快速的利潤，以便掩飾虧損。日本企業想知道，利用衍生性金融商品，再加上「創新」的會計手法，是否可以神奇地把差勁的年度變成好年冬。日本的會計標準鬆散，銀行和信託公司知道，如果能夠創造一筆虛增獲利的交易抵銷虧損，他們可能可以隱藏虧損好幾年，甚至可能掩蓋好幾十年。

我懷疑摩根士丹利不是唯一收到這種請求的銀行。傳言指出，很多美國銀行已經為日本投資人試圖虛增獲利的交易，而且我猜測傳聞並非空穴來風。我知道一家美國銀行試圖建構一種交易，以便跟摩根士丹利競爭，卻以失敗告終。

日本證券公司遙遙領先美國同業，從事金融詐欺很多年，還獲得重大成就。幾乎所有日本證券公司都承認，會支付不當的費用給日本客戶，以彌補他們的交易虧損。而且日本證券業極不誠實，多家證券公司承認跟組織犯罪團體打交道，至少有一家證券公司因為勾結黑幫，現在還在接受調查。在美國從事詐欺性的金融活動會有法律責任，有時候甚至會有刑責，但在日本這樣做是家常便飯，而且直到最近都不會受到懲罰。

然而，不管日本大型機構投資人有多絕望，似乎都不願意找本國證券公司代為操作金融詐欺行為，原因之一是如果交易涉及日本證券業者，當局比較可能抓到他們。要做這種交易，他們需要信用可靠的避風港，所以他們求助美國銀行取代靠不住的日本業者。

日本投資人求助美國銀行操作這種交易，另一個更重要的原因是保密。投資人需要相信協助他們創造虛假「獲利」的夥伴，能確保交易不被主管機關知情。日本大藏省（今已改稱財務省）隨時可以突檢東京的證券公司，對美國銀行卻沒有管轄權。不管不當金融行為在市場上多惡名昭彰，大藏省都難以適當規範。並非所有的美國銀行都值得信任，只有幾家在東京設有分行的美國業者可以信任。在東京的金融圈，如果你需要執行複雜的計畫，又不希望失風，只有一個地方做得到：摩根士丹利。

摩根士丹利很多同事對於公司協助日本投資人從事這種交易，深感不安。然而，和日本的證券公司相比，包括我們在內的美國投資銀行根本就是聖人。黑幫和日本證券業者的關係已經眾所周知，美國的頂尖投資銀行卻從來沒有建立過這種關係，我從來沒有聽說我們公司有哪位員工，曾經跟東京的黑幫打交道。

美國投資銀行不但比較安全，也更精明、更有創意。日本投資人奉行多年，為了創造虛假獲利所運用的基本交易概念的不同排列組合，就是摩根士丹利這樣的銀行才能創造出來並且付諸實施。

我現在用最不旁生枝節的方式，說明這種交易背後的構想：假設你付出一百美元，買了一袋金子，其中半袋金子是真金，價值九十美元，另一半是愚人金，只值十美元。如果明天這兩樣東西仍然值九十美元和十美元，你把真金賣掉，得款九十美元，你可以說自己有獲利嗎？答案一定是沒有獲利，不是嗎？如果真金的成本是九十美元，你以九十美元賣出，獲利應該是零，對吧？

錯，至少在東京，這個答案不對。假設你買了這袋金子，宣稱兩半金子的成本「平均」為五十美元，明天你把真金用九十美元賣掉，轉眼間，你就認列了四十美元的利潤。為什麼呢？因為你不是以九十美元的成本買進真金，你的真金「平均」成本是五十美元，你隔天把真金賣出，得到九十美元，就是獲利四十美元。你當然沒有真正獲利，但是根據東京的會計標準，你說有獲利，雖不中亦不遠，而且這種交易很常見。

如果你根據東京的法規，認列賣出黃金的四十美元獲利，顯然你最後還是要認列愚人金的四十美元虧損。關鍵是「最後」是什麼時候，如果你可以避不說明愚人金只值十美元，宣稱愚人金仍然和「平均」成本一樣，價值五十美元，那麼你或許可以長期不必承認這筆虧損。以日本而言，長期可能代表你整個職業生涯。實際上，要是保留愚人金在帳上、不認列虧損的時間夠久，久到你從公司退休以後，那麼有誰會在乎這種事情呢？到時候，虧損會變成別人的問題。

我很驚訝的是，這種想法頂多只能說是金融煉金術。用一袋金子做例子只有一個問題，就是愚人金和真金太容易分辨。日本的會計和主管機關都夠精明，可以抓出利用這種簡單招數的投資人，他們可以分辨兩樣東西真正的價值分別是九十美元和十美元，而不是「平均」五十美元。換句話說，就連他們也能分辨愚人金。

因此，投資人必須以更高明的方法，利用極為複雜、連會計師和主管機關都不容易察覺真正價值的兩樣東西，做同樣的勾當。為提高複雜度，日本買家轉求助於摩根士丹利，還有衍生性金融商品。

和許多衍生性金融商品交易一樣，到底是誰想出這麼高明的構想，讓日本機構可以認列數十億美元虛假獲利，是摩根士丹利內部一直爭辯不休的事。我當然不會自己居功，也不希望居功。反正這個構想早在我去摩根士丹利前就已經出現，因此要怪罪也怪不到我頭上。不管發明這種交易的人是誰，有一件事情很清楚，就是他或她替這種交易取了一個可怕的簡稱。

我提過，摩根士丹利十分熱中於取簡稱，在衍生性金融商品上更是如此。這筆交易的簡稱AMIT是十足失敗的簡稱。AMIT原本代表「美國房貸投資信託」（American Mortgage Investment Trust），摩根士丹利把第一筆AMIT叫做「第一期美國房貸投資信託」，簡稱FAMIT，這個簡稱運用起來很順利。同樣地，「第二期美國房貸投資信託」簡稱SAMIT，第三期簡稱TAMIT。如果就此打住，就相安無事。然而，因為這種交易構想極受歡迎，完成三期交易後，這套簡稱規則就碰壁了。從獲利觀點來看，美國房貸投資信託是摩根士丹利最成功的交易，從簡稱來看卻是慘劇一場，第四期和第五期交易勢必都得叫FAMIT，跟第一期重複。第八期同樣行不通，EAMIT念起來不順，看起來也怪怪的。最後，火箭科學家投降，把各期的序號數字加在AMIT前面，成了「第幾期美房信託」，或是索性改用完全不同的簡稱。

公司裡沒有多少人了解美國房貸投資信託，連衍產部也不例外。摩根士丹利是在一九九二年二月十四日，完成第一筆美房信託一億美元的交易案，毫不費力地讓公司入袋將近二百萬美元。很多客戶需要類似的輕鬆快速獲利，因此到年底，衍產部已經完成第十四期美房信託，顯然那個不吉利的期數被跳過了。

隔年的情況更好，就在日本的一九九三年會計年度結束前，公司完成了另外好幾億美元的美房信託交易，其中第二十一到第二十六期的五筆交易，都是在一九九三年三月十一日一天內完成。七月十五日，我們再次完成了一筆名為桑托斯證券信託的交易，這是根據球王比利所屬的巴西桑托斯足球隊命名（日本人是狂熱的足球迷），金額二億四千一百萬美元，公司收到四百萬美元的佣金。

一九九四年裡，美房信託的需求略微減退，衍產部改向日本客戶銷售包括披索連結美元保證票券在內的新興市場衍生性金融商品。然而，到一九九五年二月霸菱垮台後，美房信託的熱潮再度出現。

現在也應該向你透露美房信託的內幕了。衍產部的業務員經常把這種商品，叫做「虛美房信託」或「欺美房信託」，和我對它的看法一樣。說破了就是把真金和愚人金綁在一起。但是，我應該預先警告你，這種買賣的全貌很不容易懂。美房信託會成功，原因之一是其中的複雜程度足以掩蓋其本質。我初次聽人大略談論它的原理時，仍不能了解這種交易，直到我離開公司很久之後，才了解所有細節。請再忍耐一下，畢竟這很值得琢磨。有誰會說，投資銀行史上的最大騙局很容易了解呢？

衍生性金融商品之母

我們從最大、最惡劣的美房信託開始談起。這筆交易不但是所有美房信託之母，也是所有衍生性金融商品之母，堪稱華爾街歷史上獲利最高的交易，也一定是摩根士丹利成立六十年來最賺錢的交易。

我沒有吹牛，我第一次聽到這筆又大又惡劣的美房信託交易時，根本不敢相信。其所花費的時間之短，使得這筆交易無疑是證券業者，甚至人類有史以來賺過最好賺的錢。這筆交易值得一個特別的名字，大家卻簡稱為ＭＸ，含意明確地反映了摩根士丹利英勇尚武的新精神，因為採用的是雷根最愛卻聲名狼藉的洲際飛彈——ＭＸ飛彈的名字。

ＭＸ的用意是創造規模龐大的交易量，跟九十二英尺高的ＭＸ飛彈不乏相似之處。ＭＸ交易案規模龐大，金額超過五億美元。摩根士丹利的ＭＸ交易意在發揮快速、精準的一擊，要從紐約送出，旅行幾千英里到東京去，落在日本大型機構的資產負債表上。這種交易一旦測試完成，發射準備所需要的實際工作時間只要幾小時。如果能夠正確推動，這種交易預估不會讓大摩暴露在不合理的風險中，而且交易只要幾天就可以結案。

摩根士丹利為了新的MX交易，實施嚴格的品質管制。相形之下，一九八〇年代中期，美國從加州發射十七枚沒有裝核子彈頭的MX飛彈，射向六千英里外遙遠的西太平洋瓜加林（Kwajalein）環礁時，飛彈都落在一個直徑三百碼的圓圈裡，成績不差。換作是大摩，連這麼小的誤差都是不能容忍的。MX交易最初測試的結果令人滿意，但是我們的專家繼續微調這筆加大馬力的案子，務求運作完美。

公司裡只有少數人知道這種新衍生性金融商品，他們都宣誓要保密。MX由衍產部和房貸中心聯合製作，卻只有極少數人參與，其他人都被蒙在鼓裡。公司幾千位近在他們身旁辦公的人，都不知道他們正在設計一種大規模毀滅性武器。上級至少警告一位研發這種交易的業務員，要是他把這筆交易的細節告訴任何人，即使只是告訴一位同事，公司也會立刻開除他。他們務求做到滴水不漏。

MX交易的結構和典型的美房信託沒有兩樣。信不信由你，美房信託的規格是在美國本土利用住宅房貸規劃的。事實上，透過包括MX交易在內的各種美房信託交易，實際付給日本投資人的幾十億美元中，有一些原本可能來自你所開出的房貸還本付息支票。

美房信託交易利用房貸衍生性金融商品，把房貸的本息分開。把房貸繳款分為不同部分的能力，是引燃創造美房信託交易構想的火花。請記住，美房信託交易的目標是創造看來價值相同，實際上卻不同的兩個「部分」。在我先前描述的例子裡，真金價值九十美元，愚人金價值十美元，兩部分的「平均」價值為五十美元。其中真金的九十美元叫做「升水」部分，愚人金的十美元叫做「貼水」部分，美房信託交易需要利用這兩個部分。

以MX和很多美房信託交易而言，我所舉例子中比較有價值的九十美元本金部分，叫做「付息小證券」（IOette），比較沒有價值的十美元部分，叫做「零息債券」，也叫做「零息券」或「分割債券」。零息債券跟傑特造成皮巴第公司虧損三億五千萬美元的債券屬於相同類型，跟傳說中第一波士頓分割債券交易員一年賺到五千萬美元的債券也相同，跟我們在菲律賓第一信託中所利用的債券也一樣。零息債券很簡單，只是美國政府將來在特定日期支付的單獨一筆款項，如此而已。

相形之下，付息小證券就複雜多了。付息小證券是一種「抵押貸款債權憑證」（collateralized mortgage obligation），抵押貸款債權憑證聽起來很複雜，實際上卻很簡單。當你繳交房貸時，支票通常會送到房利美之類的聯邦機構，這些機構的日常業務之一就是收受各個屋主繳交的房貸款項，再收進房貸金庫中，這種金庫構成各種房貸證券——包括抵押貸款債權憑證之類的抵押債券衍生性金融商品——的基礎，你的房貸款項可能透過這些證券匯集起來，在世界各地流通。抵押貸款債權憑證只是不同類別住宅房貸的分割債券，分成各種類型和大小，付息小證券是其中最不尋常的一種。

要分割房貸，最常見的方法是把本息分離：「付息證券」（IO）只能取得屋主繳納的利息，「付本證券」（PO）只能取得本金的部分。付息證券和付本證券是抵押貸款債權憑證中最基本的型態，你每個月繳納的房貸有一部分是利息，一部分是本金，這兩部分可以視為一部分是付息證券，一部分是付本證券。另外還有很多更為複雜，名字奇怪的抵押貸款債權憑證衍生性金融商品，像是「計劃攤還證券」（Planned Amortization Class）、「目標性還本證券」（Targeted Amortization Class）、「反向浮動證券」（Inverse Floater），和「延息債券」（Z bond）。

包括抵押貸款債權憑證在內的房貸證券都面臨一個特別的難題：如何確定房貸金庫中本金的哪一部分會提前償還。如果利率下降好幾個百分點，你可能決定重新申貸利率較低的新貸款，提前償還舊債。如果房貸金庫中的每一位屋主都提前償還房貸，持有抵押貸款債權憑證的若干投資人就會完蛋。例如，如果金庫中的房貸被提前償還，付息證券的投資人就會收不到任何利息給付，手中的付息證券會變成廢紙。

預測房貸是否提前償還並不容易，每家投資銀行都用價值千百萬美元的電腦模型，估計抵押貸款債權憑證衍生性金融商品的價值。但是，即使正確建立電腦模型，有些波動最激烈的抵押貸款債權憑證，還是可能在片刻之間變成廢紙。抵押貸款債權憑證的受害者，從拿這些奇怪債券來作實驗的小小地方政府，到最精明的抵押貸款債權憑證基金——例如艾斯金資本管理公司（Askin Capital Management）管理的六億美元房貸基金。艾斯金根據本身電腦模型所說的價值，決定所持有抵押貸款債權憑證的價值，而不是根據市場所說的價值。不幸的是，他們的電腦有點不正確。你操作波動激烈的抵押貸款債權憑證時，連小小的錯誤都可能致命，對艾斯金來說，就是這樣。不可思議的是前一天這檔基金還價值六億美元，隔天，呼的一聲，突然一文不值。

抵押貸款債權憑證特別危險的地方在於：這種憑證風險極高，表面上卻顯得相當安全。抵押貸款債權憑證造成誤導和危險的特點之一，是它們都擁有AAA級的信用評等。由於抵押貸款債權憑證的給付大都有美國聯邦政府機構的擔保，標準普爾和穆迪會賦予其最高的信用評等。但是，這種AAA級的評等只會誤導大家。雖然聯邦政府機構不太可能違約，但違約只是風險之一。抵押貸款債權憑證的投資人的確可能因為其他原因，例如因為提前償還本金的風險而虧損，但AAA級的評等掌握不到這些額外的風險。艾斯金資本管理公司就學到了慘痛的教訓。

因為房貸的還本付息難以預測，連積極交易房貸的精明投資銀行，也蒙受過嚴重虧損。一九八七年，美林一位交易員做了幾筆大虧的房貸交易，導致公司虧損三億七千七百萬美元。房貸衍生性金融商品像是零和遊戲，不同的房貸分割債券必須加總起來，成為一種完整的房貸，如果這種房貸的價格保持不變，其中一定會有贏家和輸家。

付息小證券是波動最激烈的抵押貸款債權憑證，曾經造成華爾街無預警的龐大虧損。付息小證券是一種混合式的特殊衍生性金融商品，是大多數付息證券和一小部分付本證券混合而成。我們設立新的信託時，可以隨心所欲地混合和搭配繳交的本息。如果我們根據特殊公式，混合付息證券和付本證券，就會創造出付息小證券。付息小證券通常是由投資銀行從房貸金庫中創造出來的。摩根士丹利或任何投資銀行只要打電話給一家聯邦房貸公司——通常是房利美或房地美，說公司希望他們發行一種新的房貸衍生性金融商品，就可以了。事實上，如果你真正需要，又有足夠的資金，你或許可以創造一種新的付息小證券。

假設我們打電話給房利美說我們想創造若干付息小證券，我們只要付一筆費用，房利美就會為我們設立一個特殊信託，並且把一個房貸金庫轉移給這個信託。我們只需要告訴房利美我們希望利用什麼房貸金庫，及想用什麼方式分開這個金庫。在這個特定金庫中的屋主繳納本息給房利美時，這些錢會轉到我們的信託裡，受託人再根據我們的指令，把帳款分割開來，發給不同部分的所有人。

摩根士丹利發現，創造這種神奇的付息小證券是包括MX在內的美房信託交易的關鍵。請記住，付息證券只收受屋主繳交的利息，不能收到半點本金，付息小證券主要由付息證券構成，卻和「正常的」付息證券略有不同。

付息小證券可以從極小量的付本證券中，收到少量的本金，但是大部分價值來自付息證券部分，因為付息小證券只運用微量的付本證券，我們創造付息小證券時，會形成剩餘的付本證券金額，必須由我們或別人另外持有。

付息小證券只含有非常少量金額的付本證券，因此，具有兩種奇怪卻重要的特性。首先，付息小證券擁有巨額的息票，債券的息票通常是以占債券面值百分之幾的方式表示，一般債券的息票可能是八%——一百美元本金的年息是八美元。通常息票只占債券本金的一小部分。

然而，本金一百美元的付息小證券可能可以在長達三十年的期間裡，收到一千美元以上的年息。因為付息小證券只持有少量的本金，債息收入與本金相比非常高。因此，付息小證券的息票可能是本金的好幾倍。理論上，付息小證券的息票沒有限制，不過別人告訴我，不要把息票訂得太高，以免負責交易結算的聯邦儲備銀行的電腦位數不足。

其次，付息小證券的價格遠高於面值，如果面值一百美元的付息小證券每年付息一千美元，付息期間長達三十年，那麼你總共會收到三萬美元的利息。如果標的房貸提前償還，你收到利息給付的期間可能大為縮短。然而，不管是否提前償還，付息小證券的價值，通常大幅超過面值的價值，面值一百美元的付息小證券價值可能高於面值十倍以上。

價格其實是根據所選用付本證券的面值隨意制定的，但總而言之，還是一種價格。

這兩種特性使付息小證券變成先前例子中比較有價值、價格九十美元的那半，又因為付息小證券的價格超過面值，因此大家稱之為溢價工具，是貨真價實的純金。事實上，大家也把若干標的房貸擔保品稱為黃金擔保品。

前面說過，為了推動美房信託交易，我們需要溢價和折價兩個部分。零息債券適合作為折價的部分，因為零息債券的價值遠低於面值。而且零息債券是在未來特定的日期，例如三十年後，支付一筆款項的債券，是最簡單的折價工具，和也是折價工具的付本證券類似。差別只在於零息債券涉及美國政府公債，而不是房貸債券。前面我已經指出，美國政府制定了名叫分割債券的計畫，讓若干經紀商把美國政府公債的本息給付分割開來，因此，你可以不買一年付息兩次的美國政府公債，改買零息債券，取得最長在三十年後，收到美國政府支付你一筆一千美元的權利。這種特殊的權利只涉及一次本金償付，期間並不付息，所以稱作零息債券。

將來收到的一千美元，價值總是低於今天的一千美元。你還記得現值嗎？明白地說，這種權利的價值取決於什麼時候收到錢——到期日愈久的零息債券愈不值錢。例如，十年後收到一千美元的權利，價值大約等於今天的五百美元，三十年後收到一千美元的權利，大約等於今天的一百五十美元。因為三十年期本金金額一千美元的零息債券，現值大約只有一百五十美元（就如愚人金，實際價值低於面值的金額），因此叫做折價工具。

零息債券跟付息小證券不同，容易買到，還有各種時間長短的到期日可以選擇，你也可以在《華爾街日報》上找到各種零息債券的價格。零息債券每天的成交量都很大，如果我在公司裡想買一些零息債券，我只要拿起電話告訴交易員到期日和數量，他就會報價給我。

美房信託交易的構想是：投資人必須兩半都買，要買面值相同的付息小證券和零息債券（建構付息小證券剩下來的多餘付本證券會放在一旁）。例如，投資人可能購買兩種面值都是一千萬美元的債券。請記住，面值一千萬美元的債券不見得要花一千萬美元才能買到，在這個例子中，面值一千萬美元的零息債券成本可能只要二百萬美元上下，面值一千萬美元的付息小證券成本卻可能要二億美元。假設摩根士丹利加上三百萬美元的手續費，這個案子的總成本可能是二億零五百萬美元，這樣的交易就是一筆美房信託的交易。

然而，美房信託交易要順利進行的話，投資人其實不能直接購買分為兩半的債券，實際上，摩根士丹利會另外安排，單獨創造一個信託，購買付息小證券和零息債券，然後投資人才購買這個信託的利息。我們續用上面的例子，假設新創造的信託可能分為二十萬個信託單位，代表標的債券二千萬美元的面值，每一單位零息債券（總額一千萬美元）的面值為一千美元，每一單位付息小證券（總額同樣是一千萬美元）的面值也是一千美元。

兩種信託單位的價值顯然不同，跟付息小證券有關的信託單位價值應該是二千美元，跟零息債券有關的信託單位價值應該只有二十美元。平均下來，每個信託單位的價格大約是一千美元，但是其中一半的價值應該比另一半高得多，因為付息小證券（真金）的價值遠高於零息債券（愚人金）。

投資人會以二億零五百萬美元的價格，購買全部的二十萬信託單位，每一單位平均成本略高於一千美元。然後，投資人就靜待摩根士丹利變魔術。

投資人購買信託單位幾天後，會按照原訂計畫，通知摩根士丹利，說希望賣掉初始投資的一半，也就是要賣掉十萬信託單位。原因可能是這種信託單位是絕佳的投資，投資人希望拿出一半來套現。這種理由說得通嗎？恐怕不行。標的付息小證券和零息債券的價值在短短幾天裡很可能沒有多大的變化，所以你會認為一半的信託現值大約是一億美元，和大約一億美元的初始成本大致相同。因此，投資人的獲利應該是零，對吧？

又錯了。這時就是摩根士丹利揮動魔法棒的時候了。這個信託的結構能夠讓投資人希望出售任何信託單位時，命令受託人在出售零息債券前，先出脫比較有價值的付息小證券。假設投資人想出脫一半的信託，也就是賣出投資人大約花了一億美元買的十萬個信託單位，受託人會賣出面值一千萬美元的付息小證券，卻不賣出零息債券。這些付息小證券的價值遠高於信託單位的平均買進價格，如果付息小證券的價格沒有變化，價值應該還是跟原始買進價格一樣，還是二億美元。受託人賣掉付息小證券，得款二億美元，然後把錢付給投資人。

我再摘要說明這兩個步驟：首先，投資人用一億美元，買了十萬個信託單位；然後，過了幾天，投資人把十萬個信託單位賣掉，得款二億美元。只要經歷這兩個步驟，投資人就快速實現一億美元的獲利，相當乾淨俐落，對吧？

投資人當然還擁有另外十萬個信託單位，這些單位也是以大約一億美元買來的，現在價值大約只有二百萬美元。這些面值一千萬美元的零息債券繼續留在信託中，三十年後清償時，投資人必須認列九千多萬美元的虧損。不過，再說吧，到時這筆虧損就變成別人的問題了。

日本投資人熱愛美房信託交易，卻非常害怕被抓到，他們欣然付給摩根士丹利幾百萬美元的佣金，創造幾億美元的快速獲利，但是他們對美房信託交易的細節很挑剔，預期的利潤必須完全符合實際實現的獲利，以免主管機關起疑。他們也制定計算獲利的複雜程序和慣例，包括所有數字計到四位小數的精確度。衍產部必須花費極多的時間，調整應計利息或信託單位的其他變數，處理一億美元交易中兩、三美分的誤差，完全是因為日本人堅持數字必須精確到分為止。有幾個案例出現幾美元的誤差，衍產部必須花費無數的時間修正錯誤，更別提得精算額外一點點電匯花費了。日本人認為，魔鬼藏在細節裡，如果他們做事一絲不苟，美房信託交易看來就會無限接近合法交易。然而，再完美的一絲不苟，也無法改變其詐欺的本質。

驚喜交集的MX交易

最常見的美房信託買家是日本大型租賃公司和大商社，他們通常偏好匿名購買。我從來沒有辦識出MX買家的身分，MX的交易單據上不打出買家的名字，衍產部的資料庫中即使有他們的名字，也早已刪除。MX的名稱來自東京，可能是來自客戶本身，但是這點也不能提供什麼線索，也沒有人告訴處理這種交易的同事，客戶到底叫什麼名字，大概是為了維持客戶的身分機密。有幾位同事告訴我，他們認為MX買主是「準政府」級的日本實體。有人推測，買家不是日本長期信用銀行，就是日本興業銀行，但是買家的身分始終成謎。

不論買家是誰，總之，到一九九三年初，他們一定患了嚴重的思春症，需要創造好幾億美元的快速獲利，而且像大部分美房信託交易買家一樣，希望在三月三十一日前實現獲利。摩根士丹利急於滿足這位客戶的需要，也達成了目標。這筆美房信託交易在一九九三年二月十日結案，離會計年度結束還有很多時間。

這筆MX交易像我剛剛描述的例子一樣，同樣是利用付息小證券和零息債券，付息小證券的標的房貸金庫跟大多數典型的美房信託交易相同，由房利美七．五%的房貸構成。交易所用的零息債券更常見，是二〇一七年五月十五日到期的零息公債。這位客戶所用的零息債券很可能還在客戶的手上，大部分報紙的財經版上都列出報價，你可以自己去看看。

MX實際上是由兩筆美房信託交易構成，分別叫做第十五期和第十六期美房信託，總金額是令人震驚的五億七千一百四十八萬美元。摩根士丹利從沒有一件衍生性金融商品交易，成交金額這麼高過，連最受宣揚的合法交易，都未曾創造過這麼高的總額。因此，這個案子贏得「所有衍生性金融商品之母」的稱號。這五億七千一百萬美元中，投資人立刻實現大約四億美元的驚人獲利。剩下的信託單位跟其他美房信託交易一樣，投資人會有同樣金額的虧損，然而，投資人在二十年內不會實現虧損，除非日本主管機關發現買主的身分。

摩根士丹利創造這麼驚人的獲利，回報當然豐厚。根據其他美房信託交易的規模和佣金來看，MX交易的合理佣金應該是五百萬到一千萬美元。衍產部偶爾會收到好幾個百分點的費用，金額比較小的案子尤其如此，第四期信託收到的四%相當罕見，卻不是聞所未聞，有些本金匯率連結證券交易曾經賺過四%以上的佣金。以五億美元的MX交易來說，四％的佣金很驚人，高達二千三百萬美元，和大摩在華爾街有史以來最大的納比斯可公司交易案上所收取的佣金相當。

你猜大摩在這筆ＭＸ交易上賺了多少錢，五百萬、一千萬還是兩千萬？你可以繼續猜猜看。

摩根士丹利ＭＸ交易佣金多寡的關鍵，在於ＭＸ買家願意在這個信託持有付息小證券的短暫期間裡，同意補償摩根士丹利可能的損失金額。請記住，這個信託要購買付息小證券和零息債券，但是必須有人持有創造付息小證券時剩下來的付本證券，到兩種證券能夠合併成完整的房貸證券，賣回給房利美時為止。因為付本證券和付息小證券是互相搭配的東西，把這種東西賣還房利美，比在市場上單獨賣出容易，成本也比較便宜。然而，房利美只接受搭配在一起的組合，因為該公司需要付本證券和付息小證券兩樣東西，重組成原始的房貸。

摩根士丹利同意在兩者合併前，持有額外的付本證券，卻不想冒持有期間付本證券價格下跌的風險。付本證券的價格起伏激烈，風險很可觀。所以，摩根士丹利得到一紙單方面有利的協議，有權保有付本證券增值的部分，虧損卻必須得到補償。最終由大摩將付本證券和付息小證券一起賣還給房利美。

摩根士丹利持有額外付本證券的時間通常只有幾天，因此即使付本證券波動劇烈，盈虧應該也很小。美房信託買家通常認為這種協議不重要，只是細微末節。儘管如此，負責多筆美房信託交易的東京經理瓊恩．金德瑞總會記得取得買家的協議，這筆交易也不例外。

就像我說的一樣，這筆MX交易的結案日是一九九三年二月十日，那天，摩根士丹利應該收到日本投資人的錢，設立信託，發行信託單位給投資人。摩根士丹利後台員工負責安排結算所需要的細節，他們在那一天裡，通常會早早打電話通知案子已經結算，把精確到一元為止的金額，清清楚楚地告訴衍產部的業務員。每一個人總是焦急地等待這種電話，因為在結算完成前，獲利並非總是十分確定，鈔票並非總是確實交割完成。這筆MX交易讓衍產部的業務員特別焦急，原因不只是金額高達五億美元的交易是有史以來最大的交易，而且它的佣金也是衍產部歷來最大筆的收入。

那天早上，後台部門沒有打電話給衍產部，接近中午時，衍產部一位業務員打電話到後台，留話給負責處理MX交易事宜的人。到下午一點，那位仁兄還沒有回話，衍產部仍然沒收到MX交易已經結案的消息，負責的業務員開始擔起心來。終於，後台那位老兄來了電話，他說他們也在等待房利美來電確認交易的結算。幾分鐘後，MX交易的受託人德州商業銀行也來電話，他們也開始緊張，說交易的結算系統——聯邦儲備銀行的電匯系統，將在大約一小時後停止服務。對一般的交易來說，結算是否延遲一天不太重要，因為跟結算有關的問題，隔天通常都可以改正。然而，MX交易不同，日本投資人授權我們只能在特定的日期設立信託，如果今天交易不能結算，摩根士丹利的獲利就會有問題。這個案子沒有明天。

大家打電話去問怎麼回事，看樣子問題出在房利美電腦的結算指令，並不完全符合摩根士丹利後台部門發出的結算指令。房利美內部有人在最後一分鐘修改了指令，導致結算指令出了問題，如果不能及時改回正確的指令，就會引發可怕的連鎖反應。首先，房貸信託不能設立，用華爾街的術語來說，這筆交易就「黃了」，沒有成立房貸信託就無法創造付息小證券，沒有付息小證券就沒有日本信託需要的溢價證券，沒有溢價證券就沒有信託單位可以賣給那位投資人，沒有信託單位也就沒有一大桶的黃金。

衍產部一位業務員負責為MX交易結算，現在，他看著交易就要在他眼前完蛋，迫切需要協助，他開始尋找負責監督MX交易的衍產部總經理沙蘭特，發現沙蘭特正在交易廳旁邊有窗戶的辦公室裡跟客戶開會。這位業務員透過玻璃，看到沙蘭特的左手伸在空中，小心地為這位客戶畫圖表。這位業務員先在門外揮手，沙蘭特起初沒有理會，總經理幾乎從來不注意低階的員工，開會時更是如此。最後這位業務員把門大力甩開，大聲叫道：「老總，MX交易出問題了。」

沙蘭特在創紀錄的最短時間裡跳起來，像處在巔峰歲月的馬拉松好手一樣，跑到衍產部交易中心。這位業務員對沙蘭特簡報了情況，這時，新的房貸單位仍然沒有發行，信託裡還沒有擔保品，數千萬美元的利潤可能也沒了。聯儲的電匯系統一小時內會收工，我們必須快馬奔馳。

這位業務員把問題通知房貸交易員，他們衝到房貸交易中心時，那裡已經亂成一團，恐慌溢於言表。房貸交易員迫切需要這筆MX交易，房貸中心是交易廳比較弱的一環，不少人的工作很快就會被狗狗取代，MX交易是他們改善命運的大好良機。房貸中心會跟衍產部平分利潤，但前提是這筆交易完成。

沙蘭特一向冷靜、溫和，卻知道這時性命交關，因此他做了摩根士丹利一位總經理在危機中唯一合理的反應：他開始咆哮。

「媽的，這個問題太嚴重了！真他媽的太嚴重了！」

比較資淺的那位業務員努力保持冷靜：「我知道這個問題他媽的很嚴重，別因為我現在還算冷靜就以為我不知道事態他媽的非常嚴重。我知道，這個問題他媽的真的很嚴重。」

他們互相瞪視了片刻，沙蘭特又叫道：「這個問題他媽的太嚴重了！」

此時，房貸交易員也開始大喊大叫。一位平常穩重又保守的房貸交易員意識到事情的嚴重性後，起身尖叫：「如果這筆交易沒有結算，會有很多人人頭落地！」

即使籠罩在「會有很多人人頭落地！」和「這個問題他媽的太嚴重了！」此起彼落的叫喊聲中，那位資淺的衍產部業務員仍然保持了冷靜。聯儲的電匯系統預定下午三點打烊，離現在不到一小時。大家必須搞清楚事情的輕重緩急，第一個重大關卡是設法說服聯儲讓電匯系統開放到三點以後。交易員和業務員開始懇求他們在聯儲的熟人，千萬要保持聯儲電匯系統的開通。他們也讓受託人想想辦法。

接著，他們打電話給房利美，說明房利美犯了什麼錯，更威脅房利美稍有抗拒不從，就準備接摩根士丹利董事長狄克·費雪的電話吧。房利美承認了自己的錯誤，承諾立刻改正指令。受託人打電話來說已經說服聯儲的人，至少會再保持聯儲電匯系統開通一個小時。

眾多交易員稍微平靜了一些，那位業務員坐在電話旁，祈禱著電話趕快響。沒有人說半句話。

大約下午四點半，電話響了。來電的是公司後台部門，他們剛剛收到通知，MX交易已經結算。每一個人都鬆了一口氣。大家歡呼慶祝。摩根士丹利的團隊合作終於拯救了交易。雖然敵火猛烈，衍產部的戰士始終不屈不撓。

歡慶聲中，有一位業務員建議這整段「插曲」應該保密，大家都表示同意。沒有必要讓其他人知道，他們差一點搞砸了幾千萬美元的收入。

幾小時後，東京的日本業務員上班時，完全不知道曾出現過一陣子恐慌。當他們問這筆交易進行得如何時，紐約的衍產部業務員說：「出了一些小毛病，但是無關緊要。」客戶上班時發現自己一如預期，已經擁有這些信託單位。

然而，對業務員和交易員來說，MX交易的雲霄飛車之旅只是開始，現在才要說到有趣的地方呢。

雖然MX交易的買家如期買下信託單位，卻沒有在幾天後出脫，反而決定持有全部單位幾星期後再出脫。這時，這個信託仍然擁有付息小證券和零息債券。

同時，摩根士丹利則是擁有價值數億美元的多餘付本證券，等著跟付息小證券重新結合。通常因為買家同意彌補付本證券的任何損失，房貸中心多少會覺得安心，但這一次房貸中心似乎不只須持有付本證券幾天而已，跟客戶簽的協議突然間顯得很重要。假設買主履行合約義務，交易員就遇到令人垂涎的狀況：如果付本證券上漲，房貸中心可以保留所有利潤；如果付本證券下跌，就會由客戶彌補他們的損失。不管怎麼樣，這個信託最後出售付息小證券時，摩根士丹利都會把付息小證券跟付本證券重新結合，賣還給房利美，只賺不賠。

利率下降、債券價格上漲時，代表本金償還的付本證券通常會快速上漲，因為付本證券是以折價銷售；如果利率下降，大家推動房貸重新融資，你立刻會收到他們償還的所有本金，而不是等待很多年後才收到，這樣會讓你在折價買進的付本證券上賺錢。我舉個極端的例子，如果你用十五美元購買面值一百美元的二十年期還本的付本證券，市場卻上漲到付本證券完全提前償還，這樣你會立刻收到一百美元，而不必等待二十年。利率下降時，這種立刻獲得龐大利潤的可能性叫做凸性。你如果還記得本書第一章的討論，凸性是好事。

摩根士丹利持有這些付本證券的幾個星期裡，債券市場反彈，一位見識過大風大浪的業務員說債券市場簡直「漲翻天了」。付本證券實際上是漲得不可開交。客戶決定延後出脫信託單位時，顯然不知道這些付本證券的波動可能多麼激烈，這些付本證券一漲再漲、漲了又漲，到客戶終於決定出脫部分信託單位，實現大約四億美元的獲利時，摩根士丹利因為持有付本證券，本身也小小地賺了一票。

客戶永遠不會知道

摩根士丹利的經營階層驚喜交集，卻有點進退維谷。大摩從這筆MX交易賺到的錢，包括佣金和付本證券的獲利，加起來大約有七千五百萬美元。凸性的威力真是強大，佣金當然也高得嚇人，客戶要是發現真相，一定會生氣。可是客戶會發現嗎？好幾位總經理聚在一起，開會討論是否應該考慮把一些額外的獲利分享給MX交易買主。

按照我們跟客戶的協議，我們顯然可以保留所有的獲利。然而，如果摩根士丹利保留全部利潤，而且不告知客戶具體的金額，公司可以說是違背了客戶的信任。另一方面，如果經營階層把額外的獲利告訴客戶，就必須解釋我們怎麼會多賺好幾千萬美元。客戶顯然不了解自己簽的協議可能多有價值，所以會覺得摩根士丹利事先沒有告知付本證券有這麼龐大的上檔利潤，背叛了他們的信任。

此外，即使經營階層同意把付本證券獲利的一部分，分享給客戶，到底該分享多少？他們這時必須解釋自己怎麼決定客戶應該分享多少的問題，這種解釋很棘手，是相當困難的企業倫理問題。而且像我前面提過的，業務與交易員通常認為「企業」與「倫理」兩個詞互相矛盾。

經營階層怎麼處理？他們做了在這種情況下，最符合企業倫理的抉擇：決定保有所有的利潤。這個決定並不困難，客戶對四億美元的獲利似乎很滿意，為什麼還需要另外大約三千萬美元的利潤呢？而且，客戶永遠不會知道。

最後，摩根士丹利從MX交易中，一共賺了七千四百六十萬美元的利潤，由衍產部和房貸中心平分。衍產部和房貸部門的交易員在其他交易上，會為了報酬的分配激烈爭執，但是MX交易可以分配的報酬太多了，衍產部從MX交易中，認列了三千七百三十二萬美元的獲利。

衍產部的經理人盡可能地保持低調。事實上，他們從來沒有把這筆收入的總額，「正式」告知衍產部的任何人。衍產部所有交易的標準程序是填寫一份交易現值報告，報告中列明獲利總額，也列出公司不同部門間，會分配多少利潤。總經理通常會清楚告訴手下獲利總額是多少，要怎麼分配，並命令手下填寫交易現值單據。ＭＸ這件案子，交易現值報告所下的命令和以往不同，但是意思同樣清楚，那就是保持全白。知道ＭＸ交易的員工，理應不許討論公司在這筆交易上賺了多少錢，無意間提到經手費或交易金額都構成立刻開除的理由。

跟ＭＸ交易有關的工作量相對微不足道，只需兩星期。大部分工作是由幾個人在一星期內完成，其中一大部分努力是花在結算時刻那恐慌的一小時內，公司卻從中撈到七千五百萬美元。

有一位低階員工知道這筆交易，並計算出這筆交易對摩根士丹利即將發表的季報將有很大影響。結果公司獲利超過分析師對那一季的獲利預測，超出的部分幾乎跟ＭＸ交易的獲利金額完全相同。分析師對摩根士丹利的業務，可能掌握了充分的內線消息，卻沒有人能預料到摩根士丹利那一季會在僅僅一筆交易上，賺到七千五百萬美元。衍產部好多位員工提到這件事，都會得意得哈哈大笑。

事實證明，美房信託是替日本投資人所設計過最能迅速創造虛假收益的工具。公司的最高經營階層也注意到美房信託的成功。一九九三年三月二十四日，公司投資銀行部資深董事鮑伯·史考特（Bob Scott）發了一封信，給在紐約和東京推動MX交易的幾位衍產部員工，承認大家所承受的市場波動壓力，他寫道：「隨著公債市場反彈，跟這筆交易有關的興奮之情，顯然一直持續到三月。」他也表示誠摯的道賀。雖然公司很多低階員工對MX交易並不知情，大摩最高經營階層卻肯定知道內幕。史考特寫道：「最後的結果，當然，是公司有史以來最賺錢的一筆交易。」他說得一點也不誇張。

第十一章

莎喲娜拉

一旦我明確認為我的所作所為根本不對時，我就再也做不下去了。

我別無選擇，只能喊停。

榮調東京

我對MX交易和不可勝數的東京失常財務行為，皆深感興趣。日本似乎是銷售衍生性金融商品的天堂，相形之下，紐約的業務停滯不前，新興市場交易的工作變得無聊，進展又緩慢。我在紐約開始協助東京所發動的一些交易，東京分公司最近完成了好幾個大案，每件案子都帶來百萬美元的佣金，我認為他們明年前途無量。

東京分公司由金德瑞經營。金德瑞積極進取，新的衍生性金融商品交易幾乎總讓他興奮不已，圓圓的臉孔變得滿面通紅。他像比特犬一樣緊咬著利潤，一旦客戶對交易有興趣，他很少放過他們。他的手下個個是行銷專家，人均營收已經超過紐約的業務員。

春天是摩根士丹利裡的調動時節，我考慮調到東京去。每年年終獎金發放後，經理會根據手下的獲利能力，做出調動。我知道這種儀式，你可以從上司要你做什麼，看出自己是高升還是沉淪。如果你的前途光明，你應該會在紐約分公司獲得擢升，或是調到倫敦或東京去；如果你的前途黯淡，你會被下放到布魯克林分公司；如果你的前途不確定，你應該會留在原地不動。我擔心沙蘭特會要求我離開新興市場衍產部。我認為這是不好的跡象，我希望經營階層至少讓我原地不動，到我談妥更好的出路為止。

獎金發完後，經營階層開始約見一些員工，討論調動建議。這種談話一開始，通常都是「某某，我們決定為未來的一年做些改變。」這種說法是刻意含糊其詞，意思是你可能升級，或是應該捲鋪蓋走路。你等著聽有什麼變化時，經理人會默不作聲，試著評估你的反應，這種等待讓一些業務員極為恐懼，如果你表現出害怕的樣子，情況可能變得更糟。經過一分鐘的沉默後，有一位經理人會問你對某個領域——就是通常計畫把你調過去的領域，有什麼看法。你絕對不希望聽到「噢，你對市政公債部門有什麼看法？」如果他們問：「噢，你對布魯克林分公司有什麼看法？」你的職業生涯就結束了。

到目前為止，我華爾街的職業生涯都專攻在新興市場。最近因為受到墨西哥外匯慘劇影響，我開始擔心起現有路線的未來發展性。我考慮過好幾種選擇，包括調到公司裡的新部門去，卻沒有跟經營階層討論過任何計畫。我希望他們讓我升貶前，給我一點時間，我才比較能夠控制局面，為自己的異動好好談判一番。或許他們會讓我原地不動，或是根本不會找我談話。

但我沒有這種好運氣。沙蘭特把我叫進他的辦公室，我進去時，另兩位經理已經在裡面等著，其中一位關上房門，要我坐下，接著就開始行禮如儀，「法蘭克，我們決定為未來的一年做些改變。」我已經知道在這種情況下，不說話是上策，以免洩漏自己的絲毫反應，我沒有表現害怕的樣子，只是等著他們先採取行動。在這段大眼瞪小眼的期間，我回想自己短暫的職業生涯，心想有沒有犯過什麼錯誤。我估計自己很有希望，所有的正式考評都顯示，客戶和同事都認為我是能幹的業務員。我努力為聽到「布魯克林」或更糟糕待遇的衝擊做好準備，但如果我聽到「市政公債」，我會奪門而逃。

其中一位經理開口問道：「噢，法蘭克，你對我們的東京分公司有什麼看法？」我又驚又喜，這個問題證明經營階層對我有信心，如果你在投資銀行裡真的很高竿，他們很快就會把你送到能夠賺錢的地方去。以衍產部來說，一九九五年會賺錢的地方是東京，顯然上司認為，我應該能夠遊說日本客戶購買高利潤的衍生性金融商品。

我短暫思考了這個問題。出於某些原因，我能夠使別人安心雇用我做我完全不勝任的工作，就像第一波士頓要我對美國投資人銷售新興市場衍生性金融商品一樣。現在摩根士丹利又要我對日本人，銷售更奇怪的衍生性金融商品。我不會說半句日語，從來沒有遇過日本客戶，或跟他們講過話，對日本金融或監理制度毫無所知。「噢，哎呀，又來了！」我想。我壓下說自己不夠格的衝動，也沒有告訴他們自己曾考慮調往東京。我樂於造訪東京，例如說待上一個月。於是我很有自信地回答：「我告訴你我對東京的看法——那裡是賺錢的地方。」

他們給我一天時間考慮，說我只會去東京短暫一段時間，去協助那裡的衍產部銷售人員。想到東京需要我，讓我覺得很安慰，他們要我做的事情令人興奮，而且從很多方面來說都相當容易。我們的東京分公司擁有不少狂熱的客戶，很多客戶感染了春天的衍生性金融商品熱，像櫻花盛開一樣，爭著向我們打開帳簿。經營階層希望確保那裡有足夠的人員，能夠乾淨俐落地把所有客戶吃光抹盡，東京的衍產部有幾位善於服務客戶的業務高手，卻顯然需要一些額外的老手。

我對東京有興趣，還有另一個理由：東京是摩根士丹利衍生性金融商品拼圖中的最後一塊。我現在對衍生性金融商品已經相當了解，對紐約的企業文化感到安閒自在，也認識倫敦分公司的很多人，但東京對我仍然是一團神祕。

我從沒去過東京，甚至沒有進入過日本方圓八千公里的範圍內。這一點很諷刺，我雖然銷售過世界各國的衍生性金融商品——阿根廷、巴西、墨西哥和菲律賓，卻從來沒有出國出差過。孩提時，甚至從來沒離開過美國多少天——除了跟高中樂隊一起去德國一週，在慕尼黑啤酒節上，對一群德國醉鬼獨奏高音單簧管。我甚至不確定自己能否在地圖上找到東京，甚至日本。我對日本的知識只限於《駭速快手》卡通、《哥吉拉》電影和幫一位大學朋友完成的一篇忍者研究而已，可是現在我卻要去那裡銷售衍生性金融商品。我已經準備好接受一些讓我驚訝的事情。隔天早晨，我回覆公司，說我樂於去日本。

我很高興公司不是草率地把我派過去，摩根士丹利把人送去東京時很氣派，我開始聽到公司撒錢給派到東京的美國員工的故事。有些駐外員工每年的房租津貼超過一千萬日圓（約十萬美元），某位交易員每個月的房租津貼達到一萬美元，調到日本聽起來像是相當不錯的主意。

看到我的頭等艙機票要花七千五百美元時，應該是我第一次意識到我的東京之旅有多貴。我問衍產部一位祕書，我的餐費和招待費有什麼規定時，她哈哈大笑。我的一位同事說，我每星期大概需要一百萬日圓（大約一萬美元）。這樣似乎有點誇張，我很習慣平價旅遊，確定自己每星期可以靠著幾十萬日圓勉強過活。公司替我訂了三週的帝國飯店頂樓套房，這家飯店是世界最貴的大飯店之一，在那裡我可以享受世界最貴的景觀之一——直接俯瞰日本天皇的皇居。

雖然我對這趟旅程很興奮，家人和親友卻不以為然。我父母很擔心，日本是奇怪的國家，離我的堪薩斯州老家實在太遠了。我堅稱，東京是世界上最安全的城市之一，我不會有半點危險。我安慰他們的功夫毫無效果，他們堅決認定會出什麼壞事。

每位同事似乎都特別想跟我道別，讓我覺得可能會很久以後，才能再看到他們。我的機票沒有訂回程航班，三週的旅館訂房也可以延長。一位同事告訴我，他聽說公司調我長駐東京。我的班機訂在三月二十日星期一，他鼓勵我最後一個週末好好在紐約享受一番。稻草人建議我去參觀武士刀博物館，卻暗示我不必急，因為我會有很多時間。我知道好幾位派到東京的員工後來都沒有回國，我打包行李時，試著保持開放心胸，接受任何可能的命運。

當我終於坐進豪華、寬敞的頭等艙超大座位時，憂慮一掃而空。我吃了好幾盤魚子醬，猛灌了五、六杯伏特加，吃了一塊牛排後，心滿意足地斜躺在座位上，打開八百頁的小說。飛機是直飛班機，我有十四小時可以休息、吃喝和看書。我的家人顯然錯了，怎麼可能發生禍事呢？

我休息時一無所知的是，幾乎同時，在東京的交通尖峰時刻，日本某個宗教教派的狂熱分子，包括一位戴著太陽眼鏡和手術用口罩的四十歲男子，在東京地鐵列車上，放置納粹科學家發明的致命軍用沙林神經毒氣罐。瞬息之間，三條地鐵線車廂中就毒霧瀰漫，造成十多個人死亡、五千多人受傷，穿著西裝的男士失去知覺，躺在美國大使館附近的神谷町站月台上，幾千個通勤族驚慌莫名，設法逃出市內其他地鐵站。毒霧造成嘔吐、鼻孔流血、呼吸困難、昏迷和死亡，受害者緊急送到東京八十多所醫院和診所。地鐵站關閉，通勤族呼吸到新鮮空氣後，二千五百多位警察在東京展開地毯式搜索，立刻查獲策畫施行致命毒氣攻擊的宗教團體。

同時，坐在豪華頭等艙裡的我對這則新聞一無所知。當我已醉茫茫，要空服員替我開另一瓶波爾多葡萄酒時，我根本不知道自己正飛向剛剛發生近年最嚴重恐怖攻擊的城市，根本不知道我在堪薩斯州的所有親戚，都像東京通勤族一樣驚恐。幸好我在一萬多公尺的高空上，聽不到他們一再念經般嘮叨著：「我就知道他根本不該搬去遠東。」我很快就得承認他們的擔心沒有錯，如果我搭比較早的航班離開，這時可能正吸著沙林毒氣，而不是品味昂貴的紅酒。

等我抵達東京，搭上從機場到東京車站的成田特快車時，已經看不到攻擊的任何餘波了，畢竟都經過了好幾個小時。我看不出半點有問題的跡象，只注意到市區裡幾乎每一個人都戴著藍色手術口罩，看來有點怪異。我在紐約時，沒有人提過東京人都戴口罩，這是一種時尚主張，或是他們害怕流行病？我想我應該也買一個。除了口罩和日本計程車司機禮貌地用擺動式桿子，打開乘客上下車的門之外，東京似乎一點也不奇怪。

我只會說幾個日文單字，「帝國」是其中一個。我把這家備受尊敬的旅館名字告訴司機時，他立刻就明白意思。帝國飯店是東京旅館中的貴婦，日本人對這家旅館的尊崇，幾乎像尊敬皇居一樣。帝國飯店分為兩個館，一個館是十七層的鋼骨玻璃大樓，俯瞰日比谷公園；另一個館樓高三十一層，是皇居四周最高建築之一的分館——有超過一千個房間、十五個餐廳，以及各種商店和酒廊。每年都吸引世界各國政治家、名人和皇族，也吸引成千上萬的日本人來這裡舉行婚禮。我走去房間的途中，就經過一個結婚喜宴。

帝國飯店的歷史很出名，熬過幾次災變，仍然巍然屹立。最主要的是熬過一九二三年九月一日摧毀東京的關東大地震，那時原始的飯店才剛剛竣工一天。我聽說旅館原始設計師法蘭克·洛伊·萊特（Frank Lloyd Wright）天才橫溢，認為這家旅館是他的傑作；

也聽說原始的飯店結構極為強固，據說是東京市中心挺過大地震的少數建築物。二次大戰後，這家旅館失修，原始的建築在一九六〇年代末期拆除，改建為更大、更現代的建築。此後，這家旅館的豪華大廳和酒吧裡，擠滿了更有權有勢的客人，進行著更重要的業務會談。這家旅館作風極為獨特，最近才拒絕了流行巨星瑪丹娜和麥克·傑克森入住，以免客人受到他們的粉絲干擾。

我很疲累，很高興能夠安靜地休息一下。從帝國飯店分館頂樓套房望出去，景觀比我預期的壯觀。我的房間面對正北，可以看到西北角廣大的皇居庭院。皇居坐落在東京中心的精華土地上，但是沒有一條路穿過皇居庭園，沒有一條地鐵線從下方經過，也沒有飛機飛越，即使從我所處的制高點，還是看不到樹林掩蔽的皇居建築。東北方霓虹燈閃耀的地方，就是東京首屈一指的銀座購物區，正前方是大手中心和摩根士丹利的辦公室。我看了全景最後一眼，就癱倒在床上。

第二天我早早起床，想繞著皇居慢跑，服務檯提供慢跑服裝和鞋子，可是他們沒有我穿的十三號。走到外面，我立刻看到更多的藍色口罩，到處都是口罩，真的很奇怪。

我回到旅館房間後，有人在我門下塞了一份《紐約時報》的國際傳真版，我終於看到了這次恐怖攻擊的消息，還真嚇了一大跳。為什麼我先前沒有聽說這個消息？當然，你很難在旅行時留意新聞，但這件事太離譜了。我的家人說對了，我開始相信我再也見不到美國了，我得打電話給他們報平安。這則消息至少讓我做出一個決定，就是以後我要走路上班，不要搭地鐵。走出旅館前我還問了服務人員，哪裡可以買到口罩。

日本大摩的關鍵人物

摩根士丹利東京分公司設在皇居北邊的大手町，大手町大約有四百棟閃亮的迷你摩天樓，大摩的辦公室設在其中一棟中型建築裡。大摩是最早打入東京的華爾街投資銀行，成功的關鍵人物是大衛．菲立普斯（David Phillips）。菲立普斯是日本人，年輕時在美國住過十三年，畢業於加州大學柏克萊分校。對不是由日本人開設的投資銀行而言，菲立普斯是兩個截然不同文化之間的橋梁。他的名字並非一直都叫做菲立普斯，很多年前，他放棄杉山哲（Satoshi Sugiyama）的本名，改名大衛．菲立普斯。事實證明，改名在事業上是重要之舉。一九六〇年代，他跟日本大藏省談判成功，解決了大摩開設日本分公司的問題。到了一九七〇年，他三十七歲時，摩根士丹利看上他的美國式姓名，又要借重他擁有的日本關係，因而聘請他創設東京分公司。

大摩東京分公司一炮而紅，到一九七七年，大摩開創歷史性行動，擢升菲立普斯為總經理，使他成為摩根士丹利第一位少數民族出身的總經理，而且在後來的好多年裡，也是唯一的少數民族總經理。到一九八二年，東京分公司已經成長為員工數二十人，其中含九位專業業務，並爭取到很多家日本績優客戶的公司。菲立普斯仍然是摩根士丹利唯一非白人的總經理。

他的待遇優厚，卻無法改變業界處處可見的反少數民族敵意。他也經常被當成用來消弭公司具有種族偏見的象徵。格林希爾擔任摩根士丹利投資銀行部門首腦時，喜歡故意作弄以為「菲立普斯」是白人的客戶。他說：「每次我跟大衛一起見客戶，都會讓客戶一臉驚愕。」同時，菲立普斯顯然嫻熟於用很不日本的規則，大玩投資銀行的金錢遊戲——不只是靠他的日本臉孔和美國式名字而已，他穿昂貴的西裝，抽登喜路香菸，還喝蘇格蘭的帝王威士忌。

隨後的十年裡，摩根士丹利聘請了好幾百人在東京工作，到一九八〇年代末期，東京大摩變成美國投資銀行中規模第二大的分行。同期間，東京大摩也出了一些名聲不好的事情。一九九〇年時，有人看到《虛華的篝火》（*Bonfire of the Vanities*）和《刺激的吸毒實驗》（*The Electric Kool-Aid Acid Test*）兩本書的作者湯姆・沃爾夫（Tom Wolfe），出現在摩根士丹利東京分公司，專訪幾位死板的日本金融家，顯然是為他的下一部小說做研究。

我調過去時，東京分公司的規模已經接近紐約分公司。菲立普斯一九八七年時腦中風，於四年後退休，但影響仍然無所不在。交易廳活像比較小、比較擁擠版本的紐約交易廳，電腦螢幕不斷閃爍，員工總是在大聲喊叫，紙張總是到處亂丟。不過其中有一些顯見的文化差異：祕書很客氣，很多祕書年齡都超過二十五歲，都不是金髮美女。很多業務員和交易員大學成績優異，有些人甚至有研究所學歷。大家一樣經常咒罵，但髒話很少是英文。我沒有聞到發霉起司牛排的臭味，卻看到擺了一天的海鰻排。

我到任時，東京分公司的每一個人顯然都已經感染思春症。早上的衍生性金融商品會議充滿利潤豐厚的交易構想，客戶回應我們的交易詢問時，會自行提出更離奇的建議。日本客戶迫切需要利潤，不管合不合法，幾乎願意嘗試任何事情；業務員則很熱切、很專注，甚至沒有人有興趣談論地鐵攻擊事件。

我知道過去幾年的春季裡，東京分公司特別賺錢。在摩根士丹利的版圖中，東京的重要性日增。紐約的衍產部員工，拚命想在日本的交易中參一角。紐約的經理人試著在東京的交易中，占取一點功勞。紐約還有好幾位員工工作到深夜，以配合遠東的時程。即使如此，紐約對東京的影響力還是逐漸減退。我猜紐約派我來的原因之一，是希望我來刺探東京，還要盡可能打入他們內部。

我不熟悉東京銷售的衍生性金融商品的細節，我閱讀他們的衍生性金融商品交易週報後，知道東京賺很多錢，是一些最可疑的衍生性金融商品交易的總部，還經常做出一些有違經濟常識的交易。摩根士丹利裡、甚至衍產部裡，都沒有幾個人真正了解東京的情勢。

我剛剛來，只能略知皮毛而已。

各種怪異的交易

我不久之後就發現，美國投資銀行家在東京的社交生活，就跟他們銷售的衍生性金融商品一樣怪異。晚上六本木的其中一個街區，經常擠滿派駐日本的美國人，大家似乎沒有別的地方可去。在人口兩千萬的城市裡，幾百位美國銀行家總聚集在一起。

日本人偶爾會帶美國人到極為昂貴、有女性服務的酒吧去玩樂，但是對我來說，在六本木玩幾天就足夠了。我還要加班工作，設法了解大家推銷的日本式交易案，等我回到帝國飯店時，都已經該上床睡覺了。

在東京的美國人花費極多的精力，探索日本奇異的性文化，這種文化清楚分為逢場作戲和真槍實彈兩種。和妓女純性交，花費大約只要三美元，引不起大家的興趣；請女服務生送一杯啤酒，還跟你聊天，卻要三百美元左右；用尖銳、有刺的皮帶鞭打少女，大約要花費三萬美元。

我碰過三種事情都做過的人。雖然廉價的妓女來者不拒，卻只有日本籍業務員可以去尋歡，日本人怕死了愛滋病，不讓外國人上本地的「泡泡浴室」——花合理的價格，好好地洗「泡泡浴」（你懂意思的）。收費比較貴的酒吧會對美國人開放，這種酒吧裡的女服務生通常不是日本人，也不替你洗泡泡浴。有一位業務員說，他厭煩了把所有薪水都花在女服務生身上，乾脆付錢請其中兩位女服務生辭掉工作，跟他一起在六本木的公寓同居，省下了一大筆錢。

東京最讓人驚奇的是由鞭子和鍊子構成的黑暗面，日本妓院中真槍實彈的場景，讓紐約第八街的同業瞠乎其後。一位東京的業務員告訴我，有位韓國客戶造訪東京，就是專程要去地下俱樂部鞭鞭著肉地毒打日本少女。這樣鞭打二十分鐘，要花幾百萬日圓，比客戶付出的交易佣金還多。

我顯然已經遠離老家堪薩斯州，但我只打算在旅館附近活動，即使這樣還是很花錢。我去著名的江戶前壽司奈可田，首次體驗東京道地的壽司。這家餐廳設在帝國飯店地下一樓。大廚似乎很高興看到我，但我這美國佬顯然還不習慣使用額度無限的口袋大肆揮霍。我把自己點的六小塊生魚片吃下去，其中有兩塊是不知名的魚，結帳時，幾乎要一百美元。我若用十五美元吃一塊生魚片，隨即又用十五美元吃另一塊生魚片的速度花錢下去，結果不是體重減少四分之一，就是會把公司吃垮。隔天早上，我到豪華的 Eureka 餐廳吃點簡便早餐，我點了一塊英式馬芬加一杯咖啡，哇！居然得付二十五美元。

幾天後，我告訴祕書，我已經身無分文，需要一些錢。她哈哈大笑，說每一個來東京的人都是這樣，她拿出一張摩根士丹利東京分公司的支出報告單，單據上方有一個很大的方格，旁邊印著「請付給我」的大字。我填好單據，簽好名，就收到好多張面額一萬日圓的鈔票，可是這些錢一定用不了多久。

如果你最近去過東京，你會了解我適應東京高物價的過程。那天晚上，我找到一家價格適中的餐廳，主菜只要五十美元，還不壞。我逐漸適應物價，我的房間服務帳單包括八美元一包的炸薯條，七美元一杓的香草冰淇淋，八美元一杯的葡萄柚汁，十美元一杯的咖啡，六美元一條的香蕉，以及好多杯六美元一杯的可口可樂。幾天之後，我在旅館裡比較好的Prunier餐廳吃晚餐時，一百美元的主菜似乎顯得便宜又實惠。四月一日那天，服務生拿給我四千五百日圓的漢堡帳單時，我的眼睛甚至連眨都沒眨，我知道這不是愚人節玩笑。

然而，我很快就厭煩在東京推動各種怪異的交易。從經濟的角度來看，這些交易對投資人毫無道理，對我也不再有意義。日本企業操作衍生性金融商品時，不是要規避法規，就是要虛增盈餘。這樣的交易開始讓我覺得噁心，我知道，只要心中孳生一點點道德意識，都表示我不再是銷售衍生性金融商品的料子了，我是不是江郎才盡了呢？我試著不理會心中對與錯的價值判斷，卻完全沒有用。我勢必無法常駐東京工作。因此，我決定停下工作，單純享受我在東京的時光。

我到著名的旅遊勝地箱根旅行，也去了富士山，還參觀東京各個公園、市場和博物館，甚至去上野公園賞櫻。

我跟一些日本客戶見面，但是他們什麼都不買。好幾位客戶拒絕我提議的交易，因為這些交易風險根本不夠高。

我考慮在即將來臨的堪薩斯對維吉尼亞的籃球對抗賽中，提供日本客戶押注堪薩斯隊贏球的賭盤，但是就連這種運動賭博風險似乎也不夠高。真正的風險是在東京找到一個能看球賽的地方。全美大學體育協會籃球錦標賽已經開始，我渴望看這些賽事。我押了好幾千美元賭堪薩斯大學贏球，而他們低落的三分球命中率很讓我憂心。

我沒想到在東京看籃球賽現場轉播會是這麼困難。如果你在美國任何一個中西部小鎮，想看一場全美大學體育協會的籃球錦標賽，大概會有上萬種選擇；如果你在東京，你只有一種選擇。東京有一家美式運動酒吧，偶爾會播放籃球賽，但是，連他們都沒有現場電視轉播。美國球迷只能等著收取從美國空運過來的比賽錄影帶。我試過幾次沒有成功後，請求帝國飯店的客服人員替我找一個觀看堪薩斯大學對維吉尼亞理工學院比賽的地方。這個要求把他們難倒了。

我感覺沮喪，開始思鄉，即使是週末我也到辦公室去。至少我在辦公室裡可以通過彭博電視頻道看到球賽的比分。辦公室裡寂靜無聲，空無一人，每五分鐘左右，螢幕會閃現一行日文，然後出現堪薩斯大學和維吉尼亞理工學院球賽的比分。最後，螢幕顯示我下注的球隊因為一顆三分球失手而輸了比賽。我心情鬱悶地坐在那裡，我輸掉了賭注，我不再喜歡東京了。

既然我認定自己不能在這裡工作，就很難動念大展身手。我驚奇地看著一位業務員，設計一種媲美美房信託的高科技選擇權交易——這種交易有九九．九九％的把握可以迅速產生資本利得。我有氣無力地向有意購買AAA級的低級債券客戶，推銷菲律賓第一信託的構想。然而，當他們發現這其實是有設限的AAA級，就拒絕購買，因為評等一設限，可能會讓本地主管機關警覺。

我在東京停留的時間接近尾聲時碰到地震。那時，我在旅館房間裡，只覺得一陣天搖地動，衣櫃裡的衣架喀啦作響，這是我經歷的第一次地震，我嚇壞了。這是惡兆嗎？我唯一的安慰是相信如果原始的旅館能熬過歷史上最嚴重的大地震之一，那麼建築一定牢不可破，因此改建的旅館應該也會安全無虞。但是地震讓我下定決心，我要回國。

事後我大失所望地發現，原始的旅館一點也不強固。不只日本的金融體系欺瞞橫行，連帝國飯店和建築師萊特都騙了我。

我知道萊特從一九一八年到一九二二年間，皆待在東京為他宣稱防震的帝國飯店設計和監工。這家飯店蓋在浮動地盤上，但萊特宣稱浮動地盤可以充當避震器吸收震動，避免震動傳到建築物的其他部分。我當時並不知道，但後來大部分研究證明這些理論是迷思，那麼萊特不是錯了，就是說謊。日本研究萊特最重要的權威是日本大學的教授谷川正己，他說得好：「一個沒有多少作品的年輕美國建築師，利用地震宣傳自己設計出一棟防震的建築。真相就是這樣。」

萊特設計的帝國飯店雖然變成東京著名的地標，卻有著重大的設計問題，也有嚴重的結構問題。一九二三年的關東大地震後不久，主管內政的日本內務省，針對東京市中心的建築物損害情況，進行現場檢查，斷定帝國飯店四周熬過地震的很多建築，災情都遠不如帝國飯店嚴重。我總是以為原始的帝國飯店是摩天大樓，卻驚訝地發現，那家旅館反倒像蹲在地上的三層樓石蛙，豎立著很多裝飾性的火山岩和赤色陶土磁磚。就算以三層樓來說，結構也不算穩定。

一九九〇年，帝國飯店當年的總裁兼總經理犬丸一郎回憶說，大地震後，飯店的主建築開始下沉，由於結構的中心比其他部分重，下沉得也比較深。犬丸說，因為飯店中心下沉，員工必須定期鋸掉房門的底部。

當眾人都放棄拯救原始建築之後，旅館大廳和正面的一部分獲得保留，送到日本西部鄉間的明治村主題公園保存。大多數建築批評家認為，明治村毫無品味可言，只是在綿延的丘陵和湖泊之間，點綴著明治時代的遺跡，包括學校、市政建築、監獄，和日本第一台蒸汽機。有些建築師把明治村叫做墳場，還有人稱之為謊言和騙局，那裡的確保有日本史上很多著名的假貨，包括帝國飯店。或許有一天，美房信託會進駐，象徵日本過去令人訝異卻又傷心的真實景象。

一切都是欺詐

回到美國後，我的幻想徹底破滅。三年前的一九九二年，我第一次到信孚銀行面談，對衍生性金融商品、結構型票券、重新包裝資產工具或毀掉別人一無所知，我的一些朋友甚至認為我是好人。照我自己的判斷，我到一九九五年四月，已經變成世界上最憤世嫉俗的人。我現在認為，一切都是欺詐，而且我有充分的理由這樣想，衍生性金融商品是詐騙、投資銀行是詐騙、墨西哥和日本的金融體系是詐騙，連萊特和帝國飯店都是詐騙，這一切令人難過之至。

我近年學到的價值體系，包括擊墜客戶、炸死別人，全都是為了賺錢。我的同事幾乎都願意以相同的薪資，換做任何其他工作，這種想法確實有理。所有我認識的在投資銀行工作過幾年的人，包括我自己在內，都是混蛋。我們是世界上最富有的混蛋，但終歸還是混蛋，我開始在華爾街上工作時，就深深知道這一點。現在，因為某些原因，這一點開始困擾我。

我正處在事業生涯的轉捩點，外人難以了解，但當你在華爾街待過幾年後，你就無法辭職了。你可以被解雇、可以調任投資銀行的新職務或死亡，就是不能辭職——你賺太多錢了，以至於你無法辭職。你好好想一想，如果你一年賺五十萬美元，你的工作唯一不好的地方是你變成了混蛋，你會把工作辭掉嗎？如果你一年賺一百萬美元，你該怎麼辦？一年賺一千萬美元呢？我很多同事都捫心自問，大部分的答案都是：如果一年賺一百萬美元，你根本不在乎自己變得怎樣。然後，經過三、四年，賺了幾百萬美元後，如果你變成了混蛋，是否辭職就變成了不切實際的問題。這時，大勢已定，你最好繼續在華爾街工作到退休，當個富有的混蛋。

我無意在道德上高人一等。從倫理道德的觀點來看，我辭掉高薪的投資銀行工作，絲毫沒有值得稱許之處。要是有的話，也是十足愚蠢。我想說明的是我決定這麼快辭職的原因。對金融服務業的大部分人而言，他們的工作處在道德模糊的界線，這也是唯一的生存之道。我一度相信我也一樣。道德模糊不是問題，只要薪資提高就好。然而，一旦我明確認為我的所作所為根本不對時，我就再也做不下去了。我別無選擇，只能喊停。

回到紐約後，我對沙蘭特說我需要跟他談談，我們的談話大致上是這樣：

「馬歇爾，我要辭職。」

「什麼？你要去哪裡？別人給多少薪水？你以後要做什麼？」

「我什麼地方都不去，我要離開投資銀行業，要離開紐約，再也不賣衍生性金融商品了。我不知道自己以後要做什麼，很可能去當律師。」

沙蘭特起初很困惑，不懂我說的話，瞪著我看，好像我完全瘋了。但是經過幾分鐘後，我想他了解我的理由了，或者至少他裝作了解了，他說我應該慢慢來，盡量順利地完成工作交接。

我和沙蘭特快速檢視我做過的案子，它們顯示我在摩根士丹利所經手的交易實在太怪異了。我推動過的案子包括：好幾件美房信託交易、五六件意在規避監理的各種日本交易案、信用強化存續票券、老鷹碼頭、更多第四期綜合公債與菲律賓第一信託、好幾件以避稅為目的的重新包裝資產工具、一些墨西哥衍生性金融商品，巴西若干F－5戰鬥機修復的融資結構。我看著這張表，我到底都幹了什麼呀？

我放棄一切的決心讓女王深感震驚，她的確不了解我的理由。然而，我不是她手下中唯一辭職的人，沒過多久，為她賣命的員工幾乎全部離開她的宮殿。有一位去上研究所，一位去倫敦，一位去摩根士丹利的另一個部門，一位去了高盛，我和另一位去了華府。幾個月內，她的重新包裝資產工具帝國崩潰了，她變成跛鴨女王。

沈恩質問我離開衍產部的原因，過去離開這個部門的人非常少，而且都是受到其他投資銀行驚人的薪酬引誘，沈恩拒絕相信沒有另一個工作等著我。不過，他也感覺到我不再喜歡這一行了，我想，他很可能樂於看到我離開。先前，他和我還有另一位業務員討論過，投資銀行業中，有一些人只是為了鈔票工作，有一些人是因為熱愛這種遊戲。沈恩認為，總裁麥晉桁很可能就熱愛到甚至願意無償工作。他知道我的熱情已經熄滅了。

稻草人說，我的離開讓他覺得遺憾，我認為他說的是真心話。他的建議和沈恩不同，強調自己的信念是：留在投資銀行業只有一個原因，就是賺鈔票。他也擁有法學學位，他說過，有時候他真希望自己當初去鄉村當律師，而不是孜孜不倦地追求金錢。我離開也讓他自責，他開玩笑說，我像他一樣都受到這一行影響，變得腐化了。他談到自己身為我的導師時，我發覺這似乎是用怪異的方法扭曲歷史。我告訴他，我辭職跟他完全無關，我這樣說，有一部分是謊話。他回答說，反正他也計畫離開衍產部，另謀高就，不會再繼續腐蝕我了。我向他道歉，說我沒有去參觀東京的武士刀博物館，他則承諾要邀我參加下一屆的年度運動飛靶大賽，可以預測的是，他不會信守這個約定。

下一屆的年度運動飛靶大賽會在不同的射擊場舉行，就我聽到的消息而言，跟在杉達諾納舉行時大不相同，參加的人會比較少，而且射爆陶製標靶已經失去迫切性。或許景氣循環，未來衍生性金融商品業務再度欣欣向榮時，年度運動飛靶大賽會再度助長飢渴業務員的侵略性。到時候，這種大賽會是個適當的紀念，提醒大家：過去衍產部的幾十個人親眼目睹市場血流成河，並在短短的兩年內賺了十億美元。

後記

注定不公平的遊戲

金融業很像政治，就像只要世界上有政客，政治弊案就會層出不窮。

我相信，只要世界上有銀行家，金融弊案就會層出不窮。

危機逼近

本書紀錄了一九九〇年代，我在華爾街見識貪婪與胡作非為的一段旅程。它也說明了二〇〇八年市場危機的根本原因。今天若有人問我，是否有誰預見到這場危機時，我回想自己在大摩和第一波士頓衍產部的同事後，只能說答案是肯定的。我們發明的商品把銀行搞垮；我們也創造了促成次級房貸失控崩盤的核心產品；我們培養了史無前例、幾乎摧毀金融體系的貪婪文化。

對，我們看到了危機逼近，我們怎麼可能沒有看到？

二〇〇八年最後幾個月是過度行為狂潮結束的時刻，這種狂熱、恐慌和崩盤有很多原因，但是如果你要用一個詞，概括全球金融海嘯的起因，那你只有一個選擇，就是衍生性金融商品。

如果沒有衍生性金融商品，槓桿式的次級房貸賭博不可能波及這麼廣、這麼快；如果沒有衍生性金融商品，摧毀貝爾斯登（Bear Stearns）、雷曼兄弟、美林等投資銀行，嚴重削弱幾十家銀行，造成ＡＩＧ等保險巨擘瀕臨倒閉，這些複雜風險不會隱而不見；如果沒有衍生性金融商品，少數金融奇才就不可能屠殺主要共同基金和退休基金，然後殃及自己的投資機構。華爾街能夠走在毀滅的道路上，到達一發不可收拾的地步，衍生性金融商品是個中關鍵。

我會在後文中，串聯一九九〇年代中期到二〇〇八年底各種事件的關係，描述投資人和主管機關一再忽視衍生性金融商品暗藏危險的警告，說明衍生性金融商品為什麼是金融崩盤的重心。

辭去摩根士丹利的工作後，我搬到華府，當了兩年律師。執業律師和銷售衍生性金融商品大不相同，我可以誠實說，除非大幅加薪，我不會像同事說的一樣，屈就鏟糞肥的工作。

一九九六年夏季，稻草人找到我，說他要就任摩根士丹利資產管理部門的新職位。這個工作得來不易，他得跟公司以外的很多人競爭，他接受面試時，關鍵問題是：「業務員擁有的最重要特質是什麼？」主考官告訴稻草人，公司最近做過跟這些特質有關的調查，要他從產品知識、智力、關係和誠信等項目中選擇答案。稻草人回答：「毫無疑問，是誠信。這一行是靠信任維繫的行業，我們銷售的東西是信任。」他的答案為他爭取到新工作。

那年夏末，衍產部的一位老同事結婚，婚宴好比這個部門的團聚。我們交換自己和投資人碰到的衍生性金融商品慘劇，以及投資人因此虧了數十億美元的故事。每一個人都把這兩年時間，看成一生難逢，再也不會重演，總是值得回味的經歷，大部分人似乎都成熟了。女王那天晚上也來了，但是她沒有對誰大呼小叫，後來她為自己常常大發雷霆的事情，向重新包裝資產工具團隊的舊成員道歉。我們原諒了她，大家互相親吻，代表和好如初，簡直就像最後的晚餐，除了在這之後我們沒有一個人遭到判刑、監禁、罰款，甚至挨告。

我不知道摩根士丹利什麼時候，或怎麼拿到本書出版前的樣書，反正就是有人發現了這本書，一九九七年十月初，我的老東家就在嚴格審查我書中的每一個字。

我預期我的書會引發的反應是：摩根士丹利簡潔地回應「不予置評」；老同事罵我是叛徒；不懂衍生性金融商品的人會感到厭惡，投資時會變得更小心一點。不過我的預測紀錄並不出色，將近十年前，我就預測市場會崩盤；一九八八年，堪薩斯大學籃球隊奪得全國冠軍後，我每年都預測他們會再度奪冠。

至於我的書，我的預測又錯了。

幾星期內，摩根士丹利高調地撻伐本書，我的老同事罵我叛徒，卻不是因為我揭發這一行專門從事詐欺，而是因為我遺漏了最精彩的故事（就像一位早早打電話來的人說的，「我只是搔到皮毛而已」）。不懂衍生性金融商品的人說，他們難過、難過到了極點，不是對衍生性金融商品市場的肆無忌憚行為，而是為了沒能早一點加入感到難過。在我特別沮喪的期間，幾位愛爾蘭商學所的學生發電子郵件給我，要我提供求職建議，還有一位想投身這一行的人寫道：「這本書，真是我看過最好的書。」我覺得自己創造了一隻怪獸。

要不是摩根士丹利經營階層決定大肆為本書做免費宣傳，這些人可能根本不會聽說這本書。本書引發了媒體大戰，《機構投資人》資深編輯哈爾．魯克斯（Hal Lux）後來把這場戰爭，稱為大摩的「公關噩夢」。

噩夢起於他們在一九九七年十月六日星期一，發布下述聲明：

> 本書顯然集錯誤與聳動於一身。我們致力提供客戶始終如一的專業服務，我們不會違背客戶的信任，我們的紀錄就是證明。

我不知道是誰出了這個主意，發表了這份聲明。它來得令我吃驚，當時我正在聖地牙哥大學法學院教書，一邊沉浸在平和、舒適的學術生活，一邊加強我的高爾夫球技。我一心想在陽光明媚、氣候溫和和無人聞問的環境下，享受幾十年輕鬆、舒適的生活。我的日子過得平靜，白天電話超過一通就嫌吵。

隨後的兩天裡，我的電話響了好幾百次。

《紐約時報》財經記者彼得．楚威爾（Peter Truell），是最早來電話的人之一。楚威爾從事這種記者的工作吃力不討好，他們比大多數銀行家更了解市場，教育程度更高、更有趣、更博學多聞……但是薪水和華爾街業務員豐厚的獎金相比，只是九牛一毛。然而，記者偶爾會有難得的機會，得到無價的特權，可以站在崇高的道德標準上，譏刺大摩之類的精英投資銀行。楚威爾似乎很珍惜這種機會。

他沒有輕描淡寫，而是在報導中，引用大摩發言人珍・麥費登（Jean M. McFadden）有氣無力的辯詞，「我並不是說這裡是女修道院，人人都是聖潔之人，但我們公司的文化並不像書中所描述的那樣。」楚威爾還指出，大摩的首席法律顧問門羅・宋能邦（Monroe R. Sonnenborn）冷淡地表示，我說得不對，大摩總裁麥晉桁從來沒有說過：「我嗅到血腥味了，讓我們去搏殺一番吧。」（另一位消息人士後來宣稱，麥晉桁的確說過這句話，只是用意遭人誤解而已。）宋能邦也從經濟角度辯護，宣稱如果大摩像書中描述的那樣剝削客戶，客戶一定會流失。這種辯護似乎很奇怪，從此以後，我常思索為什麼大摩沒有喪失更多的客戶。

《華爾街日報》的派翠克・麥吉恩（Patrick McGeehan）和安妮達・雷哈文（Anita Raghavan）等記者，迅速加入戰場，描述大摩努力「撲滅這本書引發的小小火災」。《紐約郵報》的慶伯利・麥唐諾（Kimberly S. McDonald）依照他們的典型風格，把重點放在吹簫、脫衣舞女郎和異常性遊戲上，用「傷風敗俗的曝光」為標題，刊登橫貫全版的報導。國家廣播公司商業台（CNBC）的阿曼達・葛羅夫（Amanda Grove）播出一項專訪，最後的畫面是我在上拉丁美洲金融市場課程時，在黑板上寫下「市場失靈」幾個大字。

幾天內，消息就傳遍紐約、倫敦和東京的交易廳，書賣到缺貨，書商訂購第二刷和第三刷。一九九七年十月八日，本書變成亞馬遜網路書店暢銷榜第三名的書籍，部分原因是書還放在北卡羅萊納州的倉庫裡，想儘快買到書的，唯一的方法就是上網訂購。十月八日離計畫的出版日期還很久，出版商和我都不敢相信自己的眼睛。

我平和、舒適的學術生活就此結束。

賭一把翻本的遊戲

我把握鎂光燈聚焦的機會，警告所有願意聽我說明金融市場隱藏風險的人。我對業界團體和主管機關發表演說，在主要大報上撰寫社評，但大家卻喜歡聽客戶遭到摧毀和射擊飛靶的故事，而不想了解掛羊頭賣狗肉、披著狼皮的AAA級評等的細節，也不在意房貸衍生性金融商品中隱藏的風險，沒有人想聽關於系統性崩盤隨時可能爆發之類的話。

一九九七年十月二十七日星期一，美國股市大跌七%，我開始宣揚末日近了的訊息。市場似乎總是在十月崩盤，這時離一九八七年的「黑色星期一」大崩盤正好十年，七%的跌幅並不太大，但是，衍生性金融商品使大跌的震波傳遍整個市場。

華爾街傳奇人物維特・倪德厚夫（Victor Niederhoffer）是最初的受害者之一。倪德厚夫很出名，是壁球冠軍、理財大師和避險基金奇才。我認為他的沉淪是厄運的前兆，希望確定大家都知道他的故事，以免再犯規模更大的錯誤。

我在十月股市大跌後不久，在紐約的聖瑞吉斯大飯店跟他見過面。我們去那裡參加《衍生性金融商品策略》（*Derivatives Strategy*）雜誌主辦的第二屆衍生性金融商品名人堂年會，這時新出版的衍生性金融商品產業雜誌大約有一百萬種，只有《衍生性金融商品策略》有刊載漫畫。

與會人士包括業界大部分最知名的人，如研究選擇權，最近才獲得諾貝爾經濟學獎的羅伯・莫頓（Robert C. Merton）和麥倫・修斯（Myron S. Scholes）兩位財務學教授。我受邀主持跟交易商胡作非為有關的討論，我顯然是唯一曾經胡來又願意開口的人。

我很高興能夠見到莫頓和修斯，他們靠著當時仍籍籍無名、規模幾十億美元的長期資本管理公司（LTCM）的避險基金賺到了大錢。但是我最感興趣的是跟倪德厚夫談話，他是午餐會上的主講人，我希望聽他談賣出賣權策略的危險，這種策略正是摧毀他所操盤基金的元凶。

只不過幾個月以前，倪德厚夫還高高站在世界的頂峰，他的大作《投機客養成教育》（*The Education of a Speculator*）很暢銷，他管理的投資資產超過一億美元，其中一大部分是他自己可觀的財富。他很受歡迎，也備受尊敬，投資績效高得不可思議，連續十五年創造高達三〇%的投資報酬率，一九九六年的投資報酬率更高達三五%。

不幸的是，倪德厚夫也在泰國的衍生性金融商品上大筆投機。還記得我對衍生性金融商品一無所知，在第一波士頓工作時，看著公司業務員推銷令人垂涎的泰銖結構型票券嗎？這些票券和連結亞洲「小虎國家」貨幣之類的投資，是由奇異信用之流擁有高評等的美國企業所發行，或由房地美之類由政府支持的企業發行，看來很安全，而且如果泰銖匯率維持強勢，支付的息票很誘人，倪德厚夫就是投機這種東西。

一九九七年七月二日，泰國宣布不再把泰銖釘住一籃外國貨幣，泰銖對美元匯率暴跌超過一七%，就像一九九四年十二月二十日墨西哥披索對美元暴跌一樣，產生災難性的影響。

東亞其他國家也步入泰國後塵，本國貨幣隨即貶值，淪落到困境中。亞洲的銀行像一九九〇年代初期肥胖的墨西哥銀行一樣，一直在大肆享受，在自己的市場和貨幣上，利用交換交易、選擇權、遠期合約和更複雜的衍生性金融商品，從事槓桿式的投機，現在卻面臨毀滅的厄運。幾個月內，東亞地區投資標的的外幣價值慘跌超過五〇%。

衍生性金融商品造成泰銖貶值餘波蕩漾，傳達到亞洲之外很遠的地方。如果泰國一隻蝴蝶扇動翅膀可能影響美國的天氣，想像一下，貨幣貶值可能會有什麼後果？我想應該是全世界的投資人都會東倒西歪。

引發慘劇的大部分衍生性金融商品都是在櫃檯上交易，不是在交易所裡交易。這點表示，亞洲的銀行進行交換交易時，一定有交易對手，通常是歐美銀行，他們預期這筆交易會獲得清償，就像你我私下打賭，我預期你會如數付錢給我一樣。換句話說，亞洲的銀行和企業在任何交易所之類的集中市場上並沒有虧損，而是對其他企業——主要是對西方銀行——賠錢。但如果亞洲銀行破產，他們的交易對手可能會收不到任何債務。

衍生性金融商品交易具有店頭市場交易的特性，這種特性有造成驚人虧損的可能。例如，美國銀行在南韓的曝險超過二百億美元，南韓鮮京證券跟摩根銀行對賭，賭泰銖會對日圓上漲，泰銖崩跌時，鮮京證券就積欠摩根銀行大約三億五千萬美元的債務。包括花旗銀行、大通銀行和信孚銀行在內的其他銀行，每家都揭露在亞洲的曝險超過十億美元，暴露在交易對手無力或不願償債的狀態下，就叫做「信用風險」。信用事件實際發生前，信用風險跟交易對手幾乎毫不相關，是很普通的問題，實際發生後，信用風險就變成至為重要的核心問題。亞洲銀行的交易對手——歐美的大型銀行這麼擔心貨幣下跌，原因就在於信用風險，即使他們自己沒有從事差勁的貨幣投機也一樣。我認為倪德厚夫的困境是惡兆，原因之一就是信用風險升高。

泰國的蝴蝶扇動翅膀時，泰銖崩盤，泰銖崩盤造成倪德厚夫大約虧損五千萬美元，占他的基金資產總值將近一半。衍生性金融商品交易者虧損超過五千萬美元時，似乎都會遵循一種模式。我在拉斯維加斯玩二十一點時，曾經陷入這種模式，你可能也有過類似的經驗。你下注二十五美元，賭一手牌，認為輸這點錢不會害死你，結果你輸了。然後你加倍下注，玩另一手牌，認為輸個五十美元沒有什麼大不了，何況這手牌你可能會贏，你就可以翻本還倒賺，結果你又輸了。然後你輸了一手又一手……很快地，你就輸了五百美元，金額已經大到你會心痛的程度。你該怎麼辦？離開賭桌嗎？當然不是，你的作法正好相反，你再度把賭注加倍，開始賭一把翻本的遊戲，這就是我上面說的模式。你仰望上蒼，腦袋裡響起顫抖的聲音，小聲說著「要是我能夠把錢贏回來，我永遠不再賭博了。」

想像倪德厚夫的苦難，你在五百之後加上五個0，現在那個聲音聽起來會像什麼？如果那五千萬美元是你的錢，那個聲音可能會沮喪之至。但是借用大法官路易斯・布蘭迪斯（Louis Brandeis）的話來說，如果那筆錢是「別人的錢」，你會怎麼樣呢？突然間，賭翻本似乎一點都不愚蠢了，如果五千萬美元是別人的錢，你難道不會至少加倍下注一次？為什麼不這樣做呢？如果你贏了，你不輸不贏，沒有人會管你暫時輸過。如果你輸了，你真的會認為再輸五千萬美元有很大的關係嗎？輸了第一筆五千萬美元以後，你大致上已經非常確定，那位特定的別人不會邀請你參加他的假日宴會了。

因此，倪德厚夫像他之前的人一樣，像霸菱的李森、吉德皮巴第公司的傑特、住友商事的濱中泰男、大和證券的井口俊英一樣，開始賭翻本的遊戲，甘冒額外的風險，希望賺回的錢超過在泰銖上虧掉的金額，學者會把這時的倪德厚夫，稱作惡棍交易者（Rogue trader）。

到了九月，他已經賺回一點在泰銖上的損失，但全年仍然虧損三五%左右。到了十月，他開始加倍下注，大賣標準普爾五百指數期貨合約的賣權。

請記住，賣權是以特定價格在特定時間賣出標的金融工具的權利，用交易員的術語或科爾維特跑車的行話來說，如果你買進一筆賣權，你今天可能付出一千美元，買到在下個月某一個時間，以四萬美元賣出一輛科爾維特跑車的權利。如果科爾維特的價格下跌，你就會賺錢，如果一輛科爾維特的價格跌到三萬美元，你就會賺到一萬美元——因為你用這種賣權，可以用四萬美元賣出一輛科爾維特，減掉你在市場上買進一輛科爾維特的三萬美元（還要減掉你付出的權利金一千美元）。然而，賣權的買家希望價格下跌，賣家卻希望價格持平或上漲，但是千萬不要下跌。價格愈跌，賣權賣家必須付給買家的錢就愈多。在我們的例子裡，如果科爾維特的價格跌到三萬美元，我們先前賣出一百輛科爾維特的賣權，我們會虧損九十萬美元（一百萬美元減掉我們收到的十萬美元權利金）。賣出賣權策略的風險不像大摩銷售高風險商品時的宣傳：「下檔風險限於初始投資金額」，你的虧損可能超過你所擁有的一切。賣權賣家的想像力有多大，他／她的損失就有多大（事實上，價格通常不會跌到負值）。

到十月二十五、六日為止的那個週末，倪德厚夫的情況看來還好，我的書是在十月出版，十月不是變化多端的月分。倪德厚夫在耐心等待，希望賣權到期，變得一文不值，這樣他就可以留下權利金，更接近翻本。請記住，他要的是市場持平或上漲，但是千萬不能下跌。

對倪德厚夫來說，星期一大盤重跌七％是致命的打擊，到星期一中午，他已經破產；到星期三，他的基金已經停業清盤，投資人一億多美元的資金已經蒸發一空。他的最大投資人之一設籍在我的新故鄉聖地牙哥，就是擁有三十三億美元資產的聖地牙哥公務員退休基金。聖地牙哥，你真是好棒棒！

倪德厚夫在這場年會上，發表了一篇令人讚嘆的演說，他把自己的哲學和財務專長交織在一起，變成引人入勝的談話。莫頓、修斯和參加衍生性金融商品名人堂年會的人，都刻意迴避倪德厚夫最近兵敗如山倒的事情。午餐後，我走過去找他，談到他的賣權慘劇，他告訴我一些賠錢的細節，我祝他在所有訴訟辯護時一切順利。我把他的大作帶去會場，請他簽名，他寫下的話有點神祕，顯示他已經看過拙作：

敬致法蘭克·帕特諾伊，

命運帶著我極力趨向你的漂流之路，
順祝萬事如意。
維特．倪德厚夫

只紓困不管理

對我來說，倪德厚夫的故事顯示，衍生性金融商品可能足以拖垮金融體系，只要有夠多人下注在輸的一面上，接著加倍下注，就可能造成大型金融機構崩潰。賣出選擇權特別危險，因為下檔風險可能沒有限制，出售選擇權的員工可能造成整個金融機構陷入險境。如果虧損的交易是在店頭市場上，而不是在交易所中交易，一家機構倒閉可能使其他機構暴露在信用風險中，一家銀行違約，可能成為倒下的骨牌，推倒其他很多機構。

的確如此，跌勢摧毀了倪德厚夫，也拖垮幾十家祕密從事貨幣賭博的金融機構。然而，亞洲金融危機傳播得不夠廣遠，不足以造成系統性崩潰，市場最後輕鬆熬過虧損，到一九九八年春季，衍生商品市場再度隆隆作響。

主管官員很慶幸，聯準會主席葛林斯潘更是如此，因為衍生商品市場面對危機時，似乎極有彈性。官員的看法偏向銀行家和他們的遊說者，覺得自由市場不需要管理法規，就可以自行運作得很順暢。商品期貨交易委員會主委布魯克絲麗・波恩（Brooksley Born）認為，政府至少應該研究制定若干監理法規是否有理，她的同僚如葛林斯潘和財政部長魯賓，都勸她不要多話。擔任美國證管會主委時間最久的亞瑟・雷維特則盡忠職守，遵從葛林斯潘的領導。

我認為，葛林斯潘對自由放任的沉迷，破壞了他的判斷，而且我公開地這樣說（他不在乎，甚至可能沒有聽到）。他認為沒有理由用法規規範市場，他甚至誇大其詞，說法規不需要禁止詐欺，因為市場最後會發現詐欺行為。照葛林斯潘的說法，不必任何法規，光靠市場競爭就夠了，因為沒有人會跟以詐欺聞名的人做生意。在我看來，葛林斯潘的話很像摩根士丹利公關部門的說法。

一九九八年秋季，葛林斯潘和其他主管官員，忽然得知莫頓和修斯的諾貝爾獎光芒支持的避險基金「長期資本管理公司」一夕接近破產的慘劇。長期資本管理公司的數學模型嚴重低估了公司的風險，也嚴重低估表面無關資產之間的相關性，憑著投資人所投入的少少幾十億美元股本，舉借一千億美元的債務，操作上兆美元的衍生性金融商品。

長期資本管理公司像倪德厚夫一樣，賣出巨量選擇權，終於在這種策略上虧損十三億美元，其餘資本大都是虧在「收斂」交易上，也就是賭不同金融資產的不同價格，會回歸他們歷史關係上的交易。長期資本管理公司的衍生性金融商品部位極為龐大，以至於連相當小的全市場性跌勢，都足以使公司的資本虧損一空。但是，長期資本管理公司的模型顯示，這種跌勢幾乎不可能發生，機率小到幾十億個宇宙的一生中才可能發生一次。

主管機關宣稱，這種虧損讓他們震驚——這一點才讓人震驚！葛林斯潘說，長期資本管理公司引發的金融危機，是他所經歷過的最嚴重危機。魯賓表示：「世界正經歷半個世紀以來最嚴重的金融危機。」選擇權大師莫頓和修斯因此蒙羞，財富也因此大減。我認為，主管機關為了因應長期資本管理公司的事件，勢必會實施若干規範。

然而，我的期望再度落空，聯準會推動民間企業私下對長期資本管理公司紓困，卻拒絕管制衍生性金融商品。業界的遊說團在參議員菲爾．葛蘭姆和妻子溫蒂的領導下，以拖待變，熬過了抨擊風暴。一九九三年，葛蘭姆是率先推動交換交易解除管制的功臣，此後一直擔任安隆公司董事。到二〇〇〇年底，全美觀望布希和高爾的選舉結果時，他們和葛林斯潘說服柯林頓總統，採取最後官方行動，簽署《商品期貨現代化法》（Commodity Futures Modernization Act of 2000）。葛林斯潘、魯賓和雷維特全都支持這個全面解除衍生性金融商品管制的法律，這是金融市場史上最大的錯誤之一。

之後沒多久，另一家衍生性金融商品公司出了大亂子，二〇〇一年安隆公司破產倒閉時，我再度認為，這種事將成為絕響了。美國參議院舉行安隆案第一次正式聽證會時，邀我以專家身分出席作證，我痛陳這家公司怎麼由能源公司搖身一變，賣起了衍生性金融商品，卻不受主管機關監督。我提到安隆公司年報附注第十六條大有問題，是以大眾根本無從了解的方式，揭露眾多最難懂、最可怕的衍生性金融商品交易資訊。參議員福瑞德·湯普森（Fred D. Thompson）針對我的發言，有所反應，讓我以為自己已經爭取到若干進展。

湯普森打斷我慷慨激昂的發言，說他對附注第十六條很熟悉。在我以為我們對安隆慘劇有著共同的理解而興奮到無以復加時，他再度發言打斷我，以他在電視上談話慣有的腔調，說他剛才只是開玩笑。這對我來說是十分激奮的時刻，而且因為我說這件事時，大部分人都不相信我，我得把未經編輯的官方紀錄完整的列在下面：

帕特諾伊先生：我請你們注意安隆公司二〇〇〇年年報附注第十六條。

湯普森參議員：我很熟悉這一條。

帕特諾伊先生：如果你可以告訴我怎麼回事——

湯普森參議員：只是開玩笑而已。

經過另外幾次聽證會，等到塵埃落定時，國會決定不像理性公民所期望的那樣，推出和安隆垮台實際有關的法律，而是制訂通稱沙賓法的《美國企業改革法案》（Sarbanes-

Oxley Act of 2002），引發全面性的高度爭議。該法規定，上市公司必須推動成本高昂的公司治理改革，這種規定產生了若干有利影響，卻完全沒有觸及衍生性金融商品。

為了因應安隆事件，我寫了更多文章，也寫了另一本名叫《華爾街貪婪故事》（*Infectious Greed*）的書，我在書中抽絲剝繭，追蹤幾十件金融弊案，訂出預防未來金融慘劇的六點監理藍圖。我繼續警告願意聽我建言的人，說衍生商品市場已經失控，可能造成金融市場崩潰，我的期望卻年年落空。衍生性金融商品業務激增，獲利飛躍，成交量增加十倍，主管機關卻放寬僅存的法規。

《華爾街貪婪故事》的最後一章強調信用衍生性金融商品，包括擔保債權憑證和信用違約交換（credit default swap）等新工具。這一章警告利用這些衍生性金融商品冒險和隱藏風險有關的問題，揭示大家如何濫用和錯誤地依賴不精確又不合理的信用評等。我談到到二〇〇三年為止出現的新交易案，包括本書所說菲律賓第一信託和AAA級房貸抵押擔保證券的後代產品。《格蘭特利率觀察家》（*Grant's Interest Rate Observer*）雜誌傑出的總編輯詹姆斯．格蘭特（James Grant）買了很多本拙作，送給參加他所主辦的二〇〇三年春季投資研討會的每一位與會人士。我在這個研討會上，發表主題為「要害怕、要非常害怕衍生性金融商品」的演講。我以專家的身分再度作證，這次是在兩黨邀請下，就衍生性金融商品信用和信用評等問題，在參眾兩院作證，這次並沒有人開玩笑。

雖然批評衍生性金融商品的聲浪大增，主管機關卻安然不動。格蘭特寫出信用評等造成的衍生性金融商品失常的細節；巴菲特指責衍生性金融商品是「大規模毀滅性武器」；索羅斯宣稱衍生性金融商品會「摧毀社會」，國會卻依然沉默不語。巴菲特和合夥人查理・蒙格（Charlie Munger）把《血戰華爾街》列在他們的推荐讀物書單上，蒙格還說，本書「會讓你作嘔」。我猜看過本書的國會人士都有鐵胃。

從我期望落空的角度來看，在這段期間雪上加霜的是，堪薩斯大學籃球隊也一再粉碎我的期望。首先，他們連續三年在全國錦標賽的第二回合中失利，然後教練羅伊・威廉斯（Roy Williams）在二〇〇三年全國錦標賽一場令人心碎的敗績後，轉而投效北卡羅萊納隊。新教練比爾・賽爾夫（Bill Self）連續兩年在全美大學體育協會錦標賽的第一回合中戰敗，先是敗給巴克內爾大學，再敗給貝爾蒙特大學，我甚至不知道這兩所大學有籃球隊。巴克內爾和貝爾蒙特？長期資本管理公司和安隆公司？湯普森和附注第十六條？這一切讓我太難以承受了。

重創華爾街的數學奇才

一九九五年，我離開摩根士丹利後不久，出身中國農村的三十多歲數學奇才李祥林

（David X. Li），加入二流的加拿大帝國商業銀行。他像我和大摩的衍產部同事，像我們處理菲律賓第一信託和披索連結美元保證票券以及MX交易時一樣，思考相同的問題：如何重新包裝低評等的資產，創造高評等的資產出來？

我們在摩根士丹利創造了幾十種「擔保債權憑證」（Collateralized Debt Obligations），而且我們相當善於說服評等機構和投資人，認定標的資產雖然具有風險，但仍然應該貼上AAA投資級的標籤。菲律賓第一信託是典型的例子，是由劣質蛋糕（菲律賓國家電力公司債券）和薄薄一層吸引人的糖霜（美國國庫公債），混合而成的高風險、高收益率的金融蛋糕。

但是，菲律賓第一信託的賣相實在是太難看了，難怪標準普爾最後在這種債券上加注「限制級」的小字。連標準普爾不精明的分析師，都可以看穿簡單的一層糖霜，想到不該把不折不扣的AAA級評等，授予糖霜底下的東西。因此，華爾街須要找出新方法，把劣質蛋糕混在一起，使成品看來像是真正的蛋糕。

混合過程是其中的關鍵，你可能合理的假設劣質蛋糕有毒，但是，如果你可以匯集不同類別的劣質蛋糕，然後把不健康的部分完全抽出來，結果會怎麼樣呢？如果一些殘渣材料能夠抵銷其他材料的劣質部分，神奇地消除任何風險，那麼結果會怎麼樣？劣質蛋糕和反劣質蛋糕就像物質和反物質一樣。

如果我留在摩根士丹利，如何創造更佳混合過程的問題，一定會吸引我的注意。各地的銀行家都在想方設法重新創造投資組合中的資產關係模型，每個人注重的關鍵變數都是相關性，也就是那些資產可能同時下跌的程度。就像把劣質蛋糕和其他東西混合時，毒素可能被稀釋得比較安全一樣，金融資產拼湊在一起時，風險也可能下降——特別是如果你能夠讓別人相信，這些資產預期的下跌或違約彼此之間並非相關。一種債券可能違約，但是，如果你持有一百種沒有相關性的債券，機率上很多種債券同時違約的結果很罕見。

不少人發現了不錯的混合模型，不過，李祥林發現了最好的模型，這個模型的歷史也最精彩。李祥林把混合問題更改了框架，當作死因調查來處理。這件事他知之甚詳，李祥林這樣做，不只是因為他父親是在文化大革命期間，遭到下放農村的中國警察而已。李祥林也知道，統計上有關「傷心欲絕」問題的研究顯示，碰到配偶過世的人會比較早逝，保險公司也會試著用不太感人的方式，從這種現象中牟利，方法是拒絕承保喪偶的人，還會提高他們的保費。

李祥林從一種描述死亡機率，名叫「關聯結構」（copula）的傾斜常態分配數學公式中看出跟保險問題直接相關，卻不合情理的類似狀況。公司或個人違約像死亡一樣，李祥林像統計學家利用關聯結構，建立喪偶者的反應模型一樣，利用相同的數學公式，說明一種資產「死亡」或違約時，不同的資產會有什麼反應。李祥林告訴《華爾街日報》：「突然間，我想到我設法解決的問題，正好就是這些人設法解決的問題。違約像是公司死亡一樣，因此我們應該用建構人類壽命模型的方法，建立這種模型。」

起初這種觀念似乎很可笑，負責把這種「擔保債權憑證」投資標的倒給客戶的業務員更是這樣想：壽命？傷心欲絕？David X. Li到底是何許人也？一般業務員問李祥林英文名字的中間名X到底代表什麼鬼意思後，順帶指出「關聯結構」的英文copula令他們想到「交媾」(copulate)。

然而，一旦業務員知道銷售新擔保債權憑證的佣金，高出其他投資標的百倍時，眼睛立刻發亮。他們聽說這種擔保債權憑證具有高收益和AAA級信評時，就只會和客戶談論李祥林的天才和他的新關聯結構。

李祥林更上一層樓，進了摩根大通銀行。他在學術期刊上發表他的關聯結構模型——這並不是睡前閱讀的好文章，但我喜歡他提到所謂的「法蘭克」關聯結構，雖然我可以向你保證，其中沒有血緣關係。

根據文章中談到的數學公式，當你把風險性資產匯集在一起，變成擔保債權憑證時，巨量的風險會消失，因此，匯集起來的投資標的會有很高比率可以評定為AAA級。跟這種結果有關的訊息像電話遊戲一樣傳播開來，數學家向負責建構衍生性金融商品的人解釋這種模型，建構金融商品的人再向評等機構分析師解釋，分析師再向業務員解釋，業務員再向投資人解釋。到最後，訊息從對數函數和負數無窮大符號，變成「厚尾」和「低相關性」，再變成「AAA級，傳下去給別人」。

華爾街的衍生性金融商品製造家利用這種新方法，搜尋可以匯聚在一起的風險性資產，銀行利用低評等公司債、新興市場債券和次級房貸，創造了千百億美元的新擔保債權憑證。他們根據投資人追索權順位的高低，把擔保債權憑證分割成很多層次或很多部分，分割後的部分類似蓋在氾濫平原的建築，最低層次的部分風險最高，最先會被虧損淹沒；中等層次的部分由比較低層次的部分保護；最高層級的部分較安全，要碰到百年一遇的完美風暴才會淹沒。至少這個數學模型是這樣告訴你的。

即使標的資產已經得到很低的評等，以標準普爾和穆迪為主的評等機構，仍然樂於把很多擔保債權憑證經過分割重組的部分，評為AAA級。他們認為，這個模型可以化腐朽為神奇，把一堆BBB級的次級房貸，變成資產池較小的AAA級擔保債權憑證投資標的。這種評等幾乎跟菲律賓第一信託的AAA級評等一樣可笑，但是，包括李祥林版本的關聯結構以及評等機構採用的數學模型，掩蓋評等中可疑之處的效果出類拔萃，把爛貨變成了好貨。投資人不是相信評等，就是不管評等建立在不合理的基礎（也不管銀行為了取得好評等，付給評等機構比正常情況高三倍的費用）。擔保債權憑證業務欣欣向榮，成為華爾街最賺錢的業務。

美國新世紀金融公司（New Century Financial）和美國國家金融服務公司（Countrywide Financial）等次級房貸業者，看到風險性貸款的需求難以滿足時，開始對自己所能找到的客戶，提供好到讓人無法相信的貸款。很多人批評次貸業者的作法不道德，也有很多人批評貸款戶借貸自己無力償還的貸款，大部分批評都相當公允，卻忽視了大局。美國次級房貸爆炸的根源既不是貸款機構，也不是貸款戶，而是建構整套擔保債權憑證遊戲規則的業者，他們才是提供毒品的人，貸款機構和貸款戶只是去按按鈕的老鼠。

不過，混合擔保債權憑證的新程序有些限制存在，這些模型只能把某些類別的風險性資產，變成新的AAA級投資工具，但是，風險性資產卻居然不夠多！銀行製造更多擔保債權憑證時，會把所有適於納入數學模型的標的資產搶購一空，這種資產一旦納入擔保債權憑證，就釘死在裡面，不能重新包裝。這種情形讓人難以相信，但風險性資產的供應確實吃緊。低評等的債券和貸款一旦納入擔保債權憑證，就會消失，不能再度拿來運用在別的擔保債權憑證中。

無論多不可思議，但實情就是，華爾街真的一度找不到足夠的爛貨可用。

這時衍生性金融商品就上場了。大銀行最近開始交易信用違約交換，信用違約交換像壽險一樣，一方繳納保險金，在死亡時得到某種利益，只是在李祥林的模型中，死亡不是個人的死亡，引發付款的契機是某種債務，例如公司債或抵押貸款的「死亡」。

信用違約交換超額加注賭博的人數沒有限制。假設通用汽車發行在外的公司債為十億美元，你對通用汽車最多只能有價值十億美元的固定收益曝險。但是，如果你利用信用違約交換，你對通用的曝險可以無限制增加。如果你希望曝險一兆美元，你只要以通用汽車為基礎，簽訂信用違約交換，然後乘以一千倍。債券是否存在並不重要，這樣做是超額下注賭博，像賭運動賽事一樣，直接投資職業隊伍時，可以獲得的曝險金額可能有限，賭比賽結果的話，你能夠得到的曝險金額卻沒有限制。

華爾街認為，他們可以利用信用違約交換，創造金額無限的爛貨，因而快速推動重新包裝交易，仿製以次級房貸為基礎的高風險投資標的，再匯集起來，產生更高的評等。這種新交易案通稱「合成」擔保債權憑證，因為整個交易案是利用超額加注賭博的方式，用人工創造出來的。銀行不是以實際存在的次貸償還金額為基礎，而是創造出像愛麗絲夢遊仙境一樣，根據兔子洞裡多種虛擬繳款為基礎的世界。

如果你是利用高風險次級房貸的屋主，創造擔保債權憑證的人可能針對你會不會違約，建立一百倍的超額加注賭博。世界上一百位投資人透過信用違約交換，暴露在你下個月可能繳不出房貸本息的風險中。

很快地，全世界投資人都在購買以次貸為基礎的複雜金融工具，包括合成擔保債權憑證、結構型投資工具、固定比率債務工具，甚至還購買名叫「擔保債權憑證平方」的東西，這些以衍生性金融商品為基礎的投資需求，是極度的本末倒置。

回想我在摩根士丹利服務時，信用違約交換根本還不存在，但是到了二〇〇八年，信用違約交換市場規模已經成長到六十兆美元。換個角度來看，全球國內生產毛額的總額也才只有六十兆美元，世界所有上市公司的總市值還不及此數。同期內，整體衍生性金融商品市場規模，卻從一九九〇年代中期五十五兆美元的名目金額，增加到令人難以想像的六百兆美元。套句已故參議員德克森的話：「這裡六十兆美元，那裡六百兆美元，很快地我們就會說到真正龐大的金額了。」

到二〇〇六年，以信用違約交換為基礎的合成擔保債權憑證數量之多，足以媲美以真正房貸為基礎的實際擔保債權憑證。到二〇〇七年，保險公司跟著銀行，也成為信用違約交換的大玩家，ＡＩＧ領導這群新手，出售五千億美元的信用違約交換，包括以擔保債權憑證為基礎的交換交易。因為所有衍生性金融商品都沒有監理機關的監督，沒有人知道誰持有什麼樣的東西，各家機構都不揭露所持有信用衍生性金融商品的細節。雷曼兄弟是其中的典型，他們把信用違約交換和其他衍生性金融商品併在一起，讓別人無法精確了解該公司的曝險程度。

銀行大量購買合成擔保債權憑證中所謂的「超級順位」部分——指次級房貸擔保債權憑證「結構」中最高層級的證券。由於數學模型指出，這種順位安全到連諾亞時代的大洪水都可以抵抗，因此評等屬於AAA級。銀行的部位類似前面所提科爾維特例子裡的部位，銀行賣出賣權，只是在這個例子裡，這種選擇權是價外賣權，像四萬美元的科爾維特賣權要到價格跌到三萬美元時，才會觸發一樣。

基本上，銀行是在銷售次級房貸為基礎的賣權。銀行收入的保險費，形式是向交易對手定期收取的交換交易付款，藉此承接次貸違約大增的風險。但是把這種交易叫做超級順位證券，而且取得AAA級的評等，則是行銷手法。如果把這種證券稱為賣權，就會更加突顯這種證券具有真正的下檔風險。

評等機構的模型指出，這些超級順位證券部分極為安全，因為這些部分得到很大的緩衝部位保護，不會虧損，情形就像十層大樓建築的上半部，會受到下面五樓建物的保護一樣。根據這些模型來看，房貸市場下跌到突破下層緩衝部分，傷害比較高層級部分的機率基本上等於零。

銀行經理人和董事會怎麼看待這種風險？他們可能感到安心，覺得次級房貸下跌時可以拉股東當替死鬼，來承受重大虧損的風險；也可能是不知道其中到底有什麼風險；或者可能是兩者兼而有之。

總之，經理人和董事並沒有警告股東，如果房價下跌、次貸違約率升高，兩者的相關性變成高度相關時，股東可能出現重大虧損。他們沒有告訴股東，他們賣的只是以房價為基礎的賣權而已。因為極多人借貸高風險的房貸，借的都是初期優惠利率低、只繳息不還本，也不繳頭期款的浮動利率貸款，只要房價下跌，就會造成很多屋主嚴重溺水，幾乎沒有意願或能力償還貸款。很多人會同時違約，甚至淹沒以次貸為基礎的合成擔保債權憑證的上層部分，銀行的高階經理人不是隱瞞這種風險，不然就是不懂。

只要房價維持高檔，甚至維持平穩，銀行和員工就會從次貸擔保債權憑證保險金中，賺到龐大利潤。但是如果房價崩盤，銀行會像一百萬個倪德厚夫一樣，或是像一千家長期資本管理公司一樣。凡是了解衍生性金融商品，密切注意細節的人，都可以看出來，違約洪水的衝擊驚人之至。這是為什麼從二〇〇六年初開始，包括好幾家避險基金在內的很多精明投資人，都大舉作空次貸市場和銀行的原因，這種空頭操作後來幾乎在一夜之間，讓他們變成世界最富有的富豪。

金融回力鏢飛回來了

我的預期可能成真的第一個跡象，在二〇〇八年四月七日星期一晚上出現，距離堪薩斯大學上次奪得全國籃球冠軍正好二十年，當時我還在這所大學裡念數學和經濟學。你可能認為，我這麼沉迷堪薩斯大學的運動比賽不合時宜、無關緊要，甚至不健康；你可能認為，我對衍生性金融商品崩盤和全美大學體育協會籃球大賽冠軍的期望，以戲劇性的方式先後成真的情況，純屬巧合。但不管是不是巧合，對批評衍生性金融商品的人和堪薩斯大學傑鷹籃球隊的粉絲來說，二〇〇八年都是平反的一年。

那時我在德州的聖安東尼奧，觀賞號稱「三月瘋籃球」、價值十億美元冠軍大賽的最後一場賽事。賽爾夫教練快速重建堪薩斯大學的籃球計畫，傑鷹籃球隊在整個球季裡，只輸了三場比賽，輕鬆贏得錦標賽中的頭三場比賽，也驚險戰勝勇敢善戰的戴維森學院隊。然後在準決賽中，大敗前堪薩斯大學教練威廉斯領軍的北卡羅萊納大學隊。這一戰讓我覺得，星期一傑鷹隊對上公認全國最強的曼非斯大學隊時，我得做好可能碰到黑色星期一的準備。

比賽只剩兩分多鐘，堪薩斯落後九分，擠滿球場的四萬三千位球迷中，很多人已經向出口走去，我卻仍然真心期望勝利。我不會詳談細節，以免曼非斯的球迷看到這段文字。但是，剩最後兩秒鐘，球從查爾莫斯（Mario Chalmers）手中投出時，我就知道堪薩斯會贏。我有一種怪異的感覺，這是我二十年來從來沒有體驗過的感覺——終究我是對的！

那星期，美國第二大的次貸業者美國新世紀金融公司聲請破產。不久之後，最大的次貸機構美國國家金融服務公司股價直線下跌，最精明的避險基金加碼放空，次貸價值劇降，銀行股開始下跌。

到了六月，穆迪和標準普爾終於承認自己大錯特錯，穆迪下修五十億美元次貸證券的評等，把一百八十四種擔保債權憑證，列入下修檢討名單。標準普爾把七十三億美元的交易，列入負向觀察名單中。銀行開始一家接著一家，宣布以次貸衍生性金融商品為基礎的投資出現重大虧損。

投資銀行貝爾斯登倒閉，由摩根銀行收購。雷曼兄弟聲請破產。美林賣給美商美國銀行，美國銀行也買下美國國家金融服務公司。美國政府被迫拯救世界最大保險公司之一的AIG，以及倖存的幾家銀行。到了年底，大部分專家都把這次事件，稱為大蕭條以來最嚴重的金融危機。

如果沒有衍生性金融商品，次貸違約率升高造成的總虧損應該會較小，可以輕鬆控制；如果沒有衍生性金融商品，違約增加會傷害某些企業，卻不會造成大規模殺傷。次級房貸餘額總額遠低於一兆美元，二〇〇八年內，這種房貸的價值可能頂多減少了幾千億美元，金額固然很大，卻只等於二〇〇八年市場實際跌幅的一％以下。

然而，衍生性金融商品透過以信用違約交換為基礎的超額加注賭博，把次貸造成的虧損擴大很多倍，以銀行和保險公司本身違約為基礎的更多信用違約交換，又把次貸超額加注賭博的虧損擴大。投資人得知所有這些超額加注賭博後，對金融體系的信心開始喪失。投資人細看銀行的財務報表時，看到跟不受監理的衍生性金融商品有關，卻含糊不清又不完整的揭露，等到銀行自願揭露跟本身所持有複雜部位有關的額外資訊時，為時太晚，骨牌已經倒下。

這個故事顯然是倪德厚夫事件的翻版，銀行實際上售出幾兆美元以次貸為基礎的賣權。他們利用信用違約交換，投入金額驚人的高槓桿超額加注賭博，賭申貸這些貸款的人不會違約。因為衍生性金融商品大致上不受監理，大部分的超額加注賭博都不為外人所知。如果沒有衍生性金融商品，跟次貸有關的風險不可能這麼全面的高倍數擴散。

二〇〇八年的危機看來可能複雜而難以了解，但是如果你看過本書，就很容易了解實際情況。就像橘郡的席特龍賣出的選擇權一樣，或像霸菱公司的李森或倪德厚夫賣出的選擇權一樣，這種策略似乎很容易創造獲利，又沒有什麼下檔風險——直到情勢反轉時為止。

諷刺的是，對海削客戶深感自豪的銀行，最後卻蒙受最大的虧損。摩根士丹利同樣入列，宣布提列數十億美元的損失。投資銀行原本擺脫掉的風險，像金融回力鏢一樣飛回來，這次最大的受害者不是銀行的客戶，而是銀行的股東。

就像過去的金融慘案一樣，很多市場參與者誤解了衍生性金融商品的複雜性，但是別把這場災禍怪罪到李祥林頭上，他了解自己的數學關聯結構模型的限制，也了解次貸的下檔風險，而且他也警告過每一個人。二〇〇五年時，他曾經告訴《華爾街日報》，說利用他的模型可能有潛在的危險：「最危險的部分是所有人都無條件相信公式得出的結果無誤。」

主管機關哪裡去了？二〇〇八年時，葛林斯潘早已下台很久，他一手種下危機的種子，然後鞠躬下台。國會通知他針對自己的角色作證時，他承認自己的一些錯誤，也遭到公開羞辱，一世英名永遠沾上汙點。魯賓也遭到嚴厲批評，原因之一是他否認自己的責任，還為自己先前的決定辯護。主因是危機期間，他擔任花旗集團的董事兼高級經理人，雖然花旗集團遭到破壞，他卻領走花旗一億一千五百萬美元的薪酬。相形之下，前證管會主委雷維特勇於承認自己的錯誤，呼籲推動改革。沒有人提到當時言之諄諄的波恩女士。

同時，在任的人拚命應付亂局，聯準會主席柏南克和財政部長鮑爾森跌跌撞撞、摸索出各種因應之道時，失去了人們對他們的信賴。證管會主委柯克斯（Christopher Cox）後來雖然主張監理信用違約交換，卻還是遭到初期行動不力的批評。截至本文寫作期間的二〇〇九年初，歐巴馬政府計畫推動全面性的金融革命，只是細節還沒有提出來。歐巴馬政府考慮新立法時，我希望他們好好考慮衍生性金融商品。

「動物本能」終會重新燃起

最後，別人應該從我的經驗中，學到什麼教訓呢？我認為，衍生性金融商品是金融史的基本主題：「華爾街欺騙一般大眾」的最新範例。幾千年前金錢出現後，擁有比較多資訊的金融仲介，就一直占資訊較少的放款人和借款人的便宜。金融業的各種分支行業一直是絕佳的行業，原因之一是銀行家擁有不尋常的技能，能夠熬過一個世紀又一個世紀的弊案，繼續生存。從這個角度來看，金融業很像政治，就像只要世界上有政客，政治弊案就會層出不窮。我相信，只要世界上有銀行家，金融弊案就會層出不窮。儘管有幾家銀行關門，金融業經歷大規模的痛苦和眾多的整頓，你卻看不到金融業將消失的證據。

這種情形似乎有點不可思議，但是幾年內，銀行會復原並東山再起，極誇張的踰矩行為的回憶會淡化——一向如此。銀行家會重新取得資訊和監理方面的優勢，柏南克和鮑爾森推動的政府「問題資產紓困方案」（Trouble Asset Repurchase Program），會確保銀行繼續生存下去，確保循環會重複出現。

華爾街會東山再起的主因是：我們希望華爾街再度崛起。我們的金融文化充滿賭博心態，即使是陷入危機期間，我們似乎仍不願改弦易轍。雖然彩金減少了一半，投注樂透彩的人數卻創下新高；雖然贏錢機率很低，我們仍繼續擁上豪華賭船。拉斯維加斯還是略勝大西洋城一籌，保持美國最熱門旅遊景點的地位。金融市場並沒有什麼不同。我們的文化已經充滿極深的賭博本能，以至於我們只把媲美吃角子老虎玩家的權力授予投資人，讓他們有權拉把手，有權挑不同的機器，有權離開賭場，卻沒有權參與公平的遊戲。

賭徒並不穩定，不是玩過頭，就是根本不玩。賭徒像二〇〇八年時一樣，對市場失去信心時，會變成既不借錢也不投資。他們發誓「再也不玩」，在應該買進的底部期間賣出。投資的選項只有兩種極端：把鈔票塞在床墊下，或把錢拿去賭馬。這無法有效地配置資本，但是循環總是會持續下去，現金只能存一段時間。最後，經濟學家凱因斯所說的「動物本能」會重新燃起，賭博會重新開始。

我在本書試圖描繪華爾街最精明的人怎麼操作市場。主宰我們金融體系的就是這些人、這些產品和這些活動。摩根士丹利是主要玩家，也是倖存下來的玩家之一。而他們一定會盡一切力量：密集地遊說、播放跟孩子前途有關且賺人熱淚的電視廣告、發起精心策畫的企業社會責任活動與金額空前的慈善和政治捐款，重建受到玷汙的名聲。最後，這種策略會發生作用，摩根士丹利會維持著名銀行的名聲，衍生性金融商品會重新宰制全球金融。幾年之後，這家公司的年輕火箭科學家可能海削你到死。

衍生性金融商品市場成長後，已經變得更危險、波動更劇烈。同時，投資銀行的說客，用衍生性金融商品主要功能是「避險」和「降低風險」的說法，努力說服我們的民意代表減少對衍生性金融商品的管制。這種說詞加上健全的政治獻金制度已經發生效用，結果是主管機關沒權又沒錢，注定落後金融業好幾步。年薪十萬美元的證管會調查人員，抓得到年薪二百萬美元的衍生性金融商品業務員嗎？

我在一九九七年本書的第一版裡，寫過下面這段話：

鑒於監管方和親業界一方之間的權力關係已失衡，你不需要去找靈媒，就可以預測不久之後，會發生另一場跟橘郡一樣的慘劇。當前的道路很清楚，金融服務業會繼續付出數千萬美元給說客和參選的國會議員，以便規避監理。衍生性金融商品會繼續使數以百計的人受害，讓他們虧損數十億美元。同時，摧毀受害者的名聲，扭曲他們的生活，掏空他們的銀行帳簿。年輕業務員會像我以前一樣，繼續投入衍生性金融商品業務，變成富有到自己不敢想像的程度。華爾街會繼續辯稱，沒有急切的理由須要監管衍生性金融商品。到目前為止，這種辯詞已經說服國會和投資大眾不必過於擔心衍生性金融商品。

看完這本書後，你有什麼感想？

看到這裡，還有什麼話說？我最後要強調的是，那些懷疑我所說，衍生性金融商品這種複雜金融工具可能造成全球金融體系崩潰的人，我早就告訴過你們了。

血戰華爾街

F.I.A.S.C.O.: Blood in the Water on Wall Street

作　　者　法蘭克・帕特諾伊
譯　　者　劉道捷
副總編輯　李映慧
助理編輯　呂佳昀、秦紀維
校　　對　林昌榮

總 編 輯　陳旭華
電　　郵　ymal@ms14.hinet.net

社　　長　郭重興
發行人兼出版總監　曾大福
出　　版　大牌出版 / 遠足文化事業股份有限公司
發　　行　遠足文化事業股份有限公司
地　　址　23141 新北市新店區民權路108-2號9樓
電　　話　+886- 2- 2218 1417
傳　　真　+886- 2- 8667 1851

印務經理　黃禮賢
封面設計　柳佳璋
排　　版　極翔企業有限公司
印　　刷　成陽印刷股份有限公司
法律顧問　華洋法律事務所　蘇文生律師

定　　價　480 元
初版一刷　2017年9月

國家圖書館出版品預行編目資料

血戰華爾街 / 法蘭克・帕特諾伊作；劉道捷譯. -- 初版. -- 新北市：大牌出版：遠足文化發行, 2017.09
面；　公分
譯自：F.I.A.S.C.O. : blood in the water on Wall Street
ISBN 978-986-95031-4-3（平裝）

1.證券市場 2.衍生性商品 3.美國

563.652　　106013265